PABLO :
SU VIDA
Y SUS EPÍSTOLAS

ALGUNAS INDICACIONES A LOS MAESTROS.

PABLO es uno de los caracteres más heroicos de toda la historia. Hemos lamentado muchas veces que la vida de este gran hombre nos la presentan por partes, y nuestros alumnos pierden la trascendencia de su gran personalidad. El autor ha procurado presentar la vida de Pablo describiendo su carrera y haciendo resaltar su carácter de manera que pueda el maestro hacer de este hombre excepcional una personalidad viviente para sus discípulos. Reconoce también el autor que el éxito de cada lección depende del maestro. Quiera Dios que él se deje guiar de tal manera por nuestro Señor que pueda presentar a sus discípulos las experiencias de Pablo de modo tal que ellos, en parte, puedan sentir lo que Pablo sintió.

La siguiente Bibliografía servirá a los maestros como fuente de información más completa que la que puede ofrecer este pequeño volumen.

Muchas veces será necesario hacer aquella parte de la lección que parezca más importante para la clase el punto básico de la misma. Debe asignarse también trabajo especial para que los alumnos vean que, para el maestro, este curso es uno de valor e importancia. Que el Señor conceda que los "pensamientos personales" y las "oraciones" sirvan de inspiración para cada uno en el trabajo del Señor.

H. B. BARDWELL, PH. B.

PABLO :
SU VIDA
Y SUS EPÍSTOLAS

CLIE

Libros CLIE
Galvani, 113
08224 TERRASSA (Barcelona)
PABLO: SU VIDA Y SUS EPÍSTOLAS

Depósito Legal: B-22.099-1988
ISBN: 84-7645-283-7

Impreso en los Talleres Gráficos de la M.C.E. Horeb,
E.R. nº 265 S.G. – Polígono Industrial Can Trias,
calles 5 y 8 – VILADECAVALLS (Barcelona)

Printed in Spain

CONTENIDO.

PREFACIO.

POR algunos años los directores de los colegios de Segunda Enseñanza de nuestra Iglesia han deseado tener libros de texto en español para el estudio de la Biblia en dichos planteles. En una reunión del *Board of Trustees* de Candler College, Habana, Cuba, celebrada el día 23 de abril de 1924, se acordó lo siguiente:

"Reconociendo la necesidad de cursos mejores para el estudio de la Biblia en la Segunda Enseñanza de nuestros planteles de educación, rogamos a los hermanos Bardwell y Hill que preparen cursos de estudios sobre La Vida de Cristo y La Vida y Epístolas de Pablo y que dichos cursos abarcasen un año de trabajo, o sea de cincuenta a sesenta lecciones. Es el criterio de este *Board* que estas lecciones deben estar listas para el próximo septiembre para que se puedan usar durante el año y ver el resultado. Al hermano Bardwell se le ha asignado el trabajo de Pablo y al hermano Hill el de La Vida de Cristo."

Acatando esta resolución, el autor presenta el curso de estudios sobre "La Vida y las Epístolas de Pablo." El ha ensayado este curso con un grupo de estudiantes del segundo y tercer año de la Segunda Enseñanza de Candler College durante el año escolar de 1924-25. En los colegios, con dos clases a la semana, puede terminarse las lecciones durante el año escolar. Esperamos también que estos estudios sean beneficiosos para los jóvenes de las escuelas dominicales de la América Latina.

El autor desea expresar su agradecimiento a los amigos en el Norte que bondadosamente han leído los borradores de estos estudios en inglés y cuyas indicaciones han sido muy provechosas. También a los amigos aquí en la Habana, que han leído cuidadosamente cada lección y bondadosamente han dado horas a la construcción castiza de la misma, desea el autor expresar su gratitud profunda.

Con un deseo ferviente de poner al lector, o estudiante,

en contacto con las fuentes principales para el estudio del Nuevo Testamento, y para que ellos puedan apreciar la vida y los hechos de Pablo, el autor ha procurado obtener toda la información posible. En la Bibliografía se mencionan libros y revistas especiales. Toda referencia al Nuevo Testamento se hace de la "versión Hispano-Americana."

Si la juventud que habla el idioma de Cervantes recibiese algún provecho en su experiencia cristiana, o adquiriera mejor preparación para el servicio cristiano, la esperanza del autor se vería realizada.

H. B. BARDWELL.

Candler College, Habana, Cuba, Junio de 1925.

Pablo: Su Vida y Sus Epístolas.

LECCIÓN I.

EL MUNDO EN LA ÉPOCA DE PABLO.

I. LÉASE Juan 19.19, 20. En la época de Cristo y Pablo (3-67) había tres naciones cuya influencia poderosa se hacía sentir en todo el mundo—los romanos, los griegos y los judíos. Roma con su poder; Grecia con su gran saber en artes, en letras, en filosofía y en las ciencias entonces conocidas; los judíos, esparcidos por todo el mundo, eran los *leaders* religiosos, adorando al Dios verdadero y dando a conocer los libros sagrados del Antiguo Testamento.

II. *Los Romanos en Todas Partes: Un Imperio Unido.*

Léase Lucas 2. 1-4.

Más de veinte años antes de Cristo Augusto César era soberano del gran Imperio Romano, que abarcaba todos los países que lindaban con el mar Mediterráneo, así como también muchos países del interior. España, Galia (ahora Francia), Italia, Macedonia y Asia Menor, Siria, Palestina, Egipto y partes de Africa, al oeste de Egipto, constituían los dominios más importantes del imperio. Era seiscientas veces mayor que la pequeña Palestina donde pronto había de nacer el gran Rey. Al subir Augusto al trono se promulgaba la gran paz mundial. Las naciones excluídas del término del Imperio Romano no se atrevían declararle la guerra a este gran poder; y las naciones abarcadas por el imperio sentían la mano de hierro poderosa que las dominaba y hacía casi imposible una guerra civil. Según Lucas, el Imperio Romano era en realidad todo el mundo civilizado de aquella época.

III. *Caminos y Viajes.* Romanos 15.26-28.

Los romanos eran grandes organizadores y grandes constructores. Hacían magníficas carreteras que permitían facilitar la comunicación por todo el vasto imperio: y dondequiera que en este vasto imperio hubiera un ciudadano romano gozaba siempre de la segura protección de su gobierno. Si desde la región sur de Grecia se pensara hoy en un viaje a Jerusalén, para retroceder luego por todo el Mediterráneo hasta llegar a España, se consideraría este un viaje largo. Pablo, hace diez y nueve siglos, hablaba de tal viaje con la misma calma y confianza con que pudiera hacerlo el que tratara de una excursión a la provincia inmediata: se viajaba entonces con la misma seguridad que tiene el viajero de hoy. Por el mar las flotas romanas habían acabado con los piratas; por tierra los espléndidos caminos llegaban a los senderos de las montañas Tauro, cruzaban el Asia Menor, alcanzaban a Macedonia y Grecia, extendiéndose así mismo hasta Italia y España e incluyendo las selvas de la Europa septentrional y aún a los bosques vírgenes de las Islas Británicas; así pues, ya se quisiera viajar por mar o por tierra, Roma había preparado el camino, siempre fácil y seguro.

IV. *Los Griegos y Una Lengua Común.*
Léase Romanos 1.14.

Cuando Pablo dijo que era deudor a los griegos y a los bárbaros, quería indicar, sin duda, que era deudor a todo el mundo, porque en la mente de los hombres de aquella época el mundo se componía de dos clases, los que hablaban el griego y los que no lo hablaban. El nombre de bárbaro era aplicado por los griegos, en menosprecio, a los que no hablaban su lengua. Así como Roma dominaba el mundo con su poder militar, a Grecia pertenecía el poderío intelectual, y su idioma era casi tan universal como el poder de Roma, distinguiéndose como el idioma del arte, capaz de expresar los matices más delicados. Esta unidad en la expresión fué factor fundamental y auxilio poderoso para los primeros misioneros cristianos que llevaban en sus viajes, de un pa_s a otro, las buenas nuevas del evangelio de Cristo.

Léanse Hechos 17.21 y 1 Corintios 1.22. Más de trescientos cincuenta años antes de Cristo los griegos habían producido ya una literatura extraordinaria por su riqueza y precisión; sus investigaciones filosóficas eran profundas; fueron ellos los que establecieron los principios de las ciencias; y sus obras de arte no han sido nunca superadas en la evolución del genio humano a través del tiempo.

En la época de Pablo se hablaba el griego en el norte de Africa y Egipto, en Palestina, Siria, Asia Menor, Macedonia y Grecia. Cuando el pueblo romano empezó su conquista mundial, era sin duda un pueblo rudo que adoraba, sobre todo, el poder y la destreza física. Pronto reconocieron la superioridad en cultura de los griegos, y coadyuvaron gustosos a la diseminación por todo el imperio de esa cultura que los entusiasmaban y querían hacer suya. Muchos orgullosos romanos tenían como esclavo a un griego culto que había de ser el instructor de sus hijos y cuya influencia educadora se hacía sentir en todo el hogar. Esta misma costumbre se podía observar en Roma, señora poderosa del mundo de entonces.

Los romanos educados leían y hablaban el griego, así como también miles de extranjeros y esclavos. En Palestina los judíos hablaban el arameo, una lengua de la familia hebrea, no obstante el griego se extendía en el país y casi todos los judíos que vivían fuera de Palestina hablaban este idioma. Cerca de doscientos años antes de Cristo el Antiguo Testamento hebreo fué traducido al griego, y esta versión griega, llamada el Septuaginto (por haber sido traducido por setenta rabíes), pronto llegó a ser la Biblia más leída entre los judíos del habla griega. Pablo hablaba el griego, y todos sus escritos están en esa lengua. Todo el Nuevo Testamento también fué escrito en griego, si bien es cierto que de modo casi exclusivo los escritores eran judíos.

Había mucho de noble y verdadero en las enseñanzas griegas, y aquellos individuos cuyas mentes habían sido

11

enriquecidas mediante estas enseñanzas estaban mejor preparados para oir y comprender el maravilloso mensaje de Jesús.

V. Los Judíos en Todas Partes.

1. En Palestina. La era apostólica fué una era singularmente crítica en la historia judaica. Con la venida de Pampilio a Jerusalén en el año 63 cesó la independencia nacional adquirida por los Macabeos, si bien en el reinado de los Herodes fué conservada en apariencia esa libertad. Roma hacía sentir su influencia en todos los asuntos de gobierno, y cuando Arquelao, el hijo de Herodes, fracasó en el gobierno de la tetrarquía de Judea fué sustituído por un gobernador romano en el año 6. Así que, durante la mayor parte de la vida de Pablo, Palestina estaba bajo el dominio de Roma y gobernada por romanos. Los asuntos religiosos continuaron en poder de los sacerdotes, y los miembros del Sanedrín seguían siendo sus directores, y también los asuntos civiles de menos importancia estaban en sus manos. En este cuerpo se hallaban dos grandes partidos, los fariseos y los saduceos. De éstos, los fariseos eran los de más influencia religiosa, y entre sus miembros se encontraban los escribas y rabíes más notables de su día; los saduceos eran probablemente los más ricos y aristócratas y conservaban los puestos de más alto rango.

2. Fuera de Palestina. Léase Hechos 2.5-11. Cuando ocurrió la conquista de Jerusalén por los babilonios (586 A.C.), algunos judíos emigraron a Egipto (véase Jeremías, capítulos 42-44), y otros fueron deportados a Mesopotamia. Cuando Roma libró a los mares de piratas y construyó los grandes caminos por todas partes, los judíos fueron a distintos lugares del imperio con propósitos mercantiles. Dondequiera que iban llevaban su religión, y dondequiera que se encontraba un grupo crecido de ellos, allí levantaban una sinagoga. Dos veces al año muchos de ellos volvían a Jerusalén para celebrar las fiestas sagradas, y regresaban después a sus hogares con la fe en el Dios de sus padres fortalecida. Muchas de las personas educadas, cansadas

de los templos ostentosos, con sus ídolos que nada significaban, acudían para oir algo del único Dios verdadero y se hacían prosélitos de la fe judaica.

VI. *La Moral en la Época de Pablo.*

Si bien es cierto que Roma gobernaba militarmente, y que los griegos marchaban a la cabeza del mundo intelectual, a la vez que los judíos eran los guardianes de la fe en Jehová, cada uno de estos pueblos estaba muy debilitado moralmente por el vicio y el crimen. Pablo, en una de sus cartas, pinta un cuadro horrible del pecado de su época.

1. Los pecados del pueblo griego y romano. Romanos 1.28-32.

2. Los pecados del pueblo judaico. Romanos 2.17-24.

3. Léase la lista de maldades humanas en Gálatas 5. 19-21.

VII. Léase Hechos 17.29, 30. El mundo necesitaba un Salvador. Al desarrollarse el pueblo romano aumentaba su cultura y su saber, y las creencias religiosas rudas, imaginarias y antiguas cesaron de ejercer influencia sobre ellos. Júpiter, Juno, Venus y Apolo y todos los demás que como dioses habían sido adorados, transfigurados, constituían personajes místicos, figuras de las leyendas con las cuales entretenían su imaginación las gentes educadas. Y a este mundo expectante y necesitado llegó Jesucristo nuestro Señor. Después de su muerte en el año 30 había la necesidad, nunca más profundamente sentida, de que al mundo entero se divulgara las enseñanzas de Cristo. Y en esta hora crítica y oportuna para la humanidad llamó Dios a Pablo.

Preguntas.

1. ¿Cuáles eran las tres naciones más importantes en la época de Pablo?

2. ¿Cuál era la extensión del Imperio Romano en la época de Pablo?

3. ¿Qué lengua y cultura prevalecían en dicho imperio?

4. ¿Cuál era la situación política de Jerusalén?

5. ¿Cuál era la condición de los judíos en las provincias?

6. Citad los países a los cuales habían emigrado los judíos.

7. ¿De qué manera preparó este esparcimiento de judíos por todo el Imperio Romano el camino para los primeros misioneros?

8. ¿Cuál era la condición moral del mundo en la época de Pablo?

Procúrese todo conocimiento posible acerca de Augusto César, el emperador reinante cuando nació nuestro Señor.

LECCIÓN II.

I. *Las Fuentes de Información.*

AL considerar la vida de un carácter histórico de la antigüedad tenemos que basar nuestros estudios en dos o tres fuentes de información; por ejemplo, podríamos tener un bosquejo de su vida por un biógrafo antiguo, y este biógrafo pudiera haber sido un contemporáneo o amigo de esta persona, como Jenofonte lo era de Sócrates: en este caso seríamos muy afortunados; o tal vez hubiera algún documento sobre hechos históricos en el cual había sido una importante figura el individuo que estudiamos, y también este documento pudo haber sido escrito por un contemporáneo o uno que había participado en los hechos de esta época. Estos documentos serían de un valor inapreciable para una reconstrucción histórica o biográfica. Pudiéramos también tener documentos hechos durante la vida por el mismo hombre o por aquellos en contacto con él, también cartas, su testamento, sus decretos, si fuera rey o gobernante de más o menos categoría. Por ejemplo, en el estudio de la vida de Cicerón las numerosas cartas que escribía a sus amigos son de gran valor. También se puede adquirir información general a veces de las reliquias como lo son los monumentos, las monedas, la literatura contemporánea, etc. Todo este material es de gran valor para el estudiante de la historia, y ninguno de ellos se puede menospreciar. De estas fuentes de información nuestros conocimientos de la vida de Pablo son adquiridos. Sin embargo, hay algunos medios de información más importantes que otros.

Una biografía puede ser escrita por un contemporáneo y ser parcial o escrita sin un conocimiento exacto de los hechos. En las cartas personales podemos ver cuáles

15

son los pensamientos así como los propósitos de la persona, y cuando lo interpretamos justamente es una fuente fidedigna. Generalmente este medio de información escasea, y nos es muy difícil determinar a qué época y lugar, en la vida que estudiamos, corresponden estas cartas. Otra dificultad consiste en asumir un conocimiento de ciertos hechos que son conocidos sólo por aquellos a quienes estaban destinadas las cartas. En el estudio de la vida de Pablo poseemos estas tres fuentes de información. En los Hechos de los Apóstoles, aunque no es una biografía de Pablo, encontramos una narración de los primeros hechos misioneros, en la cual él era el protagonista principal. Más de dos terceras partes del libro se relaciona con él. El escritor relata los principios del cristianismo entre las naciones y su desarrollo por Pablo, hasta que este evangelio universal, distinto al evangelio judaico enseñado por algunos, fué predicado en la misma capital del mundo romano.

II. *Los Hechos de los Apóstoles.*

El valor histórico del libro de los Hechos de los Apóstoles es un punto de fundamental importancia para el estudiante de la vida de Pablo. Este libro se divide en dos fases, la que se refiere a la relación histórica de ciertos personajes y el método de narración.

En la primera parte tenemos una relación de la primitiva Iglesia en Jerusalén, después el desarrollo de la Iglesia y su cambio de relación hacia el judaísmo; esto se encuentra en los doce capítulos primeros; los últimos dieciséis capítulos están dedicados a Pablo y sus compañeros y constituyen una narración consecutiva de sus trabajos desde el principio en Antioquía hasta su encarcelamiento en Roma. Al examinar más cuidadosamente esta segunda parte, vemos que en ciertos pasajes el escritor usa el pronombre "nosotros," como si él estuviera presente y tomara parte en los hechos narrados. Si aquí este pronombre se usa con su verdadero significación de pronombre, tendríamos escritos directamente de uno capacitado para darnos la historia verídica de los hechos del siglo primero.

16

El Prof. Ramsay en su libro *"The Bearing of Recent Discovery on the Trustworthiness of the New Testament,"* página 81, dice: "El problema entre los eruditos hoy es, si se puede o no tener confianza en la veracidad de Lucas como historiador. Se admite, generalmente, que él escribió muy al principio de la época de la evangelización y tenía declaraciones de testigos oculares aun cuando él mismo no lo hubiere sido. ¿Hasta qué punto podremos tener fe en sus narraciones? Para el autor de este estudio la historia de Lucas ocupa el primer lugar entre los documentos que merecen toda confianza." En la página 88 continúa diciendo Ramsay: "Un estudio más detenido de Hechos 13-21 demuestra que el libro puede ser sometido a un examen minucioso como autoridad en los hechos del mundo Egeo y que fué escrito con tanta justicia, conocimiento, arte y percepción de la verdad que puede ser tomado como modelo de declaraciones históricas. Es maravillosamente conciso y sin embargo maravillosamente diáfano."

III. *Las Cartas de Pablo.*

Las cartas de Pablo no constituyen una historia, mas son datos históricos de primer orden. Cuidadosamente consideradas, arrojan una luz poderosa sobre su vida y sus pensamientos. Es opinión casi unánime que las cartas a los Gálatas, Romanos, Corintios, 1 Tesalonicenses y Filipenses son indudablemente de Pablo, y muchos de los eruditos no encuentran razón ninguna para dudar que 2 Tesalonicenses, Efesios, Filemón y Colosenses también sean de él. Estas diez cartas fueron coleccionadas, reconocidas y aceptadas como cartas de Pablo desde el tiempo de Marción de Ponto por el año 140. Algunos sostienen que las Epístolas a Timoteo y Tito son de Pablo, y el autor está de acuerdo con esta opinión.

Todas estas epístolas fueron escritas debido a las grandes necesidades de las distintas iglesias y de los individuos a quienes fueron dirigidas. Vibran con la personalidad de Pablo, y se posesionan de tal manera de los sentimientos de los que las leen que Martín Lutero dijo de ellas; "No son palabras muertas, sino dotadas de vida."

2

IV. *Otros Medios de Información.*

De la tercera clase de datos históricos, es decir, las inscripciones, monedas, etc., tenemos que tratar muy brevemente aquí.

Encontramos mucho en Pablo que se relaciona con la vida y pensamiento judaico. El Antiguo Testamento, la literatura apocalíptica judaica y los escritos más tardes tocantes a las enseñanzas de su época, todos contribuyen a amoldar su vida. También conocía Pablo la literatura antigua, en la cual adquirió los conocimientos de la organización y vida del mundo greco-romano además de haber pasado en ella la mayor parte de su vida. Los Anales de Tácito, los escritos de Séneca, Josefo, en su historia de las antigüedades judaicas, son ejemplos de fuentes de información que tenía Pablo.

Un ejemplo de la contribución hecha por inscripciones y monedas será suficiente. En Hechos 17.6 Lucas se refiere a los "magistrados" (gobernantes de la ciudad) de Tesalónica, y por mucho tiempo esto fué considerado como un error histórico, pero algunas inscripciones de Macedonia y otras de Tesalónica han comprobado que Tesalónica y otros pueblos de Macedonia eran gobernados por oficiales a quienes se les daba este mismo nombre. Esta es un ejemplo del gran caudal de información que puede contribuir, directa o indirectamente, al estudio de la vida de Pablo.

Terminaremos esta lección citando de la obra del Dr. Carlos E. Jefferson, "El Carácter de Pablo," empezando en la página 12: "¿Cómo podemos conocer a Pablo? Lo podemos conocer por el libro de los Hechos y por sus trece epístolas, que nos dan datos suficientes para escribir su vida y además revelaciones suficientes para conocer su alma. ¿Cómo empezaremos? Mucho depende del principio. Algunos han comenzado, pero pronto lo han dejado por no haber principiado donde debieran, es decir, parten de la Epístola a los Romanos, el peor punto posible cuando lo que se pretende es conocer a Pablo. La carta a los Romanos tiene el primer lugar por ser la más larga y porque fué dirigida a la iglesia en la metrópoli del mundo, pero es la última carta que el estudiante debe leer. Se debe empezar por la última carta en la lista, la carta a Filemón. Este es sólo una nota escrita a un amigo íntimo que trata de un asunto delicado, y por lo tanto es particularmente reveladora. Después de Filemón se debe leer a Filipenses, que es la carta escrita a un grupo de amigos, sus primeros conversos europeos, y llena de cariño y sentimiento. La naturalidad y sencillez exquisita de Pablo en esta carta encantan, y al leerla se reconoce que es escrita por una mente superior. Después de leer Filipenses, léase a 2 Corintios, la más autobiográfica de todas las cartas de Pablo. Está llena de información acerca de la vida del apóstol, y en esta carta pone de manifiesto su corazón de una manera que no se encuentra en ningún otro pasaje de las Escrituras. Se defiende de las acusaciones injustas y crueles de sus enemigos: escribe lleno de agonía y dice cosas que solamente un hombre inocente, sufriendo torturas, se atrevería a manifestar. En Filipenses Pablo se da a conocer a sus amigos, mas en 2 Corintios se da a conocer a sus enemigos. Estos dos cuadros debiéramos tener siempre en la galería de nuestra memoria. Después léase la segunda carta a Timoteo. Esta es la última de las cartas de Pablo que han sido conservadas. Fué escrita en la carcel por él mismo, a la persona que más amaba en el mundo, con la perspectiva de la muerte amenazándole. Si queremos conocer en verdad el alma de Pablo, tenemos que leer la segunda carta a Timoteo, que es una carta hecha a un hijo, puesto que como hijo lo amaba.''

Estas cuatro cartas constituyen el gran cuarteto de Pablo. Sólo después que hayáis leído muchas veces estas cuatro cartas estaréis en condición de leer los hechos de Pablo referidos por Lucas.

¿No podríamos decir que en el libro de los Hechos tenemos la vida exterior de Pablo y en sus epístolas la interior, o sea la revelación de su alma?

Preguntas

1. ¿Cuáles son los medios principales de información acerca de la vida de Pablo?

2. ¿Qué entendéis por el pronombre "nosotros" en los Hechos? Léanse Hechos 16.10–16; 20.5–21.18 como ejemplos.

3. ¿Cuáles otros historiadores dan luz sobre este período?

4. ¿Qué importancia tienen los monumentos, monedas, etc., en el estudio de los principios históricos del cristianismo?

Procúrese todo el conocimiento posible acerca de Lucas. Empezad leyendo Colosenses 4.14, Filemón 24, 2 Timoteo 4.11.

LECCIÓN III.

LA NIÑEZ DE PABLO.

I. La Fecha de su Nacimiento.

No se sabe la fecha fija de su nacimiento; sin embargo, existen dos versículos en el Nuevo Testamento que algo dicen acerca de la época probable o aproximada. En el primero de estos versículos es llamado un joven; y en el segundo él, al hablar de sí mismo, dice "Pablo el anciano." Esteban fué muerto en 35 D.C.; por lo tanto Pablo (o Saulo, como es llamado aquí) era un hombre joven en el año 35. La palabra joven es difícil de precisar; por lo general se dice que es joven un hombre entre los veintiuno y treinticinco años de edad. Ahora léase Filemón, versiculo 9. La Epístola a Filemón fué escrita en el año 63; por lo tanto Pablo era un hombre de edad en el año 63 D.C. Esta palabra "anciano" es una de considerable amplitud. Hay hombres prematuramente viejos a los cincuenta años; otros, por lo contrario, no lo son a los setenta años. De modo que tendremos que fijar la fecha de su nacimiento para que en el año 35 sea un hombre joven y un hombre de edad en el año 63. El año 3 ha sido el designado como el que llena estos requisitos. Si Pablo nació en el año 3 tendría tréintidos años en el año 35 y sesenta años en el año 63. Esto es muy probable, como se verá en las lecciones siguientes.

II. Su Pueblo Natal.

Pablo, en el Nuevo Testamento, dos veces menciona el nombre de su pueblo natal. Léase Hechos 22.3. Abraham Lincoln dijo: "Yo creo que un hombre siempre debe tener orgullo de la ciudad donde vive y que debe vivir de tal manera que la ciudad se sienta orgullosa de que él resida allí." Tarso, la ciudad natal de Pablo, era la capital de Cilicia y situada a la orilla del río Cidno casi veinte

21

kilómetros del mar. En la época de Pablo esta gran ciudad se extendía por las dos orillas del río—entonces un arroyo claro que descendía por las montañas para desembocar en el mar al sudoeste de la ciudad, hoy un arroyo pobre y fangoso; pero en aquella época la boca ancha y profunda de este río formaba una espléndida bahía llena de barcos de muchas tierras. Era un centro comercial de gran importancia. El egipcio con tez cobriza, el moreno etíope, el hábil judío, el árabe sutil y el fenicio con su cara severa e impasible eran personas muy familiares en los muelles de Tarso. Inmediatamente detrás de la ciudad se podía ver, en días claros, las montañas de Tauro con sus cimas coronadas de nieve. A través de un sendero notable se hizo un camino real de piedra al cual se le dió el nombre de las "Puertas de Cilicia." Por este camino venían los comerciantes del Asia Menor, de Macedonia, Grecia y Roma, arreando sus pequeños asnos o pesados bueyes cargados de mercancías. La tierra en las cuestas de las lomas y en el valle era muy fértil, y campos de trigo y cebada llegaban hasta los muros de la ciudad. Dentro de la ciudad habían arboledas de naranjas, limones y granadas. Al pie de las montañas se encontraban las mejores manzanas y cerezas de toda el Asia Menor. Y aun se encuentran hoy.

Tarso era una ciudad antigua en los días de Pablo. Se menciona en una inscripción que pertenece a la época del rey asirio Salmanasar II, que conquistó a Cilicia en el año 833 A.C. Tarso también había tenido visitantes muy ilustres—Alejandro el Grande y también César. Marcos Antonio tenía un palacio allí, y la gente nunca se cansaba de contar como la bella Cleopatra de Egipto había venido a hacerles una visita en buque, con adornos de oro y remos de plata.

En la época de Pablo era una ciudad libre, y sus monedas llevaban la orgullosa declaración de que era "una metrópoli libre." No es extraño que Pablo cuando niño fuera muy leal a su pueblo natal. En años más tardes recordaba su pueblo con orgullo y respeto. Léase lo que dice en Hechos 21.39. Tarso era además un centro de cultura a la par que Atenas y Alejandría. Dice Strabón que los hombres de Tarso eran tan celosos en el estudio de la filosofía que en esto sobresalían a todos los demás. Las escuelas griegas de filosofía, que eran las universidades de aquel tiempo, florecieron allí. Pablo creció en el ambiente de un pueblo con grandes centros de cultura. Jóvenes de ciudades distantes, y muchos de Tarso, con los grandes filósofos, poetas y maestros habían constituído sus hogares allí. Quizás el severo padre judaico de Pablo no le permitiera estudiar bajo la dirección de maestros griegos; más un niño de la gran inteligencia de Pablo no podía vivir cerca de un centro de cultura tan poderosa sin sentir su influencia educadora. Durante toda su vida no perdió su interés romántico en los jóvenes atletas, despojados de toda carga para las carreras, ni en sus grandes luchas en los juegos. Léase 1 Corintios 9.24-27. Por lo tanto Pablo era un hombre criado en la ciudad, y mucho de su trabajo fué hecho en los pueblos y las ciudades más grandes, como Jerusalén, Damasco, Antioquía, Tarso, Efeso, Tesalónica, Corinto y Roma, que fueron los centros de su gran actividad.

III. *Los Romanos que Pablo Conoció.*

Una de las cosas más comunes en todas las ciudades del Imperio Romano era ver a los soldados romanos con sus caras severas, sus túnicas y gorros de piel, sus gruesos escudos, sus pesadas espadas, y sus cortas lanzas de bronce, pero ligeros de pie, fuertes de brazos, perfectos en disciplina, que entraban y salían de su fortaleza. Estos romanos eran fuertes para proteger, así como inexorables en el castigo, y producían una especie de temor en las personas que los veían pasar. Aunque a los niños judíos se les enseñaba a odiar el gobierno romano y esperar el día cuando un rey judío gobernara el mundo, sin embargo, no podían dejar de experimentar un sentimiento de temor y admiración al ver pasar las tropas romanas; y Pablo sentía esto quizás más que los otros, pues su padre era ciudadano romano. Había tres clases de personas en el Imperio Romano—el ciudadano romano, que tenía los derechos políticos más grandes, los latini, que sólo gozaban de ciertos y determinados derechos, y los extranjeros que no tenían derechos políticos. Los ciudadanos eran al principio los de nacimiento, pero el derecho a la ciudadanía podía ser comprado por una suma grande de dinero, o quizás también podía ser ganado en un servicio heroico. Alguien en la familia de Pablo había ganado el derecho de ser llamado ciudadano romano, y él lo había heredado. Léase lo que él dice de esto, años más tarde. Hechos 22. 27, 28.

IV. *Sus Padres y su Raza.*

Correspondíale a Pablo otro honor que para él era mayor que el de ser ciudadano romano. Los nombres de sus padres no son conocidos, pero sí sabemos que su padre era judío y fariseo, no comprado por un servicio heroico, sino por el derecho de nacimiento. Pablo tenía un lugar entre el pueblo escogido de Dios y podía tener parte en las promesas dadas a Abraham y los patriarcas. Su familia pertenecía a la tribu de Benjamín, y le fué dado el nombre del primer rey del pueblo de Dios—el gran rey héroe de la tribu de Benjamín, Saúl. Como su padre era también ciudadano romano, le fué dado también el nombre de Pablo; pero durante su niñez se le dió preferencia a el nombre judaico. Pablo se enorgullecía de su ciudadanía romana, pero su corazón se henchía de gloria al pensar que tenía su puesto con el pueblo escogido de Dios. Léase lo que él dice de su pura sangre judaica en 2 Corintios 11.16, 21, 22 y de su tribu en Filipenses 3.4, 5. En Gálatas 1.15 alude aunque incidentalmente a su madre. Tenía una hermana casada que vivía en Jerusalén (Hechos 23.16). En Romanos 16.7, 11, 21 él envía recuerdos a ciertos hombres que llama parientes. Estos hombres pueden haber sido parientes lejanos o miembros de su tribu de Benjamín.

Una apreciación general de su herencia deja una profunda impresión en el carácter de un joven. Si se tratara de poner en práctica todos los rasgos nobles de su raza ¿qué efecto causaría en su vida?

V. Su Hogar y Su "Training."

A los niños judaicos se les enseñaba cuidadosamente
la historia de su pueblo, y se les hacía conocer y amar las
tradiciones del mismo. Aprendían las leyes de Moisés, y
se les hacía comprender y apreciar el constante cuidado
y amor de Dios hacia el pueblo judaico. Moisés dejó
ciertas reglas para la educación de los niños. Léase Deuteronomio 6.4-9. En los Salmos se hace alusión a estas
enseñanzas. Véase Salmo 78.5-7. Gran parte de esta instrucción estaba a cargo de la madre. De 2 Timoteo 3.15
y 1.5 trate de visualizar el hogar del joven Timoteo. El
padre de Timoteo era griego, mientras que el de Pablo era
judío y fariseo, el más estricto de todos. Descartando esto,
sus hogares eran muy semejantes. Véase Hechos 23.6.
Podéis comprender esto por ciertos renglones en sus últimas cartas. Léase Efesios 6.1-4. ¿No podéis ver un
padre judío, severo, y un niño acostumbrado a una obediencia perfecta? Antes de los seis años de edad había
aprendido de memoria Deuteronomio 6.4-9, como se esperaba de todo niño judaico. Con respecto a su educación
en Tarso nada se dice en el Nuevo Testamento. Probablemente a los seis años de edad fué a la escuela de la sinagoga para niños judaicos, donde aprendió a leer y escribir hebreo, la lengua del Antiguo Testamento. Nos
parecería a nosotros una escuela extraña. Los niños se
sentaban en el suelo, formando un semicírculo alrededor
del maestro, y en voz alta recitaban de memoria ciertos
pasajes de las Escrituras, o ciertas máximas y reglas de
los judíos. En estos colegios, a los niños judaicos de cinco
a seis años de edad se les enseñaban las leyes y tradiciones
de su pueblo. En su hogar farisaico y en una escuela de
sinagoga Pablo recibió su primera educación. La educación de Pablo era lo que pudiera llamarse manual. Todo
niño judaico tenía que aprender un oficio. Uno de los
viejos rabíes dijo: "El que no enseña un oficio a su hijo
es como si lo enseñara a ser ladrón." Hechos 18.3 indica
que Pablo le fué enseñado un oficio. El hacer tela de
pelote (lana de chivo) para las tiendas de campaña y para

las velas de los buques era negocio renumerativo en la provincia donde se encontraba Tarso, y por este oficio consiguió Pablo algunos de sus mejores amigos. Mientras trabajaba como misionero, trabajaba también en su oficio para no serle una carga a nadie. Léanse 1 Tesalonicenses 2.9, Hechos 18.3; 20.34.

Preguntas.

1. ¿Qué nos dice Pablo de sus antespasados?
2. ¿Qué nos dice los Hechos de sus nombres, su hogar, y de su posición?
3. ¿Qué significa la palabra fariseo?
4. ¿Cuáles eran los primeros estudios de un niño judaico?
5. ¿Cuál era el oficio de Pablo?
6. Descríbase a Tarso, el pueblo natal de Pablo.
7. ¿Qué ventaja le proporcionó a Pablo su conocimiento de las Escrituras? ¿Cuántos pasajes de la Biblia podéis repetir con exactitud?
8. Nombrad algunas de las maneras en las cuales la educación le sirvió para desempeñar su gran obra.
9. ¿Qué significa ser un buen ciudadano?

Un Pensamiento.

Léase 2 Tesalonicenses 3.10-12. Por precepto y ejemplo Pablo dignificó al trabajo. ¿Os avergonzáis de trabajar? ¿Deseáis una vida larga de holganza y lujo, o es vuestro propósito trabajar y hacer vuestra parte en la obra del mundo? ¿Estáis dispuesto, como Pablo, a hacer de vuestra vida una vida de servicio para otros?

LECCIÓN IV.

Preparándose para la Vida.

I. *Un Gran Cambio.*

El niño judaico que había de ser un rabí generalmente empezaba a estudiar bajo la dirección de un rabí o "doctor en letras" a los trece años de edad, más o menos. Pablo había aprovechado bien las lecciones que sus padres y maestros en la sinagoga le habían enseñado, y pudo así demostrar su competencia en un fuerte examen. Una vez pasado este examen se le daba el titulo de "hijo de la ley," lo cual significaba que él era ya un muchacho responsable, que tenía que obedecer estas leyes que había aprendido, sin guía constante de sus padres y maestros. Pero su severo padre judaico, deseando que fuese Pablo un *leader* entre los suyos, determinó mandarlo a Jerusalén para estudiar en la escuela de los rabíes de esa ciudad.

Una hermana de Pablo vivía en Jerusalén, y quizás estaba allí cuando su padre lo mandó a estudiar, y hasta quizás viviera con ella mientras asistía a la escuela de los rabíes. Pero ya estuviera o no su hermana para darle la bienvenida, su corazón de niño debió latir con grandes esperanzas al salir él de la hermosa bahía de Tarso y navegar por el Mediterráneo hacia Jerusalén, la ciudad de sus sueños dorados.

Siempre el abandonar el hogar es un incidente de señalada importancia en la vida de un muchacho, y en este caso tenía que serlo de manera muy especial para Pablo, pues él iba a la ciudad alrededor de la cual giraba toda la gloria de su raza y religión. El iba a una escuela donde tendría por maestros a los hombres más grandes de la religión judaica, y sus libros de texto serían las declaraciones de los maestros y profetas de los siglos pasados. Estaba él en una edad en la cual una visita a Jerusalén le causaría una impresión profunda. Tenía edad suficiente, y sabia bastante de la historia de su pueblo, para poder apreciar los lugares históricos en medio del cual él iba a vivir: pero como niño la gran ciudad le causaría una impresión profunda y permanente.

Es difícil para nosotros comprender la devoción tan intensa que los hebreos sentían hacia Jerusalén. En el templo miles de voces, acompañados por instrumentos de cuerda y el estampido de los címbalos, cantaban las glorias de Sión. Léase Salmo 48.12, 13. Los judíos llamaban a Jerusalén la ciudad de Dios. Ellos creían que Dios había escogido a Jerusalén como su morada en esta tierra y que nunca permitiría que la ciudad fuera destruída. Miles de hebreos habrían sacrificado su vida, en la época de Pablo, por ver a Jerusalén libre de la presencia de las tropas romanas que severamente exigían la paz romana dentro de la turbulenta ciudad. Desde su infancia Pablo había oído hablar de la ciudad del Gran Rey. El había cantado sus glorias desde niño, sentado en la congregación, en la sinagoga, con palabras como la del Salmo 122.6, 7.

II. *El Maestro de Pablo.*

Para tener una idea de la figura del gran maestro de Pablo, léase Hechos 5.34-40. Uno de los factores más grandes en la educación de Pablo fué la influencia de Gamaliel. Siempre deja un gran hombre impresión profunda e indeleble en el espíritu de sus alumnos. Gamaliel era nieto del gran Hillel, y recibió el titulo de Rabbón, honor que le dispensaban, gozosos, por la estimación que les merecía.

Pablo no era un estudiante cualquiera; él no estaba satisfecho sino con lo mejor que su educación le podía ofrecer, y así hablaba con legítimo orgullo de su *record* en Jerusalén. Léase Gálatas 1.14. Su severo *training* fué notablemente acentuado bajo la dirección de Gamaliel.

III. *Lo que se le Enseñó a Pablo en Jerusalén.*

El objeto principal de la instrucción en las escuelas de los rabíes era la ley mosaica y sus interpretaciones. La ley mosaica se encuentra en los primeros cinco libros del

28

Antiguo Testamento. En el curso de los siglos se habían acumulado alrededor de estas leyes un sinnúmero de decisiones e interpretaciones que constituían las llamadas *leyes orales*, de mayor extensión que todas las leyes en las cuales estaban basadas. Muchas de estas leyes eran insensatas y ridículas. Los estudiantes judaicos aprendían de memoria estas leyes y sus interpretaciones. El tiempo lo pasaban haciendo preguntas, discutiendo y haciendo sutiles distinciones. Aunque el tema a veces carecía de importancia, sin embargo, este *training* era de gran valor, pues desarrollaba su perspicacia mental y los preparaba para los debates. La disciplina mental de estos años dejó una impresión endeleble en el hombre. En Hechos 22.3 él demuestra un alto grado de aprecio por la instrucción que recibió en Jerusalén.

Pablo, cuando estudiante, sintió la influencia exagerada del partido fariseo y se identificó con la más estricta de esta secta. El gran propósito de Pablo al venir a Jerusalén era aprender de qué manera podía agradar a Dios, y Gamaliel le diría "para agradar a Dios tienes que obedecer sus leyes"; así es que Pablo veía en la ley la suprema personificación de lo bueno y se esforzaba en sobrepujar a los miembros de su clase en la perfección con que guardaban sus preceptos. Léase lo que nos dice sobre esto en Hechos 26.4, 5.

IV. *Algunos de los Resultados de su Educación en Jerusalén.*

Pablo salió de la escuela de los rabíes con una suprema devoción hacia la religión de sus padres. Enseñar esa religión a la generación venidera llegó a ser la pasión de su vida. Le habían enseñado que para llevar una vida virtuosa y tener satisfacciones espirituales era necesario conocer la ley mosaica con toda la gran cantidad de interpretaciones dadas por los antiguos rabíes, y que, en el cumplimiento de esta ley y sus interpretaciones, desarrollaría un carácter tan firme y notable como la de los prohombres de su raza a quienes él honraba y adoraba. Esta escuela había hecho de él un idealista, y era demasiado patriota para ser un publicano, un recaudador de impuestos bajo el gobierno romano. Estaba arraigado tan profundamente en él las verdades de la fe hebraica que nunca hubiera podido ser un incrédulo saduceo. El tenía la seguridad de la existencia de Dios, estaba seguro de la vida del más allá, y seguro también que el Todopoderoso tenía una gloriosa obra para su nación en los años venideros. Sin embargo, la educación de Pablo no había sido perfecta; lo había hecho mezquino en sus simpatías. Procuraba guardar cada pequeño precepto, pero veía las grandes multitudes con sus corazones hambrientos y no sentía compasión por ellos. Su educación le había hecho intolerante, sin poder considerar opinión que no estuviera en armonía con la que le habían enseñado los antiguos rabíes. No cabía en su sistema religioso el cambio ni el progreso. Así, al continuar estudiando la vida de Pablo, veremos que la educación en Jerusalén, aunque en muchas maneras beneficiosa, pudo haberle ocasionado el fracaso.

V. *El Regreso de Pablo.*

No se sabe con exactitud el tiempo que estuvo estudiando Pablo en Jerusalén ni cuando volvió a Tarso. El ministerio público de Jesús tuvo lugar en los años 27-30, y como parece que Pablo no vió ni oyó a Jesús, se supone que salió de Jerusalén poco antes del 27 D.C. y que volvió a su pueblo natal. Los hechos se pudieran resumir en la forma siguiente: Pablo nació en el ano 3 D.C., hasta la edad de trece años vivió en Tarso, aprendiendo a leer y escribir en hebreo y griego, y también el oficio de hacer tela para tiendas de campaña. En el año 16 D.C. fué a Jerusalén y estudió bajo la dirección de Gamaliel por espacio de diez años. En el año 26 D.C. volvió a Tarso, y todo lo que se puede saber es que permaneció en Tarso los diez años siguientes. Lo que hizo durante este tiempo no se puede determinar, siendo materia sólo de conjeturas. Pudo haber enseñado como rabí en una escuela de la sinagoga de la ciudad: quizás trabajó por su oficio, y quizás asistiera a las conferencias en la universidad y pudo haber tomado parte en las discusiones filosóficas que allí se sostenían. El demuestra en sus escritos y discursos conocimientos de

la literatura griega, porque cita el poeta cretense Epimeni-
des en Tito 1.12, de Areto o Calímaco en Hechos 17.28
y de Menandro en 1 Corintios 15.33. Léanse estos pasajes.

VI. *El Surgimiento de la Iglesia Cristiana.*

Mientras Pablo estaba en Tarso un acontecimiento de
importancia extraordinaria tuvo lugar en Palestina. Cristo Jesús anduvo por todas partes predicando el evangelio
del reino de Dios. Su corto pero intenso ministerio público ocuparon los años 27-30. Poco antes de su ascensión,
en el año 30, Cristo llamó a sus discípulos y les prometió
que recibirían el bautismo del Espíritu Santo y predi
carían el evangelio en todo el mundo. Léase Hechos 1.1-8.
El poder espiritual de los apóstoles y la caridad de los
cristianos atrajeron a multitudes de conversos a la iglesia.
Muchos milagros fueron realizados por los apóstoles, y
estos hechos se propagaron por todas las regiones de Judea.
Léase Hechos 5.12-16.

Por esta época Esteban, un judío de nacimiento y educación extranjera, fué a Jerusalén. En su predicación
insistió en el fracaso religioso del judaísmo y acusó a los
judíos de rechazar a Jesús, y los llamó al arrepentimiento
y que volvieran a Dios. Sus tremendas acusaciones indignó a los judíos y lo llevó a la muerte, y su ejecución fué
conforme a la ley judaica. Con las hostilidades excitadas
se encontraban en peligro todos los creyentes en Jerusalén, y por algún tiempo se esparcieron por todas partes,
buscando refugio en lugares distantes de la capital. Léase
Hechos 7. Sin embargo, mientras se alejaban no guardaban silencio, sino hablaban del evangelio a sus nuevos
vecinos y conocidos. Estos generalmente eran judíos,
pero en algunas ocasiones se ganaban un prosélito extranjero, como en el caso de Cornelio de Cesarea y el teso-
rero etíope. La ciudad de Samaria dió la bienvenida al
evangelio, y Pedro fué enviado allí para completar la obra.
En esta época de la temprana historia de la religión cristiana, cuando ésta empezaba a esparcirse más allá de los
confines de Judea y venir en contacto con personas no de

31

sangre judaica, en esta época Pablo aparece de nuevo en la escena.

1. ¿En qué año fué Pablo a Jerusalén a estudiar?
2. ¿Cuál era el nombre del maestro de Pablo?
3. ¿Qué le fué enseñado a Pablo en Jerusalén? (Hechos 22.3.)
4. ¿Qué lugar ocupan los ejercicios religiosos en la educación?
5. ¿En qué era deficiente la educación de Pablo?
6. Dígase lo que se sabe de la ciudad de Jerusalén en lós días de Pablo.
7. ¿Quiénes eran los saduceos?
8. Hágase un resumen breve de la vida de Pablo hasta la fecha estudiada.

Algunos Pensamientos Personales.

1. Pablo, un fariseo, deseaba la aprobación de Dios, y trató de obtener esta aprobación cumpliendo escrupulosamente la ley de Moisés. Trató de ser virtuoso observando las reglas. ¿Estáis vosotros tratando de ser virtuosos solamente por obedecer las leyes de la moralidad, o habéis aprendido, como pronto tuvo que aprender Pablo, que la justicia y la santidad sólo se obtienen por la fe en Cristo Jesús?

2. La educación de Pablo en las escuelas era completa. Su educación bajo Gamaliel lo había preparado para su trabajo entre los judíos. Su conocimiento del griego hizo posible su predicación entre los griegos, y su ciudadanía romana le dió una posición de prestigio en el mundo, y le sirvió de protección en sus viajes en el Imperio Romano. Pero era aún un fariseo exclusivo, e ignorante del plan de Dios de que él fuera un misionero a las odiadas naciones gentiles. ¿Habéis pensado alguna vez que vuestros planes para la vida pueda ser que no se ajusten a los planes de Dios para vosotros? Quizás vuestro éxito más grande y vuestra felicidad mayor los lograréis cuando procuréis conocer la voluntad de Dios para con vosotros.

LECCIÓN V.

Saulo Empezando Su Carrera.

I. *El Propósito Predominante de Pablo.*

Hemos estudiado la herencia de Pablo y la historia de su educación, y hemos podido ver algo de su entusiasmo como estudiante. ¡Herencia, educación, entusiasmo! ¿Qué significan? ¿Cómo se utilizarán? Tantos jóvenes hoy "son como el oleaje, llevado por el viento ya para aquí, ya para allá." ¿Qué fuerza en la vida puede servirse de estos poderes? A través de todos sus años en Jerusalén Pablo tenía una sola aspiración. Como otros muchos jóvenes, había venido con la determinación de vencer, y todo el curso de sus estudios fué preparado con este fin. Nótese con qué fijeza habla de su propósito en la vida en Hechos 22.3. Juzgándole por esta manifestación, ¿cuál era su propósito dominante? La ley para Pablo encerraba toda verdad y sabiduría. Su fe en la ley era absoluta. Con toda sinceridad él se creía un "guía para los ciegos, una luz para los que se encontraban en las tinieblas, un profesor para los torpes e ignorantes y un maestro para la juventud." Con toda la energía de un joven fuerte, él trató de hacer cumplir la ley, y no se satisfacía nunca con el cumplimiento parcial y defectuoso de un propósito suyo. Véase como en años más tarde recordaba vivamente su determinación anterior de glorificar la ley. Léase Gálatas 1.13, 14. Pablo comparaba su vida con la de aquellos que lo rodeaban. Veía los hombres fallar en el cumplimiento de la ley mientras que él vencía; y él se regocijaba en su éxito manifiesto. Léanse Filipenses 3.4-6 y Hechos 26.4, 5.

Cuando de Jerusalén volvió a Tarso él entraba en lo que creía era la carrera de su vida. Quizás estaba enseñando a los jóvenes a conocer y obedecer la ley y sus interpretaciones. En esta época él era aún un desconocido para la mayoría de sus conciudadanos. Al parecer era uno de los miles de rabíes que enseñaban a los jóvenes en las sinagogas de los judíos esparcidos por todas partes. El estaba atravesando un período de obscuridad en su vida.

II. *Noticias Alarmantes de Judea.*

Hechos importantes ocurrieron dentro y fuera de Jerusalén y Galilea durante los años que Pablo pasó de maestro y ocupado en hacer tela para tiendas de campaña en Tarso. El tenía que haber oído algo de estos incidentes. Se preocupaba él demasiado por el porvenir de su patria para dejar de informarse acerca de hechos de gran importancia acaecidos en Palestina. Pudiera aceptarse que Pablo había oído algo acerca de la predicación de un profeta extraño surgido en el desierto de Judea y que llamaba a todos al arrepentimiento como preparación para la venida del Mesías. El mensaje de Juan el Bautista debió haber conmovido a Pablo profundamente, pues como otros fariseos él esperaba el advenimiento del Mesías para librar a los judíos de los odiados romanos. El debe de haber oído más tarde del Nazareno que estaba atrayendo grandes multitudes al proclamar que el día para el establecimiento del reino de Dios había llegado. Pablo seguramente sostenía correspondencia con algunos amigos entre los fariseos, y en la información que ellos le daban acerca de Juan el Bautista y de Cristo tenía que pesar el prejuicio fariseo. Mientras Pablo seguía desde lejos el curso de los hechos sentiría cierto descanso al saber que había sido crucificado el Nazareno y que sus discípulos se habían esparcido. Probablemente pensó que así todo había terminado y que su amada ley estaba ya a salvo de la herejía que la había amenazado.

Pero pronto los discípulos de Jesús recibieron una nueva inspiración mediante el bautismo del Espíritu Santo en el día de Pentecostés. Personas de todas partes del mundo civilizado se encontraban presentes en Jerusalén en ese día memorable. Los judíos de la dispersión llevaron las buenas nuevas del Pentecostés a las regiones más remotas del mundo conocido. Los peligros que Pablo creía pasados ahora se verían mayores. Los seguidores del profeta de Nazaret proclamaban que su Maestro había resucitado de entre los muertos; que el humilde Nazareno que había sido condenado a muerte por los mismos judíos y a la muerte afrentosa sobre la odiada cruz romana era el Mesías por quien todo el pueblo judaico había esperado por tanto tiempo. Y lo que es más, su predicación producía resultados sorprendentes. Tres mil personas habían aceptado a Jesús como su Salvador en un solo día, y el número de personas que profesaban ser seguidores de Cristo aumentaban diariamente. Muchos oficiales de alta categoría, como los sacerdotes y personajes notables, se contaban entre los que habían aceptado esta nueva fe.

III. *Esteban.*

Tres corrientes de ideas predominaban en Jerusalén en esta época. (1) Primero encontramos a los judíos del partido fariseo, representado por Gamaliel, Saulo de Tarso y otros hombres notables. Se caracterizaban por su intensa religiosidad que giraba alrededor de sus antepasados, su rito inicial, su ley y su templo. ¿No eran ellos los hijos de Abraham? ¿No había Dios hecho pacto con ellos de la cual la circuncisión era el signo y sello exterior? ¿No eran ellos celosos en el cumplimiento de la ley? (2) Después seguía el grupo de cristianos hebreos, guiados y representados por los apóstoles. No pretendían tener cultura y elocuencia. No era suya la menor intención de fundar una nueva religión u organización. Su Maestro había observado religiosamente los ritos y fiestas judaicas y recomendaba a sus adeptos que observaran lo mismo. (3) Por último, existían los conversos de los judíos helenistas. El origen de estos helenistas judíos, o judíos griegos, puede llevarse hasta la cautividad que Dios dispuso para favorecer la diseminación de los conceptos judaicos por todo el mundo. Era sólo un grupo muy pequeño que volvió con Esdras y Nehemías; la gran mayoría decidió quedarse por motivos industriales. De Babilonia gradualmente se fueron esparciendo a todas partes. El contacto libre con la plebe de muchos pueblos operó en ellos un gran cambio. Se volvieron más liberales y cosmopolitas, dejaron su lengua hebrea por el griego, sus hijos fueron influenciados por la cultura y filosofía griega; estando lejos de su templo, magnificaron la sinagoga con sus cultos, sus lecturas de la lay y sus palabras de exhortación. Muchos de estos judíos helenistas tan liberales y amplios en sus pensamientos, después de haber pasado la mayor parte de su vida en negocios favorables, volvían a Jerusalén para quedarse. Los diferentes países de donde venían eran representados por sinagogas especiales. Léase Hechos 6.1-10. La mención de Cilicia es especialmente interesante cuando se recuerda que Tarso era la ciudad principal de Cilicia. Como el conocimiento de la comunidad cristiana continuaba, el número que dependía de los fondos comunes se hizo tan grande que los apóstoles tenían poco tiempo que no ocuparan en distribuir comida, ropa y dinero. Así, para tener más tiempo para la predicación y la enseñanza, los apóstoles designaron siete ayudantes o diáconos, para que se hicieran cargo del cuidado de los pobres. Pablo parece que vino de Tarso a Jerusalén en esta época.

Esteban, el más hábil y enérgico de los siete diáconos, pronto entró en controversia con los judíos extranjeros, y no pudiendo ellos prevalecer en sus argumentos, lo llevaron ante el Sanedrín después de preparar testigos falsos para acusarle de blasfemia y poderle condenar a muerte. Léase Hechos 6.8-15. D. L. Moody da seis grandes rasgos de Esteban.

Lleno de fe, Hechos 6.5.

Lleno del Espíritu Santo, Hechos 6.5.

Lleno de poder, Hechos 6.8.

Lleno de sabiduría y poder, Hechos 6.10.

Lleno de luz celestial, Hechos 6.15.

Un testigo intrépido por Dios, Hechos 7.

Es muy probable que Pablo en esta época asistió a la sinagoga de los cilicios (Hechos 6.9). El allí oiría los argumentos de Esteban. Cuando Esteban fué acusado ante el concilio su discurso de defensa consistía de dos partes, (1) histórico, Hechos 7.2-47, y (2) doctrinal, con una aplicación personal a sus oyentes, Hechos 7.48-52. Los judíos, lastimados y enfurecidos por las palabras de Esteban, se lanzaron contra él, arrastrándole fuera de la ciudad, donde lo apedrearon hasta dejarlo muerto. Pablo estaba presente y tomó parte en la aprobación de la muerte de Esteban. "Un joven llamado Saulo." Esta es la primera vez que se menciona a Pablo en el libro de los Hechos. Es llamado aquí por su nombre hebraico, Saulo. El nombre Pablo no se menciona hasta llegar al capítulo 13.9.

Como un severo fariseo Pablo no podía hacer otra cosa que ignorar la loca fantasía de que el galileo crucificado era el Mesías. La ley decía explícitamente que todo hombre que había sido colgado de un árbol era maldito, y Pablo creía en la ley. Léase Deuteronomio 21.22, 23. Para Pablo la crucifixión era el mejor castigo para un blasfemador como Jesús. Sin embargo, ya la sombra de la cruz se cernía sobre él.

Cuando Esteban fué llevado ante el Sanedrín Pablo vió su cara iluminada por una paz, la cual él había buscado en vano. Más tarde cuando estaban apedreando a Esteban Pablo oyó su suplicante oración: "Señor Jesús, recibe mi espíritu." Pablo le vió ponerse de rodillas mientras las piedras de muerte eran lanzadas contra él y escuchó su extraña plegaria: "Señor, no les imputes este pecado." Impresionó fuertemente a Pablo que este blasfemador tuviera un espíritu tan valiente. Nunca se borró el recuerdo de aquel arrodillado orando por sus enemigos. El recuerdo de ese cuadro inspiró la furia que lanzó a Pablo enloquecido, amenazante, azotando y encarcelando a todos los creyentes en el Nazareno. Léanse Hechos 22.19, 20 y 26.9-11. Nótese en estos pasajes que el trabajo de Pablo en perseguir a los cristianos era hecho concienzudamente (Hechos 26.9). Lo hacía con vehemencia y vigor (Hechos 26.10, 11; Gálatas 1.13, Filipenses 3.6). Fué hecho en ignorancia e incredulidad (1 Timoteo 1.12, 13). Jesús mismo profetizó esas persecuciones en Juan 16.2.

Considérese también los elementos de crueldad en la persecución de Pablo a los primeros cristianos. Léase Hechos 22.4, 5. Lógicamente Pablo, el gran defensor de

la ley, debió hallar la paz tan ansiada, pero su intensa crueldad aumentaba su sentimiento de fracaso. El recuerdo
de sus esfuerzos por cumplir la ley le persiguió a través de
los años. Léanse Romanos 7.9-24 y Gálatas 3.10. Pablo
era honrado en su pensar. Por la ley él tenía que senten-
ciarse como maldito. ¿Hasta qué punto podría su celo en
perseguir a blasfemadores ayudar a quitarle este sentimiento de que él había fracasado? Había momentos su-
premos de éxtasis cuando la confianza en sí mismo triun-
faba, y se lanzaba con marcado denuedo y amargo fervor;
sin embargo, venían horas de desesperación, cuando él
hubiera querido borrar la memoria de Esteban y de todos
los otros, así como todo el pasado desgraciado. No obstante, la ley era justa, santa y buena, y él la cumpliría hasta
el fin. La ley tenía que reinar; él iría hasta Damasco para
acabar con estos blasfemadores. Pablo no había aprendido todavía a decir: "¿Qué nos falta aún?" pero en lo
más recóndito de su alma se desencadenaba la tempestad.

Preguntas.

1. ¿Hasta qué punto pueden asegurar el éxito en la vida
una buena herencia, educación temprana e instrucción
en los mejores colegios? ¿Por qué vemos a personas con
todos estos requisitos fracasar?

2. ¿Cómo podía Pablo justificar su persecución a los
cristianos?

3. ¿Cómo se puede justificar la crueldad en una causa
buena?

4. ¿Cuáles son las diferencias esenciales entre el judaísmo
de Pablo y la religión de Jesús?

5. ¿Qué parte tomó Pablo en la muerte de Esteban?
(Véanse Hechos 8.1 y 22.20.)

6. ¿Por qué era difícil a uno educado en las escuelas
de Pablo creer que Jesús era el Mesías? ¿Qué clase de
Mesías esperaba Pablo?

7. (Léase 1 Timoteo 1.12-15.) ¿Si Pablo seguía la voz
de su conciencia, era él culpable? ¿Es la conciencia siempre
una guía segura?

8. ¿Cuando tememos seguir la voz de la conciencia,
qué guía tenemos que nos puede ayudar en nuestras decisiones?

9. ¿Qué significa la palabra tolerancia?

Pensamiento para Hoy.

Tener paz en medio de la confusión, permanecer tranquilo cuando todos están bravos, mantener un espíritu de buena voluntad hacia aquellos que nos atacan con su odio; ser sinceros en medio de los hipócritas—esto era el timbre de Esteban ganado por la disciplina de Cristo Jesús.

LECCIÓN VI.

SAULO ENCUENTRA UN MEJOR CAMINO.

I. La Encarnizada Persecución de Saulo.

CUANDO las autoridades judaicas determinaron extirpar la herejía del Nazareno, ellos sabiamente escogieron al joven de Tarso, el rabí Saulo. El era una persona de gran energía, determinación, firmeza y habilidad ejecutiva. Además, él estaba plenamente convencido de que esta herejía tenía que terminar. Con la energía y el entusiasmo que le caracterizaban él empezó su campaña en seguida. Los sucesos de estos días son de tanta importancia que se mencionan tres veces en el libro de los Hechos, una vez por el escritor mismo, una vez en el discurso de Pablo ante los judíos y otra vez por Pablo ante el gobernador romano. Léanse y compárense Hechos 8.3; 22.4; 26.9-11. Ajustando estas narraciones podemos ver al rabí Saulo lanzándose inesperadamente sobre grupos de nazarenos reunidos de noche para orar, arrastrándolos a las prisiones, tanto hombres fuertes como débiles mujeres, y "respirando amenazas y muerte" dondequiera que veía un cristiano. Gritaba en la sinagoga: "Maldice a Jesús, o te matamos," y cuando aquellos que permanecían fieles eran traídos ante el concilio él daba su voto para que fueran sentenciados a muerte. Mientras veía la fe viviente de ellos, su espíritu humilde y lleno de perdón, su valor sublime en presencia de la tortura y muerte, más temía él que ellos pudieran derribar el sistema complejo de leyes formales y pequeñas reglas sobre las cuales descansaba su esperanza de agradar a Dios.

Pablo abrigaba la esperanza de acabar por completo con la nueva religión, pero su terrible persecución a los cristianos sólo servía para esparcirlos por toda Judea, Samaria y las regiones de más allá. Viendo esto, y enfurecido porque sus esfuerzos para destruir sólo habían contribuído a extender esta nueva fe, y con su propósito siempre fijo, Pablo decidió visitar las colonias judaicas de todas las grandes ciudades del imperio. José Caifás, el sacerdote, sonreía en muestra de aprobación al darle sus credenciales. De sus viajes a las ciudades cercanas no existe una narración detallada; pero dondequiera que llegaba encontraba que los cristianos habían ido aún más lejos y que su poder crecía por todas partes. Conmovido a un celo feroz por estas informaciones, determinó hacer un viaje de persecución. Pidió cartas especiales para los judíos que adoraban en las sinagogas de Damasco, para que con su apoyo él pudiera coger a los cristianos y traerlos en cadenas por los ásperos caminos a Jerusalén. Llevando, pues, un destacamento de hombres para servir de guardia a los cautivos que volvieran con él, empezó su viaje de ciento noventa y dos kilómetros a Damasco. Léanse y compárense Hechos 9.1, 2 y 22.5. Orgulloso, bravo y cruel, empezó su viaje a Damasco.

II. *Una Entrevista que Cambia una Vida.*

Si la importancia de los hechos se puede juzgar por el espacio que ocupa en la narración en las Escrituras, lo que sucedió en este viaje de pocos días sólo cede en importancia a la crucifixión de nuestro Señor. Se describe tres veces con minuciosos detalles, primero por Lucas y dos veces por el mismo Pablo; hay otro relato sin tanto detalle en Gálatas y dos referencias a estos hechos en la primera Epístola a los Corintios. Se puede comprender fácilmente todo esto, pues en parte se trata de un hecho de suprema importancia en la vida de un apóstol y también porque este hecho habría de ejercer influencia profunda en el crecimiento de la iglesia cristiana.

El viaje de unos seis días le fue beneficioso a Pablo. El había estado por muchos días ocupado en una persecución activa, juicios, azotamientos, torturas y martirios, y en esta ocupación incesante no había tenido tiempo para recapacitar, ni había podido pensar con tranquilidad y calma. Quizás dormía de día y viajaba de noche como hacen los árabes. Y viajando de noche bajo un cielo tranquilo, con las estrellas que en el desierto parecen que se acercan más, ¿no sentiría él ciertas dudas de su obra? En la tranquilidad de la noche ¿no vería él otra vez esa cara llena de paz y de luz celestial, esa cara como la de un ángel, y no oiría aún con más claridad que el ruido de los cascos de los animales esa sollozante oración: "Señor, no les imputes este pecado"? ¿Llegaría a sus oídos algún dicho de Cristo que le perseguía día y noche con una insistente sugestión que después de todo no era una declaración de un impostor, sino una eterna verdad de Jehová? No podemos contestar con seguridad tales preguntas, pero muchos que han estudiado las narraciones del Nuevo Testamento creen firmemente que estas preguntas pueden ser contestadas afirmativamente. Léase Hechos 9.5 y con este versículo compárese 26.14, notando la declaración: "Dura cosa te es dar coces contra el aguijón." Los estudiantes del Nuevo Testamento creen que al decir Jesús estas palabras a Pablo él quiso indicar que Pablo estaba resistiendo a la convicción íntima que lo llevaba hacia la aceptación de la religión cristiana.

En su carta a los romanos nos escribe acerca de ciertas luchas que él había tenido en su vida espiritual. Léase Romanos 7.8-15. Estas experiencias que él describe tan gráficamente son las experiencias del alma de un gran hombre sinceramente equivocado y obrando contra los planes de Dios. Pablo nos enseña cómo su esfuerzo por cumplir estrictamente la ley mosaica no le traía el convencimiento de una victoria espiritual ni la conciencia de que estaba agradando a Dios. Cuando el individuo hace aquello que está en pugna con la voluntad de Dios, no existe ese sentimiento íntimo de paz y satisfacción aun cuando la persona cree sinceramente que está cumpliendo la voluntad de Dios. Aquí está la tragedia en la condición de Pablo. ¡Un hombre tan celoso, tan verdaderamente religioso, y sin embargo tan tremendamente equivocado! ¿Cómo podemos ayudar a una persona en estas condiciones? ¿Habría algún cristiano en Jerusalén que le hablase de su condición espiritual?

A pesar de sus pensamientos, con una firmeza tenaz,

él prosiguió su camino hasta que, una mañana clara, él y sus acompañantes se encontraron no muy lejos de Damasco. Mientras se detuvieron un rato Pablo decía, "No descansemos hoy, la ciudad está cerca y el trabajo urgente." Así prosiguieron su camino a pesar del calor y la arena blanca que los cegaba por todos lados. Al fin, al mediodía, apareció ante su vista la gran ciudad. No es extraño que los árabes aún hoy cantan sus alabanzas. Después del desierto les parecía una visión del cielo—sus claros ríos, sus preciosos jardines, llenos de flores, fuentes y árboles frutales. Léase ahora lo que Pablo nos dice que él vió al acercarse a la ciudad. Hechos 26.9-18. Mientras él y los que caminaban con él caían a tierra, cegados por la claridad de la luz y llenos de temor, Pablo oyó una voz tan majestuosa que correspondía con la faz que contemplaba diciéndole; "Saulo, Saulo, ¿por qué me persigues? Dura cosa te es dar coces contra el aguijón." ¡Ah! este hombre divino, Cristo, sabía la lucha terrible del corazón de Pablo entre el deseo y el deber. Pero ¿cuando había él, Pablo, perseguido al que hablaba? Y la voz no lo llamó rabí, sino por su nombre, el nombre que oyó en los brazos de su madre, y le llegó hasta lo más íntimo de su ser. La voz le pregunta: ¿por qué me persigues? ¿Será la voz del inolvidable Esteban? "¿Quién eres, Señor?" exclama Pablo, sorprendido y lleno de duda. Después de un momento de pausa viene la contestación que debe haber horripilado el corazón de Saulo y casi hacer cesar su latir: "Yo soy Jesús, a quien tú persigues." ¡Cómo cada palabra debe haber herido el corazón de Saulo! Este, pues, era Jesús, no un humilde y despreciado nazareno, crucificado y enterrado, sino un Salvador glorioso resucitado con vida y gran poder. Saulo vió la luz "para iluminación del conocimiento de la gloria de Dios en la faz de Cristo." "Sí," dijo la voz, "yo soy Jesús el carpintero despreciado de Nazaret, el pueblo despreciado, que tú, el fariseo religioso, lastimas con ofensas cruel."

Pablo, al mirar a Jesús, pudo verse a sí mismo no como el defensor de la ley, sino como un asesino y un traidor al creador de nuestra vida. En un momento fugaz fueron arrancados de Pablo toda excusa falsa, y la luz le permitió verse tal cual Dios lo veía. Esta luz también le reveló a Jesús. Antes sólo veía en él un blasfemador colgado de una cruz vergonzosa, pero esta luz le reveló la cruz llena de poder, iluminada con el sufrimiento del Cristo de Dios. ¡Y él, Saulo, había añadido a su sufrimiento! "¿Qué haré, Señor?" En esta petición llena de angustia todo su orgullosa posesión de sí mismo y dura crueldad de los días pasados huyeron de él para siempre. ¿Qué podía él hacer? ¿Qué abismo sería suficiente para un blasfemador contra el Dios Altísimo? ¿Qué sacrificio podría expiar su culpa? ¿Quién podría borrar su pecado?

La palabra conversión significa cambiar. En ese momento solemne en la loma cerca de Damasco Saulo cambió por completo, volvió la espalda a todas sus ideas antiguas y duras de lo que constituye la santidad a una nueva y bella vida. Parece que Saulo podría comprender ahora porqué brillaba la cara de Esteban aquel día. ¿Pero qué cosa podía Jesús pedir de un hombre como Pablo? "Levántate y sigue tu camino a Damasco; allí se te hablará acerca de todas las cosas que te está ordenado hacer." Léanse y compárense Hechos 9.1-9; 22.6-10 y 26.12-18. Cuando Saulo se levantó, encontró que él no podía perseguir más. En vez de entrar en la colonia judaica con prestigio aterrador, fué llevado de la mano, con el paso vacilante de un ciego.

III. *Un Nuevo Compañerismo.*

En la ancha calle llamada Derecha de la ciudad de Damasco se encontraba uno de los hogares más lujosos, de columnas hermosas de mármol. Dentro, el amo preparaba para recibir al ilustre huésped que venía de Jerusalén; ¡qué sorpresa no le sería ver al portero admitir a un grupo de hombres cubiertos de polvo llevando de la mano a un compañero ciego! ¿Era éste Saulo, el orgulloso joven fariseo, orgullo del Sanedrín judaico, terror de sus enemigos—ese hombre humillado, cabizbajo, de pasos vacilantes?

Era un huésped extraño; sólo pedía un cuarto tranquilo

donde poder pasar la noche a solas. Rehusando participar de la suntuosa cena, ni siquiera tomando una copa de agua, Saulo se encerró en su cuarto por tres largos días. El era un hombre de fuerza y carácter como Moisés, Elías e Isaías, que tenían que hacerle frente a sus luchas a solas. Lo que pasó por su mente, lo que sintió en su corazón en esos tres días sólo su Dios y él jamás sabrán. Sabemos que pasó la mayor parte de su tiempo en oración—no la oración ostentosa, sino humilde y de corazón; la clase de oración que siempre abre el camino a una vida más amplia y mejor. Léanse Hechos 9.10-19; 22.12-21. Mientras ayunaba, en la obscuridad de la noche tuvo una visión en la cual un discípulo llamado Ananías vino y le devolvió la vista. Simultáneamente Ananías fué preparado por medio de otra visión para una visita a Saulo. Así que al fin mientras meditaba oyó una voz cordial que le decía: "Hermano Saulo." ¡Cómo el amor de Jesús une a aquellos a quienes leyes duras y formales separan con violencia! Inmediatamente Saulo se pone de pie y contempla con gozo la cara de su nuevo amigo. Cediendo a la influencia de este humilde cristiano, Saulo fué bautizado en seguida, declarando al mundo entero que él pertenecía a Jesús y que Saulo, el orgulloso joven fariseo, se convertía en Saulo el sincero seguidor del Camino.

Preguntas.

1. ¿Con qué propósito fué Saulo a Damasco?

2. ¿Por qué persiguió Saulo a los cristianos más amargamente después de la muerte de Esteban? ¿Tenemos algún indicio de que le era difícil hacer esto? (Léase 1 Timoteo 1.12–15.) ¿Uno que sigue en verdad a Cristo puede hallarse alguna vez con la conciencia dividida entre lo que es justo y noble? ¿Por qué?

3. Para comprender lo que pasó por el camino hacia Damasco léanse con cuidado Hechos 9.1–19; 22.4–21; 26.9–20. ¿Qué diferencia encontráis vosotros en estas tres narraciones?

4. Ahora léanse Gálatas 1.15–17; 2.19; 1 Corintios 9.1; 15.8; 2 Corintios 4.6 y Filipenses 3.7–11. ¿Qué significación tuvo para Pablo el ver a Jesús? En su antigua vida Pablo trató de cumplir la ley; ahora su propósito era conocer a Cristo. ¿Cuál es la diferencia entre conocer a Cristo y sólo saber de él?

5. ¿Era Pablo un hombre religioso antes de su experiencia en Damasco? ¿Era él un hombre de buen carácter moral? ¿Era devoto?

6. ¿Era su conversión sólo un cambio intelectual, el reconocimiento que después de todo Jesús era el Mesías, o hubo en él profundos cambios morales? Si fuera así, ¿de qué manera lo cambió moralmente su conversión? ¿Qué cambios inmediatos en su vida religiosa y en su conducta eran lógicamente resultados forzozos de esta experiencia?

7. ¿Por qué se menciona el hecho de que Pablo oraba? ¿Qué es la verdadera oración?

8. Aunque Pablo prosiguió su viaje, ¿qué diferencia había ahora? Al aceptar un joven a Jesús como su Salvador y guía, aunque vuelve al mismo hogar, escuela y juego, ¿en qué es él diferente? ¿Cómo se manifiesta esta diferencia?

9. ¿Qué fué lo primero que le dijo Ananías a Saulo al recobrar su vista? ¿Qué significación tendría este bautismo a los judíos que oyeran de esto? ¿Qué significación al mismo Saulo?

10. ¿Por qué es importante que vosotros entreguéis vuestras vidas a Jesús? ¿Por qué es necesario que vosotros declaréis al mundo también que pertenecéis a él?

La experiencia de Saulo y la experiencia de Ananías nos enseñan de qué manera emplea Jesús su tiempo.

LECCIÓN VII.

LEASE Hechos 22.10, 11.

"¿Qué haré, Señor?"

"Levántate y sigue tu camino a Damasco."

"Llegué a Damasco."

Saulo estaba dispuesto a aceptar la primera condición y dar el primer paso. Había visto a Jesús y sabía que podía confiar en él, aunque no podía saber cuál sería el resultado. El ya no se avergonzaba de la cruz, pues conocía su poder. Un hombre del valor y carácter de Pablo jamás hubiera podido serle fiel a uno que fuese débil. Saulo encontró que Jesús era más fuerte que él y que bien merecía su obediencia y aun más, su entera confianza. "Llegué a Damasco."

I. *Primera Visión de su Nueva Obra.* Léase Hechos 26. 16–18.

Sucede muchas veces que en el momento de conversión Dios nos llama para que dediquemos nuestras vidas a una obra acerca de la cual nunca se soñara. Esto le pasó a Pablo. Como fariseo ortodoxo no le tenía amor a los gentiles; pensaba que ellos sólo podían ser hijos de Dios haciéndose prosélitos. Nunca cruzó por su mente la idea de que él fuera mandado como un mensajero de Dios a las naciones gentiles. Pero ese día en el camino hacia Damasco, con la convicción de que Jesús era el Mesías surgió la nueva visión de la posibilidad de traer aún a los gentiles a ser miembros de la familia de Dios por medio de la fe en Cristo Jesús. Quizás allí vislumbró la nueva obra a la cual iba a dedicar su vida. La influencia de este pensamiento perduró toda su vida, le dió perseverancia y poder y abnegación; hizo de él un hombre de alma grande. No hay nada que desarrolle la grandeza de alma tanto como una visión de una obra extraordinaria y la convicción íntima de que

Dios dice: "Yo te he escogido a ti para esta obra." Jeremías tuvo tal visión y oyó el llamamiento que hizo de él el profeta heroico de los últimos tristes años de Judá. Respondiendo a la influencia de tal inspiración y de un llamamiento, Isaías dió al mundo palabras tan sublimes y tan llenas de verdad que han perdurado a través de los siglos. Dios no se limita a tratar de esta manera sólo a unas cuantas personas. El tiene una obra para cada uno, y el trabajo es digno, algo que eleva el alma de sus hijos a su semejanza, si ellos están dispuestos a oir y hacer lo que Dios ha preparado para ellos.

II. *Una Confesión Llena de Valor.*

Saulo probablemente salió de la casa de la calle "Estrecha" para ser el huésped de algún nazareno, quizás Ananías. Probablemente Ananías lo presentó a los otros discípulos que vivían en Damasco y les explicó el grande y maravilloso cambio operado en este hombre fuerte. Léase Hechos 9.19-22. ¿Dónde estaban ahora los compañeros de Saulo? ¿Qué hizo con las cartas de autoridad del sumo sacerdote de Jerusalén? No lo sabemos, pero sí tenemos noticias de lo primero que quiso hacer, y esto fué decirles a los judíos en Damasco que había encontrado al Salvador y tratar de persuadirlos a que ellos lo aceptaran y lo amaran. Así es que inmediatamente él se dirige a la sinagoga, donde su fama de rabí distinguido de Jerusalén atraería una concurrencia grande, y empezó a predicar que Jesús era el Hijo de Dios. Fué un hecho lleno de valor, es verdad, pero también de gran peligro, y demostró la gran sinceridad de la conversión de Saulo. Es cierto, y también lo más natural, que todo aquel que acepte a Jesús como su Salvador quiere hablar de él a los demás. Dice Jesús: "Ni se enciende una lámpara y se pone debajo del almud, sino sobre el candelero, y alumbra a todos los que están en la casa." Saulo colocó su nueva luz tan alto que todo judío que vivía en Damasco podía contemplarla y sentir su influencia.

Saulo sabía muy bien que al convertirse en un cristiano su vida cambiada le causaría desavenencias, pérdidas y

48

peligros. El sabía que al aceptar a Cristo tenía que despedirse de todos sus llamados amigos. El tenía que saber la actitud que su padre asumiría al hacerse él un seguidor de Jesús. Quizás se estremecería al pensar en el recibimiento que le harían al llegar a su hogar. El sabía que este paso le causaría la pérdida de poder y prominencia entre su propio pueblo. Su ambición había sido la de ser un jefe en la Iglesia Judaica. Había progresado notablemente en esta dirección. Los puestos más altos estaban ya a su alcance, y al hacerse cristiano estas puertas de oportunidad fueron cerradas para siempre. Sabiendo todo esto y más, ¿titubeó él? Léase Filipenses 3.7-9.

III. *Un Período de Meditación.* *Preparándose para Servir.*

Léase Gálatas 1.15-17 y entonces Hechos 9.19-25. Quizás recordaría él en sus meditaciones, o cuando hizo su confesión pública en la sinagoga, muchas preguntas que le preocupaban. ¿No era Jesús un humilde carpintero galileo? ¿Cómo podría él probar que era el Mesías? ¿No quebrantaba él alguna de las leyes? ¿No fué condenado a muerte públicamente y colgado en una cruz por los romanos? ¿Era éste el Salvador prometido en las Escrituras? Aunque Saulo estaba personalmente convencido que Jesús era el Mesías, no estaba listo para contestar todas estas preguntas. Parece que se dió cuenta que necesitaba una mejor preparación para poder empezar el trabajo de ganar a otros para Jesús. No estaba aún listo para tratar de estas cosas con Pedro y los demás en Jerusalén. El quería meditar a solas, sin testigos, con las Escrituras de Dios.

Así es que después de un corto período en la sinagoga de Damasco, donde dejó atónita a la congregación judaica, pero no quedándose el tiempo suficiente para despertar una oposición violenta, salió de Damasco para buscar un lugar alejado, donde podría gozar de una oportunidad para pensar, orar, y trazar los planes para llevar a cabo la obra a la cual se sentía llamado. Los confines del desierto de Arabia no están lejos de Damasco, y Saulo sólo nos dice que fué a Arabia. En aquella época el nombre de Arabia se daba prácticamente a toda la vasta península de unos dos mil cuatrocientos kilómetros de largo y mil trescientos kilómetros de ancho; se encuentra entre el Mar Rojo y el Golfo de Persia y se extiende al norte más allá de la ciudad de Damasco. No sabemos exactamente el lugar a que fué. Algunos creen que quizás fuera hasta el monte de Sinaí, donde Moisés y Elías, los grandes profetas de épocas pasadas, habían hablado con Dios, y que allí donde hacía tanto tiempo Moisés había recibido la ley, Dios le hizo ver claro a Saulo la ley más alta de la vida en Cristo Jesús.

Como resultado de este tiempo pasado en el estudio, la oración y la meditación sobre su trabajo, Saulo salió del desierto con la convicción de que Jesús era precisamente el Mesías prometido en las Escrituras. Su reino no se ganaría por medio de guerras, persecuciones o derramamiento de sangre, sino que su reino estaba en los corazones de los hombres que rendían obediencia y amor a Jesús como su Señor. Su nacimiento en Belén, su vida humilde, su rechazamiento por su propio pueblo, su muerte por nosotros, todo fué profetizado. A Saulo le causaría extrañeza el hecho de que al leer él las Escrituras no hubiera visto en cada página que éste era el hijo de Dios.

IV. *Tratando de Deshacer el Mal que Él Había Hecho.*

Causa admiración que Saulo quisiera volver a su propio pueblo en la sinagoga de Damasco y más tarde a la de Jerusalén. Si Dios le había llamado a predicar a los gentiles, ¿por qué no fué en seguida a una ciudad o pueblo donde no tuviera la oposición de los judíos y así limitarse solamente a los gentiles? Muchos que han estudiado la vida de Pablo con cuidado creen que él volvió a su propio pueblo para tratar de deshacer en todo lo que le fuera posible el mal que él había hecho. Había perseguido a los cristianos y les había enseñado que Jesús era un impostor. El sentía ahora que tenía que dar fe por Cristo en las ciudades donde él había perseguido a los cristianos y los había hecho blasfemar. Muy pronto después de su llegada empezó a notar en el semblante de sus congregaciones miradas llenas de ira, las mismas que Esteban había visto en la sinagoga de Jerusalén. Quizás sería que sus predicaciones estaban ganando a otros para Jesús, y este hecho hiciera que los jefes de la sinagoga se tornaran contra él. Sea cual fuere la causa, tres años después de su conversión trataron de asesinarlo. No les costó trabajo persuadir al gobernador de Damasco (puesto allí por Aretas, rey de Arabia) de que Saulo era un perturbador de la paz y merecía el castigo. Pusieron guardias día y noche en todas las puertas de la ciudad para matar a Saulo si tratase de huir. De algún modo él supo de este complot. El ahora tenía a su alrededor una banda de discípulos, y estos hermanos cristianos buscaron la manera de salvar a su jefe. Algunas de las casas de Damasco se construían cerca de los muros de la ciudad. En una de estas casas vivía una familia cristiana, o por lo menos simpatizadores del movimiento. Saulo fué traído secretamente a esta casa, y en la obscuridad de la noche sus discípulos lo bajaron por una ventana que daba sobre el muro de la ciudad. Léanse Hechos 9.22-25 y 2 Corintios 11.32, 33.

¿Adónde debiera ir Saulo después? Iría a Jerusalén. El había perseguido a los seguidores de Cristo en Jerusalén, y él predicaría donde había perseguido. Si Saulo hubiera pensado en su seguridad personal, ciertamente no habría ido a Jerusalén. Era diez veces más peligroso para él allí que en Damasco. El sabía que los sacerdotes y los fariseos lo mirarían como un traidor a la nación y un apóstata de la fe de sus padres. El sabía que ellos estarían más dispuestos a darle muerte que lo que estaban para matar a muchos cristianos que él había visto condenado ante el Sanedrín y llevados a ser ejecutados, pero no titubeó.

¡Qué distinto este viaje de regreso a Jerusalén! No tenía escolta militar, no tenía animales cargados, ni cartas de las autoridades, ni siquiera una mula para montar— solo, sin protección, con la amenaza de la muerte por detrás y la persecución por delante, sin embargo, ese corazón que había luchado tan ferozmente en el viaje anterior gozaba ahora y tenía la paz de Jesús su Señor. Ahora su conciencia no estaba dividida, era uno solo su propósito; tenía una esperanza y un gozo tan grande que las circunstancias que le rodeaban no podrían cambiar ni perturbarlo.

Léase Hechos 9.26, 27. Cuando Saulo llegó a Jerusalén, se vió obligado a confrontarse con la prueba más dura y difícil. Los mismos cristianos rehusaron creer que él era un verdadero creyente en Jesús. Huían de él, llenos de temor, y no lo querían en su compañía. Pero mientras Saulo estaba pensando qué hacer y a dónde ir Bernabé, el de corazón noble y generoso, se enteró de su situación. Cómo Bernabé se enteró de la situación de Saulo lo ignoramos, pero parece que él fué la primera persona que acudió a Saulo y habló con él como con un amigo. Persuadido de la sinceridad de la conversión de Saulo, Bernabé lo trajo a los apóstoles y les contó cómo Cristo lo había llamado y del gran trabajo que él había hecho en Damasco. Así presentado por Bernabé, a Saulo le dieron la bienvenida el grupo pequeño de cristianos, y hubo gran regocijo por el poder de Dios que convirtiera al enemigo más temible de los cristianos en un amigo leal.

Tan pronto como Pablo fué aceptado por los cristianos en Jerusalén visitó a la sinagoga de los judíos griegos donde Esteban tantas veces había hablado y trató de ganar a estos judíos para Jesús. Le parecía a Saulo que ellos seguramente le oirían, porque antes él había perseguido, con ellos, a los cristianos, y ahora era tan distinto su deseo; ¡tan opuesta su actuación! Le parecía que si alguien los podía convertir era él, sin duda. Pero halló que disputaban acaloradamente con él y rehusaron creer sus palabras. Léase Hechos 9.26, 29.

Esto fué un amargo desencanto para Saulo. Sus nuevos hermanos le rogaron que huyera a un lugar seguro; pero él sólo había estado en Jerusalén dos semanas y sentía que no había hecho aún todo lo que debía para compensar, en algo, su obra de enérgica persecución, y así, con firmeza, resolvió quedarse y hacerle frente al peligro. Entrando audazmente en el templo, Saulo elevó su corazón a Dios en oración, pidiendo fuerzas y que fuera él su guía: mientras oraba le pareció ver a Jesús otra vez a su lado, hablándole como lo había hecho en el camino de Damasco.

Léase Hechos 22.17-21. A Saulo le fué ordenado salir de Jerusalén, porque no era él la persona que mejor pudiera testificar allí. Al salir del templo, silencioso y rendido, vinieron corriendo hacia él varios discípulos anunciándole otro complot, tramado otra vez por los judíos de Jerusalén, para matarlo. Preparándose a la carrera para un viaje tan precipitado, lo llevaron a Cesarea, ochenta kilómetros de Jerusalén, y lo pusieron a bordo de un barco con rumbo a Tarso, su viejo hogar. Léanse Hechos 9.30 y 22.17-21.

Preguntas.

1. ¿Qué fué lo primero que hizo Saulo al convertirse? ¿Por qué cuando uno acepta a Jesús sinceramente quiere hacer lo mismo?

2. ¿Por qué fué Saulo a Arabia? ¿Qué hizo cuando estaba allí? ¿Cuánto tiempo se quedó allí?

3. ¿Qué *leader*, en la época del Antiguo Testamento, pasó cuarenta años retirado en Arabia? (Véase Hechos 7.29, 30.)

4. ¿Nos dice Saulo cómo los judíos lo esperaban en Damasco? (2 Corintios 11.32, 33.)

5. ¿Cómo demostró Saulo los resultados de su estudio cuando volvió a Damasco?

6. ¿Por qué y cómo salió de Damasco?

7. ¿Qué habéis aprendido de la manera en que un cristiano debe empezar a vivir por Cristo?

Pensamiento Personal.

El testimonio de Saulo estaba basado en su experiencia personal. Hay mucho de valor en los hechos históricos de la vida de Jesús a la cual podemos llamar la atención, pero la base principal de nuestro testimonio tiene que ser una experiencia personal, interpretada a la luz de estos hechos históricos.

LECCIÓN VIII.

SAULO GUIADO HACIA SU VOCACIÓN.

I. *La Puerta Cerrada.*

HEMOS visto algo ya de la acariciada esperanza de Saulo
de poder deshacer en parte el daño que él había causado
a los primeros cristianos con sus persecuciones, su comienzo en Damasco, y cómo le fueron cerrandas las puertas
todas. Sin cambiar de propósito, fué a Jerusalén y allí
sintió aún más cómo se estrechaban las barreras que im-
pedían la libertad de sus acciones cuando empezaron en
esa las persecuciones contra él. Pero un día mientras
oraba en el templo Cristo mismo le dió la orden: "Ve,
porque yo te enviaré lejos a los gentiles," y quedó cerrada
esa puerta. Así, pues, cuando salió de Jerusalén para
Tarso dió fin a esa parte de su ministerio que tenía que
ver especialmente con los judíos. Esto fué un amargo
desengaño para un judío tan patriota y apasionado como
Saulo (véase Romanos 9.1-3). Sin embargo, él había testificado por Jesús en las ciudades donde había perseguido
y azotado y causado la muerte a muchos cristianos. La
muerte lo amenazó en Damasco y Jerusalén. El había
hecho todo lo que podía para rectificar.

II. *Eternos Remordimientos.* Léase 1 Corintios 15.9.

No es fácil contrarrestar la corriente de malas consecuencias que ocasiona un solo mal, y Saulo había
cometido muchos contra la causa de Cristo. Su carrera
de perseguidor fué la fuente de remordimientos durante
toda su vida. En sus horas de más éxito, el recuerdo de
sus hechos como perseguidor constituía un remordimiento
que amargaba la dulzura de sus mayores victorias. En
esos momentos, con la cabeza inclinada, exclamaba: "Porque yo soy el menor de los apóstoles, y no soy digno de
ser llamado apóstol, por cuanto perseguí a la Iglesia de

54

Dios." Dios puede de una manera maravillosa predominar sobre la maldad; sin embargo, todo aquel que se arrepienta de verdad de sus maldades nunca cesa de sentir remordimientos por haberlos cometido.

III. *Algunas Lecciones Nuevas en la Educación de Saulo.*

Cuando Saulo salió de Jerusalén para Tarso estaba próximo a emprender la obra a la cual estaba dedicada su vida, pero no había llegado aún la hora para entrar de lleno en ella. Por unos diez años tendría que trabajar en parte con su propio pueblo, y durante este tiempo su trabajo sería de poco alcance, lleno de obstáculos y desarrollado en la obscuridad. Dios muchas veces dispone largos períodos de espera cuando prepara a una persona para cumplir una grande obra. Colón esperó y trabajó durante veinte años antes de poder emprender el viaje de descubrimiento. Isaac Newton trabajó casi el mismo número de años antes de poder demostrar la ley de la gravitación. Jesús pasó treinta años en Nazaret, aunque estaba deseoso de estar "en los negocios" de su padre. Estos períodos de espera son parte de la educación que Dios da a aquellas personas preparadas para grandes obras.

IV. *La Vuelta al Hogar.*

Léase otra vez Hechos 9.30; seguidamente léase Gálatas 1.21-24. ¡Cuantas emociones experimentaría Saulo al viajar hacia su hogar! Abordo de ese buque con su lento navegar tenía tiempo para meditar; pensaría en todas sus experiencias desde que salió de su hogar siendo aún jovencito y lleno de ambiciones para llegar a ser un gran rabí; recordaría los estudios hechos en Jerusalén con sus compañeros y cómo él había obedecido la ley con tanta fidelidad y cuidado que sus maestros lo llamaban "intachable." El recordaría también cómo defendía ardiente y cruelmente la ley contra aquellos que parecían enseñar lo contrario y cómo entonces había sucedido aquel encuentro maravilloso con Jesús que cambió su vida de una severa, dura, y sujeta sólo a la ley a una vida bella, de devoción cristiana. ¡Cómo pensaría en aquellas dos semanas en Jerusalén! ¡Cómo traería a su mente las escenas de sus persecuciones su visita, una vez más, al lugar donde él vió, con satisfacción, morir a Esteban y su encuentro con Cefas y Jacobo, "el hermano del Señor"! ¡Con qué gozo oiría relatar a Pedro las escenas de la vida de Jesús! ¡Cómo lloraría al relatar Pedro la pasión, la traición, el juicio, la agonía en el jardín, la negación de Pedro; y con que respeto y triunfo describiría la victoria de la resurrección, los cuarenta días y la ascensión, el bautismo del Espíritu Santo! Y Jacobo le hablaría de los primeros años y de su vida íntima en Nazaret.

Pero al meditar en todas estas cosas también pensaría en sus pérdidas; el recibimiento frío de Gamaliel y cómo sus compañeros entre los rabíes lo habían desechado. Léase lo que él dijo con respecto a todo esto más tarde en Filipenses 3.4-11. Y ahora él volvía al hogar, se iba a encontrar con sus parientes, que eran severos fariseos y que habían compartido con él sus esperanzas y sus ambiciones. ¿Comprenderían el maravilloso cambio? Muchas personas encuentran más difícil testificar en su propio hogar o a aquellas personas que han conocido desde su niñez que a personas que no conocen íntimamente; encuentran difícil esta clase de testimonio aun cuando los de su hogar o sus amigos están en armonía con ellos; pero Saulo no tenía la esperanza de tolerancia ni simpatía, porque él sabía lo que sus padres y amigos sentían.

Saulo no temió volver a Damasco, aunque estaba seguro de la oposición y la persecución que allí sufriría. No titubeó al ir a Jerusalén, aun cuando su vida corría peligro cada momento que pasaba dentro de la ciudad. Ahora iba al encuentro de experiencias más duras que las de Damasco y Jerusalén. Como niño judaico se le había enseñado a honrar a sus padres, y él había acatado sus deseos como mandatos en su vida. También se le había enseñado en la escuela de la sinagoga en Tarso a honrar a sus maestros. El había llegado a creer que eran representantes de Dios. Sabía que estos maestros, ya ancianos, nunca podrían comprender cómo él se había hecho seguidor de Cristo Jesús. También sabía que su familia nunca lo comprendería ni tampoco sus compañeros de escuela. Tarso no le ofrecía peligros físicos, pero la vuelta a su hogar significaba la pérdida de relaciones personales que eran más preciosos para él que su propia vida.

Más tarde él se llama "el siervo de Cristo Jesús." La palabra griega "siervo" significa esclavo. Pablo quiso decir con esto que pertenecía enteramente a Jesús, y era esta lealtad suprema la que iba a ser probada al entrar en el hogar de su niñez. ¿Qué debiera él hacer? ¿Obedecer a su padre fariseo y abandonar la fe en Cristo Jesús, o debía él obedecer a Jesús y perder el amor de su padre y de su familia? El probablemente meditó mucho en estos problemas y resolvió entonces lo que haría. Sabemos que fué fiel en su devoción a Jesús.

V. *La Llegada al Hogar.* Léanse Filipenses 3.8; Efesios 6.4; Colosenses 3.21.

Es casi seguro que la llegada al hogar fué trágico, pues resultó en la separación, para toda la vida, de él y sus familiares. Siendo un fariseo estricto, el padre de Saulo vería como una gran calamidad el que se hiciese cristiano su hijo; su vanidad había sido ultrajada; su hijo había deshonrado a la familia. Sin duda el padre trataría por todos los medios posibles de volver a su hijo a la fe de sus padres, y finalmente, con toda la autoridad de un padre judío, le ordenaría que renunciase a su nueva fe, pero Saulo no podía negar a Cristo; no lo había hecho en Damasco y Jerusalén, y no lo haría ahora, aunque su padre lo desheredase y le hiciese comprender el desengaño suyo al ver el resultado de todos sus esfuerzos y dinero gastado en su educación. Palabras como las de Filipenses 3.8 salen del corazón de uno que ha sido rechazado por su familia y reducido de una posición de influencia y riquezas a la pobreza y al desprecio.

En todos sus escritos Saulo no menciona a su familia; parece probable que este silencio con respecto a ellos es el resultado del disgusto con sus familiares al llegar a Tarso, después de hacerse cristiano, y se ve en algunos pasajes de sus escritos indicaciones que parecen aludir a este triste incidente. Probablemente no haya escena en la vida familiar que haga una impresión más profunda y duradera en una persona sensible que cuando un padre amante demanda algo de su hijo, algo contrario a lo que el amor y el deber de éste le permiten cumplir, recurriendo el padre en este caso a su autoridad para obligarlo por la fuerza de amenazas. Léanse otra vez Efesios 6.4 y Colosenses 3.21. Parece probable la evidencia de que Saulo tenía memorias tristes de un hijo desheredado y expulsado del hogar. Parece conocer el daño que los padres pueden hacer desalentando a sus hijos.

VI. *Algunos Años de Trabajo Duro y Peligroso.* Gálatas 1. 21; Hechos 15.41; 2 Corintios 11.23-26.

En el pasaje en Gálatas nos dice que estaba predicando. El pasaje en 2 Corintios da una reseña de los peligros y dificultades que había pasado como misionero. Al leer estas palabras nos damos cuenta cuán poco de la vida de Saulo tenemos en el Nuevo Testamento. Podemos identificar algunas de estas declaraciones con ciertos incidentes mencionados en los Hechos de los Apóstoles y en otras partes del Nuevo Testamento. Muchos de estos incidentes no se mencionan en el libro de los Hechos ni en los escritos de Pablo mismo. Muchos creen que algunos de estos sucesos ocurrieron durante los años que Saulo pasó en Cilicia y Siria. Estos fueron años de gran prueba; años en que estaba casi solo. No tenía una gran iglesia que lo apoyara como tuvo después en Antioquía. Solo y sin familiares ni amigos, tuvo que ganarse la vida en su oficio de hacer tela para tiendas de campaña. Fué en esta escuela de servicio esforzado heroico donde fué preparado el misionero más grande del mundo. Estaba ejercitándose en el trabajo a la cual dedicaba su vida. Quería conocer la mejor manera de predicar el evangelio y presentar a Jesús crucificado al corazón y a la conciencia de todo el pueblo. Sin duda cometió errores; pero ninguna obra por difícil que fuese podía hacerlo desfallecer. Ningún enemigo podía infundirle temor. El siguió adelante a pesar de peligros y contratiempos. Y así fué cómo él adquirió la gran destreza y tacto necesarios para tratar con la arrogancia y obstinación de los judíos. Su conocimiento de los hombres aumentó, y ese tacto maravilloso que pudo hacer que se identificara con todos los hombres—judíos, griegos, bárbaros, esclavos—se desarrolló convirtiéndose en una fina percepción de la naturaleza íntima del carácter humano; y venció, pues estableció iglesias cristianas por toda esa gran región. Su fama llegó hasta Jerusalén. Los cristianos de esa ciudad decían: "El que antes nos perseguía ahora anuncia la buena nueva de la fe que en otro tiempo asolaba. Y glorificaban a Dios." Gálatas 1.23, 24.

Preguntas.

1. ¿Por qué hizo Saulo una visita tan corta a Pedro y Jacobo en Jerusalén?

2. ¿Qué hizo Saulo para tratar de contrarrestar el mal que había hecho persiguiendo a los cristianos?

3. ¿Creéis que a Saulo siempre le causó pesar el haber perseguido a los cristianos? ¿Por qué?

4. ¿Por qué le era difícil a Saulo volver a Tarso después de ser cristiano?

5. Citad alguna evidencia de que Saulo fué repudiado por su familia.

6. Dígase algo sobre el trabajo de Saulo en Cilicia y Siria.

7. Vamos a suponer que Saulo hubiese dicho: "Yo no puedo hacer nada aquí, las dificultades son demasiado grandes; si pudiera ir a una ciudad como Antioquía, Éfeso o Roma, donde hay mejores oportunidades, sé que podría tener éxito, pero aquí solo pierdo mi tiempo y voy a abandonar la obra." Si Pablo se hubiese dejado gobernar por estos temores, ¿habría tenido el éxito que tuvo en su evangelización?

8. Búsquese en un diccionario la palabra "perseverancia" y algunos de sus sinónimos.

Pensamiento Personal.

1. La creencia que un hombre tiene del trabajo que él puede hacer mejor no siempre es acertada. Saulo creyó que él era el mejor misionero para su pueblo, pero el Señor le dijo: "Te enviaré lejos a los gentiles" (Hechos 22.21); y al pensar nosotros vemos que el Señor tenía razón. ¿Tenéis vosotros la certeza de que Jesús puede y seguramente os enviará donde podáis trabajar y servir

mejor, y que tratar de hacer otra cosa sería una equivocación?

2. "Ellos glorificaron a Dios en mí." (Gálatas 1.24.) Una vida transformada glorifica a Dios a la vista de los hombres. Vale la pena que nosotros tratemos de cultivar la amistad de una persona que ha sido maravillosamente salvada. Si vosotros conocéis a una persona que ha tenido tal experiencia pedidle que os haga conocer cómo fué.

LECCIÓN IX.

I. *Pedro y Cornelio, el Gentil.*

HASTA esta época el trabajo de los apóstoles se había limitado tan sólo a sus compatriotas. La gran promesa del reino del Mesías había sido hecho al pueblo escogido de Dios, a los judíos; y aun los mismos apóstoles creían que un gentil tenía que volverse un judío circunciso antes de poder tener derecho a la promesa. En esta ocasión, cuando Saulo estaba trabajando en Siria y Cilicia, una revelación revolucionaria fué hecha al jefe del grupo de los apóstoles. Había en Cesarea un centurión romano, muy devoto, llamado Cornelio, que buscaba la aprobación de Dios. Por medio de una visión le fué dicho que mandara mensajeros a Joppe a buscar un tal Simón Pedro, que le diría lo que tenía que hacer. Mientras los mensajeros de Cornelio estaban en camino hacia Joppe, Pedro fué preparado para la visita al centurión mediante una revelación especial que le enseñó a descartar estos prejuicios judaicos. Léase sobre la visión de Cornelio en Hechos 10.1–8. Cornelio probablemente era un prosélito: él asistía a los servicios en la sinagoga, pero no estaba circunciso, ni practicaba las peculiares reglas ceremoniales de los judíos. El culto pagano no solamente tenía muchas supersticiones, sino a veces y en algunos lugares era groseramente inmoral, y el culto relativamente puro de los judíos atraía a muchos gentiles pensadores que, como prosélitos, asistían a las sinagogas.

Léase el relato de la visión de Pedro en Hechos 10.9–18. Los judíos creían que el contacto físico con un gentil era una contaminación moral; entrar un judío en el hogar de un gentil, comer a su mesa, o tener cualquier roce social con él, hacía que le fuera imposible participar de las ceremonias del culto religioso; era necesario, pues,

61

una revelación especial a Pedro para que pudiera desechar estos prejuicios judaicos y entrar en el hogar del centurión romano. Cuando los mensajeros de Cornelio llegaron a Joppe, Pedro los hospedó y a la mañana siguiente, llevando con él a seis judíos cristianos de Joppe como testigos de todo lo que Dios pudiera hacer, emprendió viaje a Cesarea. Los diez hombres llegaron a Cesarea como a las tres p.m. del día siguiente; al llegar los ginetes a la casa del capitán, él mismo salió a su encuentro, y Pedro experimentó la novedad de verse saludado por un romano que caía a sus pies adorándolo; con cortesía protestó, y entonces con emoción extraña penetró, quizás por vez primera, los umbrales del hogar de un extranjero. El capitán lo presentó a un grupo de hombres que eran sus parientes y amigos militares; Pedro y Cornelio relataron las notables experiencias de los pasados días, y entonces comenzó Pedro su testimonio. Léase Hechos 10.19-33.

El sermón breve de Pedro era distinto a todos sus sermones anteriores; en sus sermones a las congregaciones judaicas él apelaba a sus conciencias, acusándolos de haber muerto al Mesías de Dios, pero en este grupo de romanos no cabía esta acusación. Léanse las palabras que él dirigió a este grupo de personas en Hechos 10.34-43. Como resultado de estas palabras dirigidas a un grupo de personas en la sala de un oficial romano en Cesarea—ciudad grecoromana—gentiles incircuncisos aceptaron a Cristo como el Mesías y recibieron el bautizo del Espíritu Santo como lo recibieron los apóstoles en el día de Pentecostés, y aun más, este resultado fué llevado a cabo de una manera tan claramente sobrenatural que no cupo la menor duda de que era obra de Dios. Léase Hechos 10.44-46. Vuélvase a leer el capítulo entero de Hechos 10, leyendo con cuidado, tratando de visualizarlo y notando todas las evidencias de dirección divina y aprobación en los hechos relatados.

II. *En el Antiguo Testamento la Promesa Fué Hecha que la Salvación Vendría a los Gentiles.*

   1. Cuando Dios llamó a Abraham. Génesis 12.3.

   2. En el tiempo de Isaías. Isaías 52.10.

3. Por el profeta Sofonías. Sofonías 2.11.

En el Nuevo Testamento se encuentran promesas similares.

4. En las palabras de Simeón. Lucas 2.32.

5. Las palabras de Jesús. Juan 10.16.

¿Cómo se explica las ideas mezquinas o los prejuicios de los judíos que vemos en Hechos 10.45? ¿Cómo creéis que Pedro pasó el tiempo en casa de Cornelio? Hechos 10.48.

III. *Pedro Criticado por Haber Comido con Gentiles.*

Antes de volver Pedro de Cesarea había llegado la noticia a Jerusalén de que no sólo se había asociado con gentiles, sino que había comido con ellos, y a su llegada a Jerusalén los judíos cristianos, celosos de las leyes ceremoniales, lo criticaron por su proceder. Para justificarse, Pedro relató todo lo acaecido desde el principio. El punto que se discute aquí no podemos pasar por alto; ellos tenían noticias de que los gentiles habían recibido la palabra de Dios. A esto no tenían ellos nada que decir, puesto que el Antiguo Testamento prometía la salvación a los gentiles; Jesús había mandado que se predicase a ellos, y los judíos nunca se habían opuesto. Léase Hechos 11.1–18. La ofensa del apóstol no era que había predicado a los gentiles ni tampoco que los había bautizado. "Entraste en casa de hombres incircuncisos y comiste con ellos" (versículo 3). Los fariseos no acusaron a Cristo por haber predicado a los publicanos y pecadores; la acusación brava de los fariseos contra el Señor fué: "¿Cómo es que él come con los publicanos y pecadores?" (Marcos 2.16; Lucas 15.2.) La acusación contra Pedro era la misma; él sabía "cuán abominable es a un varón judío relacionarse o allegarse a un extranjero" (Hechos 10.28). Para satisfacer a sus hermanos sobre esta cuestión social, Pedro relata exactamente cómo él fué a la casa de Cornelio; les dice que los seis hermanos presentes lo habían acompañado a ver esta familia gentil; de su sermón no dice nada, sólo cuenta que al empezar a hablar el Espíritu Santo descendió sobre ellos, y ahora Pedro apela a sus opositores, diciéndoles que el Espíritu de Dios descendió sobre la casa de Cornelio, como lo había hecho al principio a los judíos. ¿Quién era él, Pedro, para resistirse o negarse? Si Dios miraba con igual favor al gentil como al judío, Pedro no podía rehusar la hospitalidad de Cornelio, porque su acción negaría el don de la igualdad que Dios estaba enseñando, y era lealtad a Dios comer en esa casa. Pedro no menciona el bautismo de estos gentiles, porque no se trataba del bautismo, pero tan claramente justificó su acto social que sus hermanos en Jerusalén quedaron convencidos y admitieron el hecho de que "también a los gentiles ha dado Dios arrepentimiento para vida."

Este grupo conservador fué silenciado por algún tiempo, pero no tardó mucho en oponerse a la libre extensión del evangelio a los gentiles. Sostenían la idea ortodoxa que todo gentil, para poder ser cristiano, tenía que hacerse primero judío. Como se verá más tarde, este grupo se opuso amargamente a Pablo y trató varias veces de matarlo.

IV. *Un Nuevo Centro Cristiano entre los Extranjeros en Siria y Antioquía.* Léase Hechos 11.19-26.

Los cristianos que habían huído de Jerusalén durante las persecuciones que siguieron la muerte de Esteban fueron a Fenicia, Chipre y Antioquía predicando el evangelio dondequiera que iban: ofrecían el evangelio solamente a los judíos, pero algunos de estos judíos emigrantes eran helenistas y judíos de la isla de Chipre y de la distante Cirene en Africa. En estos lugares tan distantes de Jerusalén la rigidez del fariseo no podía prevalecer; los hombres de Chipre y Cirene no podían ser intransigentes en su judaísmo; así que al ir a Antioquía, la espléndida capital siria, tercera ciudad del gran Imperio Romano, y al ver la multutud de griegos, bien educados, pero mundanos y disolutos en sus vidas, pensaron en el cambio que podría operar, en personas como ellos, el evangelio de nuestro Señor Jesús, y quizás sin un propósito fijo, ni conscientes de la amplia significación de este hecho, sino impulsivamente porque sentían la gran necesidad, empezaron a hablar de Cristo a otras personas que no eran judíos. Esta obra valerosa de los de Chipre y de Cirene recibe la aprobación divina, porque un gran número de griegos creyeron y se volvieron al Señor. Informes acerca del gran despertar religioso entre el pueblo gentil de Antioquía llegó a Jerusalén. Algunos se admiraban, otros dudaban; así que determinaron mandar a Bernabé para investigar. No pudieron haber escogido a mejor persona; su historia anterior, su gran entereza moral, sus grandes servicios y la estimación que hacia él sentían le aseguraba la influencia que era necesario. Al llegar a Antioquía y ver la muchedumbre de gentiles que se llegaban a oir a los predicadores, al ver su atención, su fe y su proceder, no hizo una sola pregunta, no ofreció ninguna oposición; sólo les habló sencillamente exhortándoles "que con firme propósito de su corazón permaneciesen fieles al Señor." El no les aconsejó que se hiciesen judíos, ni que fuesen circuncidados, ni que guardasen las costumbres u observaran las tradiciones de los ancianos—sus exhortaciones eran de otra índole—que permaneciesen fieles al Señor. Fué el primer sencillo credo cristiano—el reconocimiento de Jesús como Señor y ellos como sus siervos. Bernabé estaba convencido que debían ser miembros de la Iglesia si ellos pertenecían a Cristo y querían permanecer fieles a él.

La iglesia en Antioquía en poco tiempo llegó a ser una de las más grandes del mundo. Su trabajo entre los gentiles tuvo tanto éxito que una nueva puerta se abrió para el esparcimiento de la religión cristiana. Bernabé se dió cuenta de la gran oportunidad que había allí y de la necesidad de un *leader* que aprovechara esta oportunidad para el extendimiento del evangelio por todo el mundo. Bernabé era lo suficientemente humilde para comprender que él no era el hombre para el lugar y pensó en Saulo. El sabía la maravillosa experiencia que Saulo había tenido cerca de Damasco y sabía también que había habido alusiones muy significativas con respecto a que Saulo estaría muy relacionado con la obra de traer el mundo gentil al Mesías. Bernabé se había enterado, hacía muy poco tiempo, del trabajo de Saulo en Siria y Cilicia, aunque estaba viviendo en Tarso, y que había tenido éxito estableciendo iglesias. Así pues, dejando a Antioquía por unas semanas, se dirigió a Tarso y le expuso a Saulo la situación en esa ciudad. Era una relación maravillosa la que Bernabé tenía que hacerle a Saulo, y el llamamiento tiene que haberlo impresionado, porque amaba a los hombres y las ciudades y tenía la promesa de Jesús que él sería un testigo ante aquellos que no conocían a Dios. Saulo tenía los instintos de un jefe militar; sabía que Antioquía era un lugar estratégico y que reunía las condiciones necesarias para ser el centro de un movimiento mundial entre los gentiles. A Saulo los peligros y contratiempos no le pudieron hacer salir de Siria ni Cilicia, pero cuando una nueva oportunidad para el servicio, en su campo escogido, le abría la puerta, él decidió ir, y así, despidiéndose de sus amigos en Cilicia y Siria, volvió con Bernabé a Antioquía. Al fin era suya la oportunidad que había deseado con toda su alma por doce años, y estaba preparado para empezar la gran obra de su vida.

Preguntas.

1. Relatad la visión de Cornelio.
2. También haced el relato de la visión de Pedro. ¿Qué hacía Pedro cuando tuvo la visión? (Capítulo 10.9.)
3. ¿Qué clase de hombre era Cornelio? (Capítulo 10.1, 2.) ¿Qué clase de hombres son los centuriones que se mencionan en el Nuevo Testamento? (Véanse Mateo 8.5; Lucas 23.47; Hechos 27.1–3.)
4. Léase el capítulo 11 de Levítico con relación a los animales "inmundos" y "no inmundos" que se podían comer.
5. ¿Cuál os parece que son los puntos más fuertes de la defensa de Pedro?
6. ¿Por qué era un suceso de suma importancia la conversión de Cornelio?
7. ¿Por qué era importante que fuera Pedro el primero en reconocer el derecho de los gentiles a la salvación?
8. ¿Qué clase de hombre era Bernabé? (Véanse Hechos 4.36, 37; 11.22–24; 9.26, 27.)
9. Relatad algo de las circunstancias bajo la cual fué Saulo a Antioquía.

Un Pensamiento y una Oración.

1. Es en las tranquilas horas de oración que Dios tiene oportunidad de acercarse al alma con su mensaje. (Véase Hechos 10.9, 30.)

2. Te damos gracias, nuestro Padre, por la vida de devoción heroica que estamos estudiando. Sabemos que los apóstoles y otros cristianos de la Iglesia primitiva, por medio de sus oraciones y trabajo, fijaron las bases de la Iglesia Cristiana. Enséñanos a ser como ellos en nuestra devoción a la verdad y en nuestro celo en el servicio. Ayúdanos a hacer bien nuestras pequeñas tareas. Enséñanos a ser fieles bajo circunstancias difíciles y desalentadoras. Guíanos al servicio mejor y donde el mayor bien podamos hacer. Esto pedimos en tu nombre. Amén.

LECCIÓN X.

I. *La Ciudad de Antioquía.*

EL llamamiento que le llegó a Saulo por medio de Bernabé debió ser para él altamente sugestivo; así es que los dos amigos pronto emprendieron su viaje, probablemente saliendo de la bahía de Tarso hasta Seleucia y navegando por el gran canal hecho a través de las rocas que unían a Seleucia, el puerto de Antioquía, con la ciudad. La ciudad que se presentaba a la vista de Saulo era grande y bella, con una población de casi medio millón de almas, tenía una gran avenida, de unos diez kilómetros de largo que atravesaba la ciudad llamada "Dromos," parecida a la calle "Estrecha" en Damasco, y a cada lado de esta avenida había una sombreada columnata sostenida por dos pilares. Los templos, palacios, estatuas, acueductos y parques eran numerosos. La situación geográfica de Antioquía, al sur de la ribera del río Orontes, a treinta y dos kilómetros del mar, hacía posible que barcos, de todas partes del mundo entonces conocido, anclaran en sus muelles, y también conducían a ella los grandes caminos que unían el Asia con la Europa y Africa.

Damasco había sido la capital de Siria, pero cuando los griegos conquistaron a los sirios hicieron a Antioquía la capital, y pronto sobrepujó en tamaño y esplendor a la bella ciudad de Damasco. En la época en que Saulo y Bernabé llegaron a Antioquía sólo había dos ciudades que se consideraban más importantes que ésta, Roma y Alejandría. Aunque los romanos gobernaban el mundo, los griegos de cultura y riqueza ejercían gran influencia en Antioquía. En esta ciudad se encontraban sirios del desierto, romanos con muchos soldados, fenicios que eran grandes comerciantes, y judíos de la Tierra Santa; el ambiente de la ciudad era muy parecido al de Tarso, y por lo tanto le era familiar a Saulo; era ciudad grande y llena de actividad—la clase de ciudad que Saulo deseaba hacer el centro de su trabajo. Pronto se dió cuenta de que por su situación geográfica una iglesia cristiana fuerte podía hacer sentir su influencia en tres continentes. Antioquía era un centro también de religión griega. En las lindas arboledas y alrededor de los espléndidos templos dedicados a la adoración de Dafne y Apolo se entregaban a las borracheras más inicuas en nombre de la religión. Tal era la ciudad a que llegaban estos dos buenos amigos y talentosos obreros cristianos, para tratar de convertir a sus habitantes a la fe en Cristo Jesús.

II. *La Iglesia en Antioquía*

Recordáis como fué fundada esta iglesia; de lo contrario, leed Hechos 11.19–24. Esta iglesia, a la cual había sido llamado Saulo por Bernabé para ser su jefe, no era solamente una de las iglesias más grandes en el mundo de aquella época, sino una de las más progresivas y emprendedoras. Al llevar el evangelio a Antioquía se abrió un nuevo derrotero en la historia cristiana. La iglesia en Antioquía fué la primera en admitir a los gentiles como miembros a la par que los judíos; en otras palabras, aquí empezaba una cristiandad que no era simplemente una forma del judaísmo, pues recibía a los gentiles sin insistir en que se hiciesen judíos; era una iglesia que comprendía la verdad de que para Cristo no había judío ni griego, esclavo ni libre, sino que todos pertenecían a una gran familia en la confraternidad cristiana.

Cuando a una iglesia como la de Antioquía le tocan jefes como Saulo y Bernabé siempre se inicia un gran progreso. A su llegada Saulo y Bernabé se entregaron por completo a la organización, reclutamiento e instrucción de la iglesia. El relato nos dice: "Y se reunieron allí con la iglesia todo un año, y enseñaban a mucha gente." La preparación de Saulo para la enseñanza hizo de él un gran poder para el bien en Antioquía. ¡Cuántas veces en estos doce meses no daría Saulo gracias a Dios por no haber dejado de cumplir sus tareas como niño en la escuela

69

de la sinagoga en Tarso, y por haber realizado tan buen trabajo bajo Gamaliel en Jerusalén, y por haber tenido tanta perseverancia en los años de soledad y de contratiempos en Cilicia y en Siria! Bajo la dirección de Saulo y Bernabé, la iglesia en Antioquía aumentó y creció, porque Saulo y Bernabé eran grandes trabajadores; trabajaban día y noche, tratando de persuadir a viejos y a jóvenes que Jesús era el Salvador del mundo. Creció también no sólo porque Saulo y Bernabé trabajaban, sino porque todos los miembros de la iglesia trabajaban con ellos. Dios honra el trabajo hecho concienzuda y religiosamente, y dió a la iglesia en Antioquía el auge que merecía.

También creció porque no era mezquina en su visión ni exclusiva en su confraternidad. Si los miembros de la iglesia no hubiesen estado dispuestos a recibir, como miembros, a los pobres, los ignorantes o a los extranjeros, la intensa labor de Saulo y Bernabé en gran parte habría sido en vano; pero esta iglesia crecía en sabiduría, porque quería saber más de las enseñanzas cristianas, y Saulo y Bernabé podían enseñarles. Se verá más tarde cómo su mayor sabiduría los llevó también a mayores intereses y actividades.

III. *Algunos Nuevos Nombres.*

Aquí podemos advertir dos cosas: primero, Lucas da a este grupo de gentiles convertidos el nombre de iglesia (Hechos 11.26), un nombre que él tardó en asociar con los creyentes en Jerusalén y que hasta la fecha solamente una vez se había usado en relación con otra congregación (Hechos 9.31). Ni a los samaritanos a quienes había predicado Felipe ni a los de la casa de Cornelio les fué dado el nombre de iglesia, pero en Antioquía se le aplicó sin demora. En todas estas lecciones usamos el nombre de cristianos, pero Saulo nunca oyó esta palabra hasta llegar a Antioquía. Lucas nos dice: "En Antioquía los discípulos fueron llamados por primera vez cristianos" (Hechos 11.26). Hasta esta época el pueblo gentil veía en la religión cristiana solamente una nueva fase de la religión judaica; pero en Antioquía los gentiles empezaron a ver que los cristianos eran muy distintos de los judíos que habían conocido anteriormente. Ellos estaban acostumbrados a las maneras de los fariseos y de los escribas y los demás judíos que se suponía que eran muy devotos de su religión. Ellos sabían que estos judíos no comían con un gentil, ni entraban en los hogares gentiles, y que se lavaban escrupulosamente si, al ir a la plaza, se hubieran rozado con un gentil. Los cristianos en Antioquía no se comportaban de esta manera con los gentiles; los recibían en sus hogares, comían con ellos y demostraban en todo que los consideraban como hermanos, recibiéndolos en su iglesia y enseñándoles que Jesús era Señor de los gentiles tanto como de los judíos y que había venido para establecer un reino de amor y servicio para todo aquel que quisiera entrar en este reino. Estos gentiles comprendieron que el nombre judío no era el nombre adecuado para los creyentes en Jesús de Antioquía; así pues dieron a esta gente el nombre de su gran jefe, de quien siempre estaban hablando y a quien adoraban como el Hijo de Dios. Llamaron a los seguidores de Cristo "cristianos." El nombre era la natural consecuencia de sus enseñanzas y su nueva manera de vivir.

IV. *Un Nuevo Espíritu en el Mundo.* Léase Hechos 11.27–30.

Incidentalmente Lucas indica la fecha del trabajo de Saulo en el versículo 28, porque lo relaciona con la terrible sequía y hambre que hubo según el historiador judío Josefo en esta época, y Jerusalén sufrió especialmente; esto ocurrió por el año 46. Se supone que Saulo llegó a Antioquía al finalizar el año 43 D.C. o a principio del año 44 D.C.

Cuando los cristianos en Antioquía supieron que una época de hambre se acercaba, ¿qué hicieron? ¿Dijeron acaso: Vamos a aprovechar ahora una oportunidad para hacer dinero? ¿Fueron sus planes almacenar grandes cantidades de comestibles para venderlos después a grandes precios? Con gozo podemos contestar negativamente.

Los cristianos de Antioquía ni siquiera consideraron primero su comodidad o seguridad; determinaron mandar inmediatamente alivio a los hermanos de Judea. Emprendieron la obra de manera sistemática; decidieron que todos contribuyeran con algo que sería una ofrenda voluntaria, y cada uno daría "según sus recursos."

Habiendo reunido lo que debió ser una suma crecida para aquella época, procuraron personas responsables para llevar la ofrenda a Jerusalén. No nos sorprende que escogieron a sus dos grandes *leaders*, Saulo y Bernabé. Dieron, pues, a estos dos hermanos la comisión de entregar la ofrenda a los ancianos de la iglesia en Jerusalén para ser distribuída de la manera que a ellos y la iglesia les pareciera mejor. Así la primera gran obra filantrópica que en el mundo se había emprendido fué hecha por los cristianos de Antioquía, de quien Saulo y Bernabé habían sido pastores durante un año. La predicación de Saulo sobre la hermandad universal estaba produciendo sus frutos. Quizás ellos habían oído lo que Bernabé había hecho en Jerusalén algunos años antes. Léase Hechos 4.36, 37.

Vemos a Saulo entrar en Jerusalén con una misión de caridad—Jerusalén la ciudad donde habían tratado de matarlo. El no guardaba rencor en su corazón porque habían tratado de hacerle daño; estaba dispuesto a perdonar a aquellos que lo habían ofendido y no tenía ningún deseo de ofender a los que persistían en ser sus enemigos.

V. *Un Nuevo Prosélito para la Obra*. Léase Hechos 12.25.

Saulo necesitaba obreros que le ayudasen. Mientras estaba en Jerusalén encontró a un joven llamado Juan Marcos y persuadió a este joven que los acompañara a él y Bernabé a Antioquía. Este joven llegó a ser uno de los hombres más grandes de la Iglesia primitiva; él escribió ese breve relato de la vida de Cristo que llamamos el "Evangelio según San Marcos"; fué el compañero de Saulo en el primer viaje misionero que emprendió de Antioquía; después fué el ayudante de Bernabé en su trabajo misionero en Chipre. Cerca del fin de la vida de

Saulo Marcos estaba con él otra vez y probablemente a su lado hasta su muerte.

La madre de Marcos tenía una casa en Jerusalén que era un centro de gran influencia cristiana. A su casa fué Pedro después de su rescate de la prisión (léase Hechos 12.12), y cuando llegó allí encontró a muchos reunidos orando. Es probable que Marcos sea el joven mencionado en Marcos 14.51, 52. Es muy comendable en Marcos que estuviera dispuesto a abandonarlo todo y salir con Saulo y Bernabé para ayudar en la obra para la cual ellos habían sido llamados. Y dice también mucho en favor de la madre que estuviese dispuesta a dejarlo partir. Despidiéndose de su madre y sus amigos, Juan Marcos abandona el hogar para aceptar las oportunidades y el trabajo de una gran carrera.

VI. *Lo que Significó para Saulo Este Año de Trabajo en Antioquía.*

Rodeado de circunstancias favorables, se confrontó con problemas que más tarde tuvo que resolver a solas en otras grandes ciudades del imperio. Aquí en el trabajo con Bernabé, cuyos primeros años como cristiano habían transcurrido en Jerusalén en íntima comunión con los doce apóstoles, fué donde Saulo probablemente se compenetró de las creencias y esperanzas de la iglesia primitiva de Jerusalén, aunque, como él muchas veces repite, su fe descansaba sobre algo mucho más personal—su experiencia con el Cristo resucitado y el Espíritu Divino obrando en su vida y en el de sus conversos que respondían a sus enseñanzas. A medida que pasaba el tiempo, su horizonte se ampliaba, su fe crecía, su concepción de los propósitos de Dios era más profundo y se formulaba en él el evangelio que más tarde les predicó.

Preguntas.

1. Descríbase la ciudad de Antioquía. ¿Era la clase de ciudad donde Saulo le gustaba trabajar? ¿Qué influencias malignas se encontraban allí?

2. Antes de usarse el nombre "cristianos" ¿qué nombre se le daba a los miembros de la nueva iglesia? (Véanse Hechos 5.14; 9.26; 9.32.)

3. ¿Qué parentesco tenía Juan Marcos con **Bernabé**? (Véase Colosenses 4.10.)

4. ¿Qué obra filantrópica fué emprendido por la iglesia en Antioquía?

5. Demuéstrese cómo la obra filantrópica de la iglesia en Antioquía fué llevada a cabo sistemáticamente.

6. Dígase lo que se sabe de la carrera de Juan Marcos.

Una Nota Interesante y un Pensamiento Personal.

1. La carta de Santiago a los judíos cristianos de la Dispersión, según creencia general, fué escrita en Jerusalén por Santiago, el hermano del Señor, en la época a que hemos llegado ahora en el estudio de la vida de Pablo. El cuadro que nos presenta de la vida judaica en esta época es interesante y da luz sobre los hechos que estamos estudiando. Santiago es quizás el libro mas viejo del Nuevo Testamento.

2. La carta de Santiago es una protesta contra la idea que hay valor en los grandes ideales separados del leal esfuerzo de realizarlos en nuestra vida diaria. ¡Cuántas cosas buenas pensamos hacer que nunca se llevan a cabo! Si alguna vez penséis hacer algo bueno—*hacedlo*.

LECCIÓN XI.

Repaso.

Hemos estudiado algo de la época en la cual nació Saulo, sus primeros años, su educación, su carrera como fariseo y perseguidor de la Iglesia: hemos tenido la relación de su conversión y los hechos al principio de su vida cristiana. Hemos visto cómo el evangelio se extendió por Judea y Samaria y también el principio del cristianismo en Antioquía de Siria. Hemos tratado de enseñar la relación de Saulo a todos estos movimientos. Antes de empezar el estudio de la expansión del cristianismo hacia el oeste, y la parte que tuvo Saulo en este movimiento, nos parece bien repasar brevemente las primeras diez lecciones.

1. ¿Cuáles eran las tres naciones más importantes en la época de Pablo?
2. ¿Hasta dónde se extendía el Imperio Romano en la época de Pablo?
3. ¿Qué lengua y cultura prevalecían en el imperio en esa época?
4. ¿De qué manera ayudaron estas naciones a la extensión del cristianismo?
5. ¿Cuál era la condición política de Jerusalén?
6. ¿Cuál era la condición moral del mundo en esta época?
7. ¿Dónde y cuándo empezó la era cristiana?
8. ¿Dónde y cuándo nació Pablo?
9. ¿Cómo fueron considerados los primeros cristianos por los judíos en Jerusalén?
10. ¿Qué cambios resultaron del trabajo de Esteban?
11. ¿Dónde obtenemos los mejores datos para el estudio de la vida de Pablo?
12. ¿Cuáles otros historiadores dan luz sobre este período?
13. ¿Qué importancia tienen las reliquias tales como monedas, etc., en el estudio de la historia primitiva del cristianismo?
14. ¿Qué nos dice Pablo de sus antepasados?
15. ¿Qué nos dice el libro de los Hechos de los nombres de Pablo, de su hogar, y su posición?

16. ¿Qué quiere decir la palabra fariseo?

17. ¿Cuáles fueron los primeros estudios de un niño judaico?

18. ¿Qué estudiaba Pablo en Jerusalén?

19. ¿Cómo le fué enseñado a Pablo que él podía agradar a Dios?

20. ¿Qué era el oficio de Pablo?

21. ¿Quiénes fueron los primeros maestros de Pablo?

22. ¿Cómo demostró Pablo su celo como fariseo?

23. ¿Qué razón tuvo Pablo en perseguir a los cristianos?

24. ¿Qué parte tuvo Pablo en la muerte de Esteban?

25. Relatad brevemente la conversión de Pablo.

26. ¿Qué hizo inmediatamente después de su conversión?

27. ¿Qué pruebas dió de la sinceridad de su conversión?

28. ¿Por qué fué Pablo solo a Arabia? ¿Cuánto tiempo estuvo allí?

29. ¿Por qué volvió a Jerusalén? ¿A quién deseaba ver allí?

30. ¿Cómo tuvo él comunicación o trato con los apóstoles en Jerusalén?

31. ¿A dónde fué Pablo al salir de Jerusalén, y qué hizo en estos lugares?

32. Descríbase Antioquía de Siria.

33. Relatad algunas de las circunstancias bajo las cuales Pablo fué a Antioquía.

34. ¿Qué nombres nuevos fueron dados en Antioquía?

35. Tratad de dar un bosquejo cronológico de la vida de Pablo desde su nacimiento hasta su pastorado en Antioquía.

A los Maestros y a los Estudiantes.

Si se desea, se puede tener en el período de clase una contienda entre dos bandos empleando estas preguntas o las que tenemos al fin de cada lección. Los bandos se pueden colocar de manera que se enfrentan, y los capitanes pueden hacer las preguntas, primero uno y después el otro al bando contrario. El que falla puede o sentarse o pasar al bando contrario. El bando que a la terminación del período de clase tiene más alumnos de pie es el que gana. Si se prefiere se puede tener un examen por escrito.

Oración.

Padre nuestro que estás en los cielos, te damos gracias por la vida de Pablo. Ayúdanos a comprender las verdades que tú nos quieres enseñar por medio de la vida de este tu siervo que vivió hace tantos siglos. Ayúdanos también a tratar de comprender esas experiencias religiosas que nos capacitan para una vida noble y llena de servicios. Ayúdanos a ver y hacer las obras a las cuales tú nos has llamado y también ver las oportunidades de servicio. Guárdanos del egoísmo y consérvanos puros para que podamos oir tu voz y obedecer tus mandatos ahora y para siempre. Pedimos esto en el nombre de nuestro Señor Jesucristo. Amén.

LECCIÓN XII.

Del Nuevo Centro el Testimonio del Evangelio Es
Llevado hacia el Oeste. Bernabé y Saulo Escogidos como Misioneros para Este Trabajo.

I. El Llamamiento por el Espíritu Santo a Saulo y Bernabé.

La iglesia en Antioquía había evolucionado tanto que
tenía ahora otros *leaders* además de Saulo y Bernabé.
El plan de Saulo era siempre escoger a un grupo de personas que tuvieran la capacidad para ser "jefes" y enseñarles a dirigir y hacerse cargo de la iglesia cuando él
no estuviera presente. Así que al finalizar el primer año
encontramos en Antioquía a un grupo de tres profetas y
maestros, además de Bernabé y Saulo, Simeón, cuyo
apellido en latín era "Niger," Lucio el cireneo, que probablemente fué uno de los que primeramente les habló a los
griegos en Antioquía de Jesús, y un hombre llamado
Manaén que era hermano de leche de Herodes Antipas,
y que es probable fué educado en su niñez con él en Roma.
Era éste un grupo cosmopolita que procedía de lugares
distantes del Imperio Romano—Saulo de Tarso, Bernabé
de Chipre, Lucio de Cirene, Manaén de Roma y Simeón,
que se desconoce donde nació. (Léase Hechos 13.1–3.)
Estos nombres interesan mucho por dos razones, primero
por los hombres mismos y segundo porque nos dan una
idea de la clase de personas que componían la iglesia en
Antioquía. Son judíos, helenistas y griegos, y al parecer
representan cinco países distintos. Debe notarse, sin
embargo, cómo viven en unidad y amor fraternal; juntos
sirven al Señor, y juntos ayunan.

"Había entonces en la iglesia que estaba en Antioquía
profetas y maestros." Profetas eran aquellos que bajo
una inspiración especial del Espíritu Santo daban el
mensaje de Dios. "El don de profecía también incluía a
veces el poder de predecir futuros acontecimientos"

(78)

(Bosworth). (Véase Hechos 11.28.) A veces hablaban obedeciendo un impulso repentino, y esto producía cierta confusión en el servicio. Léase la instrucción que daba Pablo a estas personas en 1 Corintios 14.29–33. "Maestros" eran aquellas personas que daban instrucción sistemática sin esperar hasta sentirse movidos por la inspiración; a veces uno era maestro y profeta a la vez. Sucedió que cuando estos profetas y maestros servían al pueblo y adoraban a Dios por medio de la oración y el ayuno el Espíritu Santo les dijo que designaran a Pablo y Bernabé para un trabajo especial que Dios tenía preparado para ellos. Fué este un momento trascendental para la historia de la Iglesia. ¿Sería que estos jefes que venían de cinco países distintos anhelaban dar a su pueblo el evangelio que podían ofrecer ahora libre de impedimentos y restricciones judaicas? ¿Anhelarían ellos que llegara el día en que uno de su grupo pudiera salir con el gran propósito de esparcir la religión de nuestro Señor Jesucristo por todo el mundo? ¿Decidirían ellos ayunar como medio de llevar ante Dios su necesidad y tratar de ver cuál era su voluntad en el asunto? ¿Habría sembrado Saulo la semilla que dió este fruto? ¿Le habría dicho Bernabé a la iglesia en Antioquía el último deseo que Jesús expresó, el que fueran sus testigos en Jerusalén, en toda Judea y Samaria, y hasta los confines de la tierra? No podemos contestar a todo esto; sin embargo, podemos decir que Dios llama a las personas para hacer grandes obras después que hayan demostrado mucho interés por el trabajo, que lo hayan deseado intensamente y orado mucho por la oportunidad que él les da. Vemos cómo Saulo hacía tiempo acariciaba la esperanza de que él pudiera hacer un gran trabajo entre los gentiles; vemos el gran interés que tuvo la iglesia de Antioquía en convertir a los gentiles al cristianismo. Por fin el Espíritu Santo habló tan claramente que no tuvieron la menor duda. En este momento surgió lo que comunmente llamamos el movimiento moderno misionero. Nunca el mundo había visto nada igual; los judíos nunca habían emprendido en semejante empresa en los siglos de su historia—si exceptuamos las misiones proféticas de Eliseo y Jonás—ningún judío jamás había salido de los confines de Judá para convertir a los gentiles a la fe en Jehová; nada parecido se había hecho entre los griegos ni romanos; ninguna nación se había interesado por la condición espiritual de otra; el mundo aún no había visto el esfuerzo organizado de algunos hombres con el solo propósito de llevar una religión nueva y caritativa a otra raza y pueblo. Este movimiento no fué el resultado del entusiasmo cristiano. Dios mismo lo empezó, él nombró a los primeros misioneros, y cuando el Espíritu mismo indicó quienes debían ir en esta misión la iglesia los separó para esta obra. No era fácil dejar partir a estos dos grandes hombres, pues eran los mejores jefes de la iglesia en Antioquía; sin embargo, ellos no protestaron diciendo, "No podemos dejarlos ir"; sino sencillamente hicieron lo que les fué mandado a hacer, y prosperaron por su obediencia.

II. *Saulo y Bernabé Separados como Misioneros para los Gentiles.*

Debe haber sido muy imponente el culto en el cual dedicaron a estos dos hombres para esta obra; es probable que el servicio fué público y que toda la iglesia se congregó para este acto; los profetas y maestros de la iglesia se prepararon para este servicio ayunando, y después de la oración estos directores de la iglesia colocaron sus manos sobre la cabeza de Saulo y Bernabé, dedicándolos a la obra sublime de la predicación del evangelio de Cristo a pueblos distantes y encomendándolos a la protección de Dios. Era una vocación especial el de estos dos nobles hombres para el trabajo que habían de empezar, no como una obra personal y privada, sino como los acreditados mensajeros de la iglesia.

Se necesitaba gran fe y valor de parte de Bernabé y Saulo para ir a esta misión a las tierras gentiles. Como judíos los gentiles expresarían el desprecio que hacia ellos sentían, y ellos siendo cristianos, sentirían los efectos del odio que todo judío, no creyente, guardaba hacia aquel que se convertía a la nueva religión.

Quizás hubo reuniones de despedida donde los miembros de la iglesia pudieran decirles adiós; algo de esto implica la frase "y los despidieron."

III. *La Predicación en Chipre.*

Parece que los colaboradores de Bernabé y Saulo en Antioquía dejaron que ellos, bajo la dirección del Espíritu Santo, escogieran el campo donde debían empezar el trabajo más amplio de evangelismo. Es probable que Bernabé y Saulo hablarían de sus planes, pero también oraban continuamente a Dios para que él los guiara, porque no sabían donde ni cómo él los llevaría. Léase ahora Hechos 13.4-6. Búsquese en el mapa los lugares mencionados. No dan razones porqué escogieron este campo. Lucas cuidadosamente nos dice que fueron mandados, no por la Iglesia, sino por el Espíritu Santo, que obró por medio de su Iglesia. "Ellos pues, enviados por el Espíritu Santo, descendieron a Seleucia." ¡Qué grandioso es ser enviados por el Espíritu Santo! Humanamente hablando, quizás fueron influenciados por el hecho que era el pueblo donde nació Bernabé (Hechos 4.36), y él conocía las costumbres del pueblo, y naturalmente anhelaría su evangelización. Debemos también notar que algunos de los fundadores de la iglesia en Antioquía eran nativos de Chipre (Hechos 11.20) y estarían muy interesados en que el evangelio fuera llevado a sus compatriotas. Es evidente, por lo que leemos en Hechos 11.19, que se había ya predicado algo en esta isla; así, pues, nuestros misioneros no pararon en Seleucia, que está a veinticinco kilómetros de Antioquía, que podía ser evangelizado por esta misma iglesia, sino que siguieron viaje a Chipre, para predicar en la sinagoga allí. Esta isla está situada en la parte noreste del mar Mediterráneo, unos sesenta y cuatro kilómetros de la costa de Cilicia y unos doscientos cuarenta kilómetros de Seleucia. La palabra Chipre viene de la palabra griega que quiere decir cobre; el nombre le fué dado por los griegos en época primitiva, según nos dice Cenola, porque su riqueza mayor consistía en las minas de cobre, que eran las mayores y de mejor calidad que otras minas conocidas al mundo entonces. Herodes el Grande tuvo el monopolio de estas minas, guardando la mitad de las ganancias para él y haciéndose cargo de la otra mitad para Augusto. Esto hace comprender porqué había tantos judíos en las ciudades de Chipre. La isla tiene unos doscientos treinticinco kilómetros de largo y cerca de sesenta y cuatro kilómetros de ancho.

Léase Hechos 13.4–12. Saulo y Bernabé primeramente pararon en Salamina, un puerto de mar grande y próspero en la parte este de la isla. Debió haber habido una colonia grande de judíos en Salamina, porque se nos dice que predicaban "en las sinagogas de los judíos," por lo que se ve que habían varias. Era la costumbre de Saulo predicar en las sinagogas; porque a toda ciudad a que llegaba siempre empezaba en ellas su trabajo. Parece que quería ser justo con sus compatriotas; les predicaba que Jesús era el Mesías a quien habían esperado los judíos por tanto tiempo y quería darles a ellos la primera oportunidad para que lo aceptaran como el Mesías. Generalmente pronto rechazaban a Saulo de la sinagoga, y cuando esto ocurría se iba a los gentiles.

Según parece, Saulo y sus compañeros no fueron rechazados por ninguna de las sinagogas en Chipre; quizás no se quedaban el tiempo suficiente para que la oposición hacia ellos llegara al punto de que fueran excluídos de las sinagogas, porque el viaje a través de la isla fué rápido. Parece que trataron de visitar muchos lugares, haciendo una breve proclamación del evangelio en cada uno. No se nos dice mucho del éxito de este viaje misionero a través de Chipre.

IV. *El Gobernador Romano Convertido.*

El próximo lugar de importancia que visitaron fué Pafos, a unos ciento sesenta kilómetros de Salamina. Pafos era el centro de adoración a Venus, la diosa de la belleza, que se decía había nacido de la espuma del mar en este mismo lugar, y su adoración se llevaba a cabo con las más locas disipaciones. Pafos era el centro oficial del gobierno romano, y el procónsul entonces era un hombre llamado Sergio Paulo, de carácter noble, pero de fe débil, que nos da una idea de la inabilidad de Roma, en aquella época, para llenar las grandes necesidades de sus mejores hijos. En la corte del procónsul había un judío, mago o curandero, llamado Elimas, que procuraba desviar la fe del procónsul. No sabemos cómo los misioneros empezaron su trabajo en Pafos, pero pronto el procónsul romano los invitó a que predicaran en su presencia, quizás porque él era creyente en el Dios de los judíos, y sin duda había oído del Mesías que esperaban ellos. Bernabé y Saulo le aseguraron que el Mesías había venido ya y que había dado su vida en rescate por los hombres. Cuando Elimas oyó que Bernabé y Saulo le hablaban al gobernador de Jesús y la nueva religión que él enseñaba, se puso celoso, temiendo perder su puesto en la estimación y protección del gobernador; así pues Elimas empezó a discutir con Bernabé y Saulo y trataba de persuadir al gobernador que lo que decían los misioneros era falso. Fué un acontecimiento notable, y aun más notables fueron los actores, pues vemos aquí a uno que buscaba la verdad, y a los misioneros de la verdad y a un hombre que trataba persistentemente de negar la verdad. Saulo no era el hombre que se dejaba vencer en una controversia como la que Elimas había empezado; él no podía guardar silencio y se desbordó en palabras impetuosas, llenas de poder. (Léase Hechos 13.10, 11.) Las enérgicas palabras de Saulo, rebozantes de celo y de indignación justa y ardiente, acobardó al curandero y asombró a Sergio Paulo, y él creyó en el mensaje de Bernabé y Saulo y se declaró cristiano. En ese momento de prueba Saulo ganó una supremacía como jefe que nunca perdió, y desde entonces en adelante Lucas siempre menciona su nombre antes que el de Bernabé. También trae Saulo el primer mensaje de Cristo ante una corte romana y gana su primer converso entre los gobernadores de esta nación. Lucas después de esto habla de él dándole el nombre romano de Pablo, por el que era probablemente conocido entre los gentiles. De aquí en adelante hablaremos de Pablo y Bernabé.

Preguntas.

1. Dad las razones por las cuales creéis que Dios escogió la iglesia de Antioquía como la primera iglesia misionera.

2. ¿Podéis indicar alguna excusa de las que a veces se dan, tratando de justificar el no hacer trabajo misionero, que la iglesia en Antioquía no hubiera podido dar?

3. En la experiencia de Pablo ¿qué fué lo que lo preparó para esta empresa misionera?

4. ¿A dónde fueron primeramente estos misioneros?

5. ¿Qué hecho de importancia se menciona en el libro de los Hechos de su trabajo allí?

6. ¿Por qué, creéis, que Lucas cambió el nombre de Saulo a Pablo en esta época?

7. ¿Cómo podía un mago, o curandero, tener influencia sobre un oficial romano inteligente como lo era Sergio Paulo?

8. Por el relato ¿podemos saber, acaso, si esta ceguera era total o permanente?

Pensamiento Personal.

"Ellos, pues, enviados por el Espíritu Santo" (versículo 4). Es un gran consuelo, en época de desaliento, tener la convicción de que Dios nos manda a hacer el trabajo que estamos haciendo, y por lo tanto tenemos la seguridad que estamos en el lugar donde él quiere que estemos, a pesar de las dificultades que vengan en nuestro camino.

LECCIÓN XIII.

DÍAS DE ACTIVIDAD EN ANTIOQUÍA DE PISIDIA.

I. *Juan Marcos Vuelve a Jerusalén.* Léanse Hechos 12.25; 13.5, 13.

CUANDO Pablo y Bernabé salieron de Antioquía para la isla de Chipre, iba con ellos un pariente de Bernabé llamado aquí Juan, pero en Hechos 15.37 Juan Marcos. La casa de la madre de Juan, en Jerusalén, era un centro de actividad y concilios cristianos (Hechos 12.12). "Y tenían a Juan como ayudante." Juan Marcos probablemente acompañó a estos dos misioneros en parte para atender a todos los asuntos de viajes y de hospedaje y en parte también como misionero ayudante. Recordaréis que los misioneros atravesaron la isla hacia el oeste, predicando de villa en villa hasta llegar a Pafos, donde dieron a conocer su mensaje bajo la sombra del famoso templo de Afrodita. Hubo muchas conversiones, y todo marchaba bien hasta que el mago o curandero Elimas empezó a combatirlos; y Pablo, lleno del Espíritu Santo, lo reprendió, y he aquí que quedó ciego al instante. Todo esto debió haber impresionado al joven Juan Marcos; sin duda pensó: "Me alegro que vine en esta misión; es un trabajo glorioso, y el Señor se manifiesta con nosotros."

De Pafos Pablo y sus compañeros (notad el lugar preferente como jefe o director que Lucas le da a Pablo) se embarcaron con rumbo hacia el norte, al pueblo llamado Perga en Panfilia. Era un pueblo poco hospitalario, de habitantes semi-bárbaros. "Empero Juan se apartó de ellos y volvióse a Jerusalén." Es evidente, en esta breve declaración de Lucas, que el pequeño bando misionero sufrió una crisis en su campaña, después de desembarcar en las costas de Panfilia. Juan los dejó bajo circunstancias que hicieron una impresión muy profunda en Pablo y que no pudo olvidar en muchos años. (Véase Hechos 15.36–

39.) No se nos dice porqué Juan Marcos volvió a su hogar; evidentemente Pablo no dió su consentimiento para esta acción de parte de Juan. El hecho de que él no volvió a Antioquía a seguir su trabajo allí, sino que volviera a Jerusalén, parece indicar que había resuelto, no tan sólo no seguir en el viaje misionero emprendido, sino terminar sus relaciones con Pablo y Bernabé. Juan era joven, y probablemente nunca se había separado del hogar; quizás sentía nostalgia por los suyos; pero por mucho que simpaticemos con la juventud entristecida por estar lejos de su hogar, tenemos que admitir que no hay tristeza ni pena que constituya una disculpa para no cumplir nuestro deber. ¿No fué Jesús quien dijo: "Ninguno que mira atrás, después de haber puesto la mano en el arado, es apto para el reino de Dios"? Quizás no fuera la tristeza, sino el no creer en misiones a los extranjeros, lo que hizo que Juan Marcos abandonase el trabajo: como judío tendría el prejuicio contra la evangelización de los gentiles tan común entre su pueblo. Hasta aquí los misioneros habían trabajado en lugares donde Bernabé era conocido y donde había algunos cristianos, pero ahora iban a las montañas de Panfilia, donde se encontraban sólo los "perros gentiles," y el joven evangelista no tenía el deseo de compartir con estos desechados los beneficios del evangelio; y quizás sentiría también que Pablo asumía el mando con demasiado menosprecio para Bernabé.

Pablo nos da alguna luz sobre la situación en Gálatas 4.13. Dr. Ramsay sugiere la posibilidad de que Pablo fuera atacado por la fiebre malaria en la parte baja de Panfilia y que el viaje a Antioquía de Pisidia fué emprendido en parte por el clima más saludable de esta región montañosa. En estas montañas vivía gente muy peligrosa, y éste es el país a que se refiere Pablo en su relato, "en peligros en despoblados y en peligros en el mar" (2 Corintios 11.26). Era la región de aventuras, el país maravilloso de aquella época, y circulaban rumores de que bandidos vivían en los desfiladeros, así que pudo haber sido mera cobardía la que hizo de Juan Marcos un desertor, o quizás le pareciera tonto seguir a un hombre enfermo a través de los caminos peligrosos de las montañas de Tauro; si esto es cierto, su abandono en este momento crítico cuando sus servicios eran tan necesarios debe haber sido muy exasperante; el temor no es disculpa para la cobardía.

Afortunadamente esto no es todo lo que sabemos de Juan Marcos, porque siete años más tarde vemos que era el compañero de Pedro en Babilonia (1 Pedro 5.13), la Babilonia llena de amenazas por parte del fiero gentil y del judío fanático, y después (63 D.C.) se dice algo más de él: está con Pablo en el campamento pretorio en Roma. Pablo es un prisionero, y Nerón está sobre el trono. Si Marcos era capaz de arriesgar su vida junto a la de Pablo en tales condiciones, seguramente había sabido vencer sus temores.

La última mención de Juan Marcos es de dos o tres años más tarde; ya por esta época es un hombre de mediana edad y compañero de Timoteo en la ciudad de Efeso. Pablo es aún prisionero en Roma, pero está ahora en la cárcel "Mamertino," y viejo, cansado, casi sin amigos, solo, en su celda, con mano temblorosa le escribe a Timoteo: "Procura con diligencia venir presto a mí. Recoge de paso a Marcos y tráele contigo." (2 Timoteo 4.9, 11.)

II. *Hacia Antioquía de Pisidia.* Léase Hechos 13.14.

Pablo enfermo de cuerpo, pero sin temor y lleno de determinación, llevó al fiel Bernabé con él en su viaje de ciento sesenta kilómetros a través de los casi intransitables promontorios del sur de Asia Menor a Antioquía de Pisidia, una ciudad considerable con una gran colonia judaica, que estaba a unos mil cien metros sobre el nivel del mar y se encontraba en el camino real romano que había hecho el emperador Augusto César: era, además, el centro del "regio," una subdivisión de la provincia de Galacia.

III. *Predicando a Jesús en Antioquía de Pisidia.* Hechos 13.14–41.

La condición física de Pablo no le impidió que fuese a la sinagoga el primer sábado que se encontró en la ciudad.

Sin conocer a nadie, estos dos misioneros entraron en la sinagoga y se sentaron en la congregación. Aquí se puede ver lo que era una sinagoga y conocer algo de su culto, cuyas principales formas eran las siguientes: (1) oraciones y la apertura ritual; (2) lectura de las Escrituras, primero la lección de la Ley y segundo, la lección de los Profetas; (3) una plática, o un sermón. No tenían predicador fijo, y después de la lectura de las Escrituras hombres instruídos, o extranjeros que estuvieran presentes, a petición de los oficiales de la sinagoga, dirigían la palabra a la congregación. (Compárese Lucas 4.14-21.) Así pues, después de la lectura de las Escrituras, los jefes de la sinagoga cortésmente se dirigieron a estos visitantes y les dijeron: "Si tenéis una palabra de exhortación para el pueblo, hablad." Quizás el aspecto de Pablo y Bernabé dejaba ver que eran rabíes viajantes.

IV. *El Sermón de Pablo.*

Al momento Pablo, que era el jefe al mismo tiempo que interlocutor, respondió a la invitación y con un gesto de mando que tantas veces usaba obtuvo la atención de parte de la congregación y empezó a hablar. Lucas nos da una breve relación de este discurso tan lleno de interés; es un ejemplo de la forma de argumentación de Pablo, y se anota aquí como tal.

Empezó como lo hizo Esteban con enseñanzas y cuentos muy conocidos y muy caros al pueblo judío; recordó cómo Dios había librado a Israel de la esclavitud en Egipto y los había llevado a través de los peligros del desierto; hace el recorrido por la historia gloriosa de los judíos hasta David, y al hablar de este gran rey, tan querido por todos los judíos, dijo que Jesús era el hijo de David que había sido prometido. Les recordó el testimonio de Juan el Bautista de que Jesús era el Salvador; les demostró cómo los jefes judaicos habían cumplido las profecías del Antiguo Testamento cuando crucificaron a Jesús y que David mismo profetizó su gloriosa resurrección; les habló de la vida llena de poder y gozo que se encuentra en Cristo y que ninguna ley judaica podía ofrecer una igual, y terminó con una fervorosa amonestación, de uno de los profetas, incitándolos a no rechazar a este glorioso Salvador. Era un gran sermón, basando la nueva vida en Cristo sobre las enseñanzas del Antiguo Testamento, tan conocidas por los judíos.

V. Efectos Causados por el Sermón de Pablo. Hechos 13.42–44.

Este breve bosquejo del sermón de Pablo nos demuestra que era sin duda un gran predicador. No es de extrañar que el sermón impresionara profundamente. Muchas personas se acercaron a Pablo, diciéndole "que el sábado siguiente les hablase de estas cosas," y después del servicio mucha gente, llegándose a Pablo y Bernabé, les decían que ellos creían que Jesús era verdaderamente el Mesías. En este grupo se encontraban judíos y prosélitos, o gentiles que habían aceptado la religión judaica. Durante la semana siguiente el relato de estos extranjeros se extendió como si hubiese sido fuego por la ciudad. Seguramente Pablo y Bernabé estarían muy ocupados durante la semana enseñando, visitando y proclamando el evangelio dondequiera que se encontraban. Así que el siguiente sábado multitudes llenaban la sinagoga, tanto gentiles como judíos, y Lucas nos dice: "Reunióse casi toda la ciudad para oir la palabra de Dios."

Los jefes de la sinagoga empezaron ver qué serían los efectos que les ocasionarían a ellos estos hechos maravillosos. Año tras año habían enseñado en la sinagoga, y nunca habían venido multitudes para oirles. Sentían antipatía hacia Pablo y Bernabé, sin ninguna causa justificada, salvo la mezquina envidia que surgía ya en sus corazones, y empezaron a criticarlos y a negar públicamente las enseñanzas de Pablo y Bernabé. Lucas nos dice que blasfemaban; probablemente quería decir con esto que negaban que Jesús era el Salvador del mundo. Tan terrible es el odio en el corazón humano que puede cegar, impidiendo ver las bellezas en la vida y en el carácter de Jesús. Y pronto los judíos que habían estado dispuestos a escuchar acerca del Mesías se llenaron de celo y de cólera, cuando vieron que Pablo y Bernabé ofrecían a aquellos que no obedecían las leyes judaicas la misma vida de gozo en Cristo Jesús que les habían ofrecido a ellos mismos. "Si esto es para todo el mundo, nosotros no lo queremos," decían.

VI. *Pablo y Bernabé se Vuelven a los Gentiles.*

La oposición de los jefes judaicos pronto hizo que fuera imposible que Pablo y Bernabé hablasen en la sinagoga. Con valor le hicieron frente y les dijeron: "Era necesario que la palabra de Dios se os hablase a vosotros primero: mas ya que lo rechazáis y no os juzgáis dignos de la vida eterna, he aquí, nos volvemos a los gentiles. Porque así nos lo ha mandado el Señor, diciendo: "Te he puesto por luz a los gentiles a fin de que seas para la salvación hasta lo último de la tierra." Cuando los gentiles oyeron que Pablo y Bernabé se proponían seguir predicándoles a ellos aun cuando los judíos les cerraban la puerta de la sinagoga, se llenaron de alegría.

VII. *Echados Fuera de la Ciudad.* Hechos 13.49-52.

La predicación fuera de la sinagoga continuó por algún tiempo, quizás por meses, como es evidente por los resultados producidos en toda la subdivisión de la provincia en la cual estaba situada Antioquía (versículo 49). Los judíos ahora no tenían motivos de queja, pues Pablo y Bernabé no predicaban a sus miembros en la sinagoga, sino solamente a los gentiles. Los celos siempre ciegan, ofuscan la mente, no permiten razonar, y así, bajo la influencia de estos sentimientos, los jefes judaicos determinaron poner fin a todo el movimiento. Tenían influencia con ciertas mujeres de rango en la ciudad y también con los oficiales, y usaron esta influencia para levantar prejuicios contra los misioneros: sin duda persuadieron a los oficiales que Pablo y Bernabé eran agitadores de pueblos lejanos y que sería bueno echarlos fuera. Así pues, cogiendo a los misioneros, los llevaron afuera de los límites de la ciudad y les dijeron que se alejaran. No valía la pena arriesgar sus vidas quedándose allí cuando había tantos lugares que necesitaban el evangelio; así, pues, los misioneros salieron de Antioquía y al hacer esto cumplían tres mandatos de Cristo: primero, huir de la persecución, Mateo 10.23; segundo, sacudir el polvo de los pies en señal de condenación, Mateo 10.14; tercero, regocijarse en la persecución, Mateo 5.11, 12. Ellos no estaban desanimados, porque creían que habían sembrado la semilla que en su tiempo daría fruto y en abundancia. El resultado de su trabajo fué permanente, y una iglesia cristiana fué establecida.

Preguntas.

1. Después de Chipre ¿qué región fué la que visitaron Pablo y Bernabé?

2. ¿Por qué, creéis, que Juan Marcos volvió a su casa?

3. Dad las posibles razones por las cuales los misioneros fueron en seguida al interior.

4. Dígase algo de la primera reunión en Antioquía de Pisidia.

5. El sermón de Pablo consistía de cuatro partes: (1) una introducción histórica; (2) el Mesías era Jesús; (3) la muerte y la resurrección de Jesús; (4) la salvación por medio de la fe en Cristo Jesús. Desígnese los versículos que correspondan a estas subdivisiones.

6. En el versículo 33 ¿qué versículo del Salmo 22 es citado?

7. En el versículo 35 la cita es del Salmo 16, ¿qué versículo?

8. Versículo 41, la cita es del libro de Habacuc, capítulo 1, ¿qué versículo?

9. ¿Qué hizo Pablo después que le cerraron las puertas de la sinogoga?

10. Desde su salida de Antioquía en este viaje misionero ¿qué ciudades visitó Pablo? ¿Qué incidentes de importancia acaecieron en estas ciudades?

El núcleo de la enseñanza de los apóstoles es la doctrina de la resurrección de Cristo. (Léase 1 Corintios 15.12–15.) "Nosotros os anunciamos buenas nuevas" (versículo 32). Nunca tenéis que ofrecer una disculpa a persona alguna por hablarle de hacerse cristiano, porque al hacerlo le estáis ofreciendo la oportunidad más grande que se le puede ofrecer a un ser humano.

91

LECCIÓN XIV.

Dirigiéndose a Nuevos Campos: Iconio y Listra.

LEASE Hechos 13.50. Lucas pasa ligeramente sobre los sufrimientos de Pablo: por 2 Timoteo 3.11 vemos que debe haber sufrido mucho. El mismo nos dice que tres veces fué azotado con varas por lectores romanos antes del año 56 (véase 2 Corintios 11.25). Como los gobernadores romanos que él conocía personalmente le eran favorables, él tiene que haber recibido estos azotes en las colonias cuyos magistrados tenían lictores en su servicio. Es probable que la persecución mencionada en Antioquía y a la que él hace mención en Listra incluía los azotes por esos lictores; sabemos que el tercer azote fué dado en Filipos, que era una colonia romana. ¿No sería probable que los azotes que Pablo recibió en estas ciudades gálatas donde había judíos fueran porque éstos le perseguían?

I. *De Antioquía de Pisidia a Iconio.* Léase Hechos 13.51, 52.

Cuando Pablo y Bernabé fueron echados de Antioquía se dirigieron al sureste, siguiendo el gran camino romano que iba desde Efeso al Eufrates, llegando a una ciudad llamada Iconio. Dejaron, sin embargo, un grupo fiel de discípulos cuyo gozo y elevación espiritual constituían testimonio elocuentísimo de la divina transformación operada en sus vidas. En ningún lugar habían trabajado con tanto éxito, y llenos de alegría se dirigieron a sus nuevos campos. Es difícil creer que estos misioneros, aunque dispuestos a retirarse por algún tiempo, no tuvieran idea de regresar. Pablo y Bernabé no volvieron a la costa de Panfilia para embarcarse para Antioquía, abandonando la idea de evangelizar esta región, sino que procedieron a Iconio, una ciudad de la misma provincia y distrito.

Al esforzarnos por seguirlos en el camino hacia Iconio es difícil no considerarlos como personajes importantes, pero para el lugar donde habían llegado no lo eran, y entraron en la ciudad tan desapercibidos y tan tranquilos como pudieran haberlo hecho dos extranjeros hoy en cualquiera de nuestros pueblos. Primeramente buscarían donde hospedarse, y después probablemente solicitarían empleo, porque trabajaban en su oficio dondequiera que se hallaban. ¿Quién al verlos en Iconio pudiera soñar que estos viajeros, yendo de casa en casa de los fabricantes de tiendas de campaña buscando trabajo, llevaban en su cerebro y en su corazón la esperanza del mundo?

Su viaje desde Antioquía a Iconio, una distancia de algunos ciento veinticinco kilómetros, se extendía sobre una región elevada e infecunda a unos novecientos metros sobre el nivel del mar. La ciudad de Iconio se encuentra en una especie de oasis al centro de esta región, y aunque no era una ciudad de la importancia de Antioquía, era sin duda una ciudad bella y de influencia, con gobierno propio; era también de las más antiguas del mundo, quizás tan vieja como Damasco. En la época de esta visita tal vez la población era compuesta de los descendientes de los habitantes primitivos del distrito, a saber, griegos que holgazaneaban en la plaza ávidos de cualquier noticia y listos para cualquier diversión, unos cuantos orgullosos oficiales romanos y una colonia de industriosos y prósperos judíos, amantes del dinero.

II. *Éxito Notable y Notable Oposición en Iconio.* Léase Hechos 14.1–7.

Los judíos de Iconio tenían una sinagoga, y a pesar del hecho de que Pablo y Bernabé fueron rechazados por los judíos de Antioquía, ellos no dejaron que esto constituyera motivo para no ofrecer a los judíos de Iconio el mensaje del evangelio. Ellos fueron a la sinagoga, y cuando se les concedió una oportunidad para hablar la aprovecharon para hacerles saber de Jesús y su resurrección. Lucas nos dice que "hablaron de tal modo que creyó una gran multitud, así de judíos como de griegos."

Pronto se desarrolló la oposición contra los misioneros. Los jefes judaicos no fueron esta vez a los gobernantes, sino que trataron de influenciar al pueblo para que los persiguieran. Los apóstoles siguieron predicando aun cuando las puertas de la sinagoga les fueron cerradas. Parece que se quedaron allí algún tiempo, y Dios bendijo sus esfuerzos y les concedió poder en el trabajo y en la palabra. Hicieron tantos conversos en esta ciudad que habían casi tantos a favor de los apóstoles como los que se pusieron al lado de los judíos.

La ciudad entera se había conmovido, y finalmente los judíos persuadieron a los oficiales de que Pablo y Bernabé eran agitadores y que la ciudad siempre había sido una ciudad tranquila hasta que llegaron estos maestros de una religión falsa. Los misioneros vivían bajo una constante amenaza de violencia de parte del populacho mientras realizaban su trabajo. Avisados con tiempo de que había un complot de parte de los judíos y gentiles para matarlos a pedradas, se vieron obligados a huir de la ciudad. No era el propósito de los apóstoles fomentar inquinas entre los hombres, y como ahora todos los ánimos estaban muy agitados, había muy poca oportunidad para hacer más en Iconio en esta ocasión.

Saliendo hacia el suroeste, los misioneros anduvieron unos treinta kilómetros a través de campos peligrosos, hasta llegar a Listra. Como no se menciona nada de sinagogas en Listra, pudiera suponerse que había pocos judíos en dicha ciudad. Por vez primera entonces los misioneros emprendieron el trabajo en un pueblo pagano para evangelizarlo.

III. *Considerados como Dioses y Apedreados.* Hechos 14.8-18.

La antigua ciudad de Listra (llamada ahora Katyn Serai) se hallaba en una verde llanura entre las montañas de Licaonia. Aquí estaban los apóstoles entre gente sencilla del campo. Habían dejado atrás los pueblos de mayor número de habitantes. Las montañas de Tauro separaban a Licaonia de los lugares cultivados y poblados de Cilicia y Pisidia. La gente aquí era también más ruda; hablaban una lengua que los misioneros no entendían. Aunque se encontraban entre una gente cuyo modo de ser y cuya lengua desconocían, Pablo y Bernabé tenían para ellos un mensaje. Evidentemente hablaron en las calles y en la plaza. Entre la muchedumbre que se congregó a su alrededor se encontraba un pobre cojo de nacimiento que nunca había podido caminar. Pablo miraba a este hombre mientras hablaba de los milagros que Jesús había hecho en Palestina. No se sabe si el cojo pudo entender todo lo que Pablo decía, pero impresionado por la actitud y la manera de hablar del apóstol se acercó, lleno su corazón de esperanza. Cualquiera que fuera la forma en que expresó esta esperanza, vemos por el relato que la fe había iluminado su corazón; creía en Pablo y en su mensaje. Debe haber habido en la mirada de Pablo algo extraño y lleno de poder, su mirada parecía escudriñar al hombre, penetrando hasta lo mas íntimo de su corazón. Así era la mirada que fijó en Elimas (Hechos 13.9, 10), la que dirigió al concilio (Hechos 23.1), y así fué la mirada que clavó en el cojo. Y al ver en la cara de éste reflejada la fe y la esperanza, Pablo le dijo en alta voz: "Levántate y ponte derecho sobre tus pies." Cuando la multitud vió a este hombre que nunca había caminado que se levantaba y que podía caminar, fué tal su asombro que dijeron: "Los dioses en semejanza de hombres han descendido hasta nosotros." Los licaonios eran bilingües, hablaban su dialecto y el griego. En su asombro ante el milagro de Pablo hablaron en su lengua propia.

Correspondía esta región al lugar donde se había llevado a cabo la escena de la leyenda siguiente de Filemón y Baucis, narrada por Ovidio. Una vez Júpiter y Mercurio vinieron al mundo en forma de viajeros y buscaron alojamiento en varias casas; las puertas de los ricos les fueron cerradas, y así al fin se dirigieron a la choza humilde de un matrimonio viejo llamados Filemón y Baucis, que los albergaron y compartieron con ellos lo poco que tenían. Al amanecer se despertaron los viejecitos y encontraron que sus huéspedes habían desaparecidos y que su humilde choza se había transformado en un templo maravilloso con pisos de alabastro y pináculos de oro. Entonces se dieron cuenta de que sus visitantes habían sido Júpiter y Mercurio, su mensajero. Desde entonces venían muchos de cerca y de lejos a ver el templo milagroso y dar culto a los dioses olímpicos.

Así vemos que la multitud al ver este milagro creyeron que eran los dioses que volvían otra vez en forma de hombres. Bernabé, de gran estatura y de presencia noble, fué tomado por Júpiter, el padre de los dioses olímpicos, mientras que Pablo, el que siempre hablaba, fué tomado por Mercurio, su mensajero. La expectación de la ciudad fué extraordinaria. Reuniendo a los sacerdotes del Templo de Júpiter, el pueblo se preparaba para hacerles un sacrificio. Bueyes y guirnaldas de flores fueron traídos, y los sacerdotes preparaban el sacrificio. Pablo y Bernabé tardaron en darse cuenta de lo que hacía el pueblo, porque hablaban en su dialecto. Nada era mas horrible para un judío que el tributo de honores divinos a un hombre. La escena en que se dan cuenta de los hechos demuestra la angustia de sus sentimientos. Con pasos presurosos, y brazos extendidos, rasgando sus vestidos—y para que un judío rasgara sus vestidos era un signo de grande aflicción—y levantando la voz, se lanzaron entre la muchedumbre, gritando: "Señores, ¿por qué hacéis esto? Nosotros también somos hombres, de igual naturaleza que vosotros, y os anunciamos buenas nuevas, para que os convirtáis de estas vanidades al Dios viviente que hizo el cielo y la tierra, la mar y todo lo que en ella hay." (Léase otra vez Hechos 14.15–18.)

Tan grande fué el asombro de la multitud por la curación del cojo que era difícil persuadirlos de que Pablo y Bernabé no eran dioses, y grande fué el esfuerzo por parte de los misioneros para poder impedir que el pueblo le hiciera sacrificios. Si Pablo hubiera tenido más tiempo, habría podido ganar a muchos de estos paganos a la fe en el Dios viviente por medio de este milagro hecho al cojo, pero tenía enemigos que seguían sus pasos, y se aparecieron tan pronto que Pablo no tuvo la oportunidad de llevar a cabo su empresa. (Léase Hechos 14.19, 20.) Los enemigos de Pablo en Iconio habían conspirado para apedrearlo, pero vemos cómo él escapó a Listra. Con una maldad persistente los enemigos de Pablo le siguieron. Nótese, como evidencia de su odio, la distancia que fueron para tratar de hacerle daño. El éxito de los enemigos de Pablo fué grande, pues no sólo impidieron su obra, sino que lograron formar un molote que lo atacó y apedreó. Herido por las piedras, cayó y fué arrastrado de la ciudad y dejado por muerto. Sus enemigos, creyendo que lo habían matado, se retiraron, y entonces sus amigos rodearon el cuerpo y lloraban a su jefe, que suponían muerto, pero mientras ellos lloraban Pablo volvió en si, se levantó con dificultad y volvió a la ciudad. La mañana siguiente, creyendo que era mejor retirarse de la ciudad tranquilamente, él y Bernabé se dirigieron a Derbe.

IV. *Los Miembros de una Casa Convertida en Listra.*

El trabajo de los misioneros en Listra parecía haber terminado en un fracaso completo, pero ningún esfuerzo bueno se pierde jamás. Entre estas escenas horribles el niño Timoteo, que vivía en Listra, vió por primera vez a los apóstoles y tuvo fe en Cristo Jesús. Pablo fué al hogar de Timoteo y logró convertir a la madre, Eunice, y a su abuela, Loida, a la fe en Jesús, y Timoteo se hizo cristiano. ¿Serían estos cristianos los que bañaron y curaron las heridas de Pablo hasta que la mañana siguiente pudo, con la ayuda de Bernabé, seguir su viaje? (Léase 2 Timoteo 1.5.)

V. *Sellado con las Marcas de Cristo Jesús.* Gálatas 6.17.

Pablo llevó las marcas de las heridas recibidas en Listra hasta el día de su muerte. Años más tarde escribió a las iglesias en Galacia, una de las cuales se cree era la que existía en Listra. Ciertos enemigos de Pablo que le seguían de lugar en lugar habían estado visitando las distintas iglesias en Galacia tratando de persuadirlos de que Pablo no era un creyente en Cristo Jesús. El contestó a estas personas enseñándoles sus heridas, las heridas recibidas en Listra y otros lugares, diciendo: "De aquí en adelante

97

nadie me moleste, pues yo llevo en mi cuerpo las marcas de Jesús."

Preguntas.

1. Relátese la experiencia de Pablo en Iconio.
2. Los enemigos de Pablo lo acusaron de ser un agitador. ¿Cómo contestaría a esta acusación contra él?
3. Notad con qué exactitud y cuidado describe Lucas la dolencia del cojo. ¿Cuál era la profesión de Lucas?
4. ¿Por qué rehusaron Pablo y Bernabé que se les ofreciera sacrificios en Listra?
5. ¿Adoran los hombres a ídolos hoy?
6. ¿Quién es culpable del ataque a Pablo en Listra?
7. ¿En qué se diferenciaba el sermón de Pablo en Antioquía al de Listra? ¿Por qué?
8. ¿Qué característicos de jefe demostró Pablo en este relato?
9. Si vos hubieseis sido un joven de unos dieciseis años como Timoteo, ¿qué actitud hubieseis tomado hacia un hombre con las demandas de Pablo?
10. ¿Cuál es la mejor manera de testificar por Jesús?

Uno o Dos Pensamientos.

Pablo hace alusión a este azotamiento en 2 Corintios 11.25. ¿Creéis que esa noche en la casa de Timoteo Pablo recordaría la muerte de Esteban?

A un ángel mirando desde el cielo estas escenas en Listra, le parecería casi imposible. ¡Un grupo grande de hombres llenos de ira corriendo en las calles detrás de dos hombres como si fueran perros, alcanzándolos y azotando a uno de ellos hasta dejarlo aparentemente muerto! Sin embargo, estos dos hombres son mensajeros de buenas nuevas del Dios Todopoderoso y tienen en su corazón tan sólo buena voluntad hacia aquellos que quieren matarlos. Donde el pecado abunda la gracia sobreabunda.

LECCIÓN XV.

DERBE Y LA VUELTA A ANTIOQUÍA EN SIRIA.

I. *Una Campaña de Éxito en Derbe.* Hechos 14.20, 21.

DERBE, la ciudad a la cual se dirigieron Pablo y Bernabé después de los azotes en Listra, estaba a unos cincuenta kilómetros al sureste de Listra. Aquí por primera vez parece que Pablo y Bernabé no encuentran oposición. No se habla de una sinagoga en Derbe, y probablemente habían pocos judíos viviendo en esta ciudad. Evidentemente los enemigos malignos de Pablo creían que lo habían matado en Listra; por lo tanto no le ocasionaron disgustos en Derbe. Es digno de notar el hecho de que al escribirle Pablo a Timoteo, en sus referencias a las persecuciones y tribulaciones sufridas en esta época menciona a Antioquía, Iconio y Listra, pero no menciona a Derbe. (Véase 2 Timoteo 3.10, 11.)

El trabajo en Derbe tuvo éxito notable. Lucas escribe que "hicieron muchos discípulos" allí. Pablo en Listra encontró a Timoteo, que más tarde fué uno de sus mejores obreros; y en Derbe encontró a un joven llamado Gayo, que aceptó a Jesús como su Salvador. Gayo también fué un obrero fiel; y más tarde él y Timoteo acompañaron a Pablo en algunos de sus viajes por el Asia Menor.

Derbe era el lugar más lejos a que habían llegado Pablo y Bernabé en este primer viaje misionero desde Antioquía en Siria. Habían andado algunos centenares de kilómetros y probablemente habían estado fuera de Antioquía unos dos años. Así que decidieron volver a Antioquía. En Derbe se hallaban cerca de "Las Puertas de Cilicia," el famoso pasillo entre las montañas que conducía directamente a Tarso. De Tarso Pablo y Bernabé podían ir a Antioquía por mar o por tierra. Volver cruzando por las ciudades en las cuales los habían perseguido tanto y donde escaparon milagrosamente de la muerte era arriesgado en gran manera; y además era mucho más lejos que atravesar por las montañas de Tauro. Sin embargo, determinaron enfrentar el peligro y volver por donde mismo habían venido. ¿Por qué? (Léase con cuidado Hechos 14.21-24.)

II. *Otra Vez en Listra, Iconio y Antioquía.* Hechos 14.21.

Los misioneros salieron de Derbe y se llegaron a Listra, donde habían apedreado a Pablo y lo habían dejado por muerto. De Listra anduvieron los treinta kilómetros en el camino real que unía a Listra con Iconio. Iconio era donde vivían los peores enemigos de Pablo. Fueron ellos los que habían tramado el apedrearlo en dicha ciudad, y al fracasar su plan siguieron a Pablo y Bernabé a Listra y fueron los cabecillas en el ataque contra ellos en esa ciudad y en la cual por poco pierde Pablo la vida. No se mencionan estos enemigos en el viaje de regreso. Es probable que este viaje se hizo rápida y secretamente por temor a los judíos. Además, en este viaje el propósito de Pablo y Bernabé no era la de sostener una campaña evangelística en el pueblo, sino ayudar a los que se habían convertido a la fe. Puede ser que estos enemigos en Iconio creyeran que Pablo había muerto.

Desde Iconio Pablo y Bernabé volvieron a Antioquía de Pisidia. Esta era la ciudad donde habían sido expulsados por los oficiales del gobierno, y probablemente si se hubiera tenido conocimiento de su estancia en la ciudad habrían pagado con sus vidas dicha ofensa.

III. *Enseñando y Dando Ánimo a los Conversos.* Hechos 14.22.

Pablo y Bernabé hicieron mucho bien en este viaje de regreso. Primeramente estos misioneros deseaban conocer a los que profesaban la fe en Cristo Jesús e instruirlos mejor. Estos discípulos habían sido paganos, y era poco su conocimiento de las verdades del evangelio. Aún no se había escrito ningún evangelio ni las epistolas que componen nuestro Nuevo Testamento. También deseaban fortalecerlos contra las persecuciones que empezaban a sentir ellos: porque después que Pablo y Bernabé se habían ido los enemigos de los misioneros dejaron sentir su odio contra sus discípulos. Lograr que las personas acepten a Jesús como su Salvador es solamente una parte del trabajo de un jefe cristiano: ayudándoles a crecer en la fe y a ser leal a Cristo es igualmente importante. Pablo y Bernabé no sólo deseaban hacer cristianos a estos gálatas, sino que fueran cristianos inteligentes. ¡Con qué cuidado prepararon a estos cristianos primitivos para poder sobrellevar la oposición y las persecuciones! Ellos les dijeron que esperasen las pruebas y aflicciones, y cuando llegasen no les sorprenderían. Es cierto que en todas las épocas los que "viven píamente en Cristo Jesús serán perseguidos" (2 Timoteo 3.12). El antagonismo y las pruebas las sufrirá todo cristiano sincero: porque Juan nos dice que los que tienen ropaje blanco alrededor del trono "son los que salen de la gran tribulación" (Apocalipsis 7.13–17).

Pero había en las amonestaciones de los apóstoles un aspecto optimista, lleno de luz: al fin de estas tribulaciones se hallaba el hogar celestial. Después del dolor venía la paz; después del conflicto, el trono; después de la cruz, la corona; después de la travesía llena de tormentos se llega al puerto del cielo. Y además debemos tener presente siempre que hay para el cristiano mientras sufre tribulaciones el apoyo divino; vemos cómo estos misioneros encomendaron a estos cristianos al Señor en quien habían creído. Estas reuniones en secreto debieron ser fuente maravillosa de fortaleza espiritual: sabemos lo que Pablo debió de decir. Léase lo que él dice en otros lugares con respecto a estas cosas. (Romanos 8.18; 2 Corintios 4.17; 2 Timoteo 2.11, 12.) Pedro, escribiendo a los cristianos en condiciones semejantes, ofrece esta misma nota alentadora. (1 Pedro 4.12, 13.)

IV. *Constituyendo Jefes en Cada Iglesia.* Hechos 14.23.

Pablo conocía el valor de la organización. El sabía que si los nuevos conversos no tuviesen los servicios religiosos, pronto se esparcerían, y el movimiento empezado moriría. Seleccionando los mejores hombres en cada ciudad donde habían laborado, los apartaron como ancianos o pastores de los feligreses cristianos. Los cristianos judíos podían continuar adorando a Dios en la sinagoga como lo habían hecho antes de la venida de Pablo y Bernabé; porque no había nada en el culto de la sinagoga que riñera con la fe en Jesús como Mesías. Cristo mismo siempre asistía a la sinagoga. Pero los jefes de la sinagoga se oponían a que vinieran; y ciertamente los cristianos gentiles que no habían asistido antes a la sinagoga no querrían asistir ahora aunque se les permitiese. Así pues, el pequeño grupo de cristianos, unidos por la fe que les era más precioso que sus propias vidas, se reunieron en secreto con su gran jefe, en la obscuridad de la noche, probablemente ya muy avanzada, vigilando algunos no fuera que cayeran sobre ellos sus enemigos. Reunidos, oraban, ayunaban y adoraban a Dios; después encomendándose los unos a los otros a Dios se separaron, Pablo y Bernabé siguiendo su viaje peligroso, los otros quedándose en sus propios lugares, sosteniendo su fe no obstante lo que les pudiese acaecer.

Al considerar la razón por la cual estos conversos necesitaban una iglesia organizada, se verá cómo la organización de los creyentes cristianos en una sociedad era indispensable para la perpetuación de la influencia de Cristo en la tierra. Es posible ser cristiano sin unirse con la Iglesia; pero, cuando se analiza el asunto cuidadosamente, se verá que cada uno de nosotros es deudor a la Iglesia por el conocimiento del evangelio y que es solamente por la organización de esta sociedad que la verdad del evangelio se ha conservado a través de los siglos en el mundo.

V. *Predicando el Evangelio en Perga.* Hechos 14.24–26.

Cruzando las montañas, Pablo y Bernabé descendieron a la costa y volvieron otra vez a Perga, donde habían desembarcado en el viaje a la ida después de cruzar por Chipre. No habían predicado en Perga cuando estuvieron allí anteriormente, así que ahora se detuvieron por poco tiempo en esta ciudad y predicaron el evangelio. No se nos dice nada del resultado de su trabajo allí, pero es muy probable que tuvieron conversos como en todos los demás lugares.

Por alguna razón los misioneros no se embarcaron por mar de Perga a Antioquía de Siria. Pudiera ser que no había ningún barco que se esperara llegase a Perga con rumbo hacia la Siria por algún tiempo y que sin embargo tuvieran noticia de alguna embarcación que saliera del puerto cercano de Atalia que se hallaba a unos veinticinco kilómetros de distancia, y de allí se embarcaron hacia su hogar.

VI. *La Bienvenida.* Hechos 14.27, 28.

Habiéndose embarcado los misioneros en Atalia, navegaron al este por la costa sur de Asia Menor. No volvieron a Chipre, sino que fueron directamente a Antioquía de Siria, un viaje de poco más de seiscientos cuarenta kilómetros, llegando a Seleucia, y de allí se dirigieron rápidamente a Antioquía, "de donde habían sido encomendados a la gracia de Dios para el trabajo que habían cumplido." Debe haber sido un día de gran alegría para todos. Fué de gran gozo para Pablo y Bernabé, porque sentían la satisfacción que sucede al cumplimiento fiel del deber y del trabajo. Habían sufrido tribulaciones y persecuciones; pero la empresa había sido coronado con el éxito más lisonjero. En cada ciudad donde habían predicado dejaban fieles discípulos de Jesús. En muchas de las ciudades habían organizado iglesias, nombrando jefes como los oficiales de la misma. Se había comprobado cómo los gentiles se volvían ansiosos hacia la religión cristiana si se les presentaba esta religión de una manera fraternal y sincera. Pablo y Bernabé podían decir en verdad que habían cumplido el trabajo que se les había encomendado por la iglesia en Antioquía y para la cual los había apartado Dios.

A la llegada de Pablo y Bernabé en Antioquía hubo una gran reunión en la iglesia. Todos estaban deseosos de oir las experiencias de los misioneros, de su viaje de dos mil cuatrocientos kilómetros a través de muchos países y que había sido de muchos meses. Cuando se reunieron todos los miembros de la iglesia, Pablo y Bernabé contaron sus experiencias. No hubo alarde; hablaron de tal manera que dieron toda la gloria a Dios. Lucas nos dice que "contaban todas las cosas que Dios había hecho juntamente con ellos." Reconocían que ellos eran solamente instrumentos que Dios había usado para llevar a cabo su obra.

Lo que proporcionaba el mayor regocijo a estos misioneros y a la iglesia en Antioquía era el hecho que este esfuerzo misionero demostraba la verdad de que Dios había abierto la puerta de la fe a los gentiles. Los sueños y esperanzas de Pablo en años de lucha se cumplían. Jesús daba cumplimiento a la promesa a Pablo en la hora de su conversión. (Véase Hechos 26.16–18.) ¿No podéis imaginaros la atención intensa de esos cristianos al seguir las palabras de Pablo cuando les contaba de Elimas en Pafos y su predicación en la sinagoga de Antioquía de Pisidia? ¡Con cuántas lágrimas le oirían relatar su apedreamiento por los hombres en Listra! Mientras ante su vista se les presentaba el éxito de los labores de Pablo y Bernabé romperían en una larga antífona de gloria hacia Dios que había concedido tal testimonio a su palabra y había abierto "la puerta de la fe a los gentiles." Era una experiencia nueva y que los llenaba de éxtasis.

VII. *El Descanso Después de la Labor.* Hechos 14.28.

Los misioneros habían estado fuera por mucho tiempo; habían viajado a pie, predicando no sólo los días de descanso, sino día tras día en las calles y por los caminos, dondequiera que los oyeran. Así es que no nos sorprende que Pablo y Bernabé se quedaron allí bastante tiempo con los discípulos en Antioquía antes de lanzarse otra vez a otro viaje misionero. Había necesidad de recuperar las fuerzas antes de emprender otro viaje semejante al que habían realizado anteriormente.

VIII. Las ciudades de Antioquía de Pisidia, Iconio, Listra y Derbe se encontraban en la provincia romana de Galacia. A las iglesias de estas ciudades más tarde dirigió Pablo su Epístola a los Gálatas. Ciertas peculiaridades de los gálatas y ciertas fases de la visita de Pablo entre ellos se debe anotar en esta época.

1. Los gálatas escucharon con facilidad el evangelio, pero también con facilidad se dejaron desviar por maestros falsos. (Véase Gálatas 1.6.)

2. Los de Licaonia en tiempos antiguos tenían la fama de ser volubles: Aristóteles decía que eran "falsos."

3. Pablo dice que lo recibieron como un ángel de Dios, como hubieran recibido a Cristo Jesús; habrían estado dispuestos a sacar sus ojos y dárselos a él. (Gálatas 4.14, 15.)

Preguntas.

1. ¿Quiénes eran los dos jóvenes que encontró Pablo en su primer viaje misionero y que después fueron obreros fieles?

2. ¿Por qué no tuvo Pablo oposición en su predicación en Derbe?

3. ¿Qué aprendéis del carácter de Pablo y Bernabé por el hecho de que volvieron a Antioquía de Siria yendo por las mismas ciudades donde habían predicado antes?

4. ¿Qué hicieron los misioneros en su viaje de regreso?

5. ¿Qué doctrina importante declara Pablo por primera vez y que más tarde fué el tema de su predicación?

6. Sin consultar la Biblia ni estos estudios, menciónense los lugares que visitó Pablo en su primer viaje misionero.

7. Descríbase el recibimiento hecho a Pablo y Bernabé al volver a su iglesia en Antioquía.

8. Nótese Hechos 14.27. ¿Da alguna luz sobre el propósito de Lucas en escribir el libro de los Hechos el detalle que se le da mención especial?

9. ¿Por qué los conversos cristianos necesitaban una iglesia organizada?

10. ¿Por qué los cristianos de gran fe creen en los esfuerzos misioneros?

Un Pensamiento Personal.

"Corroborando los ánimos de los discípulos" (Hechos 14.22). ¿Consideramos suficientemente nuestro deber con respecto a los demás cristianos? ¿Velamos por la oportunidad de convertir a los no cristianos? ¿Velamos por la oportunidad de ayudar a fortalecer la fe de un cristiano? ¿Hay entre vuestros amigos alguno en peligro de perder su fe?

LECCIÓN XVI.

EL PROBLEMA GENTIL. ¿TENDRÍAN LOS CRISTIANOS GENTILES QUE GUARDAR LA LEY MOSAICA?

PABLO estaba ya de lleno entregado a su obra. El había llevado el evangelio de Jesús directamente a los gentiles y pudo cambiar a muchos "de tinieblas a la luz." El veía claramente las posibilidades de la predicación de la religión de Jesús a aquellos que nunca habían conocido al Dios de los judíos y que durante su vida sólo habían adorado a los ídolos. Parece que él contemplaba otro viaje más extenso entre el pueblo gentil cuando de pronto todos sus planes parecían amenazados por algo que ponía en peligro la causa de Cristo.

I. *El Crecimiento de la Iglesia Cristiana en Jerusalén y Judea.*

Durante los años en que Pablo y Bernabé llevaban a cabo su obra misionera, la Iglesia Cristiana en Jerusalén y Judea prosperaba. Estas iglesias de Judea eran distintas en muchas cosas a la iglesia en Antioquía de Siria. Se componían casi exclusivamente de judíos. Los pocos miembros gentiles eran prosélitos judaicos antes de hacerse cristianos; esto es, eran creyentes en Jehová y guardaban la ley de Moisés como interpretada por los rabíes judaicos.

Así es que fué muy natural que los cristianos de Judea insistieran en este método con los gentiles al hacerse cristianos. Exigían que los gentiles guardasen los días de ayuno de los judíos y que no comieren ciertas clases de carne prohibidas por la ley mosaica y que se sometieran al rito llamado de circuncisión. Si un gentil no hacía estas cosas y demostraba que se adhería a las formas de la religión judaica, las iglesias de Judea no permitían que este gentil se hiciese miembro de la congregación cristiana

II. *Remiendo Nuevo en Vestido Viejo.* Léase Mateo
9.16, 17.

Jesús vió la posibilidad de un error de esta naturaleza,
es decir, el que estaban cometiendo las iglesias de Judea.
El trató de hacer que el pueblo comprendiera que la religión que él venía a establecer era algo más que un aumento
a la religión del Antiguo Testamento. Había venido a
cumplir todo lo que el Antiguo Testamento había prometido. Jesús dijo que tratar de hacer que la nueva religión
se ajustara a las formas de la religión antigua era como
poner remiendo de paño nuevo en vestido viejo; la tela
nueva no sería como la vieja, tiraría del vestido y haría
la rotura peor.

III. *La Iglesia en Antioquía y la Verdadera Significación
del Cristianismo.*

Los cristianos de Antioquía comprendían que la religión
cristiana no era una religión reformada del judaísmo,
sino una religión nueva salida de la antigua. Por consiguiente, la iglesia en Antioquía no tenía esas reglas que
dispusieran la forma mediante la cual los gentiles pudieran
hacerse miembros de la Iglesia Cristiana, como sucedía
en las iglesias en Judea. Ellos creían que la fe en Jesús
como el Hijo de Dios y Salvador del mundo era el punto
esencial para hacerse cristianos. Por lo tanto, no exigían
a los gentiles que guardaran las ceremonias judaicas o que
dejaran de comer carne prohibida a los judíos de la antigüedad.

El asunto era uno de gran importancia práctica. Si
los judíos cristianos forzaban el deber de guardar sus
costumbres a todas las iglesias cristianas, el resultado
sería el de poco progreso entre el pueblo gentil. Pocos
gentiles habían aceptado la religión judaica; había unos
cuantos prosélitos en distintas partes, pero la mayoría
del pueblo gentil despreciaba a los judíos y a su religión.
Llamaban a los judíos fanáticos y consideraban su religión
como supersticiosa. Así pues, si el cristianismo se presentaba a los gentiles como una forma distinta de la religión judaica, habría pocas esperanzas de éxito.

Además, estos cristianos judíos erraban al exigir algo más que la fe en Jesús como base para hacerse miembro de la Iglesia. Si ellos hubieran prevalecido, la grandeza de la obra de Jesús se habría obscurecido, y el poder de la religión cristiana habría sufrido mucho.

IV. *Ciertos Hombres de la Iglesia de Judea Van a Antioquía.* Léase Hechos 15.1, 2.

Hasta el presente la oposición con que tuvo que luchar Pablo en la predicación del evangelio procedía de judíos no creyentes o gentiles incitados por judíos. Ahora su dificultad venía del seno de la misma iglesia. Los cristianos de Judea supieron lo que estaba haciendo la iglesia en Antioquía; es decir, que admitía a los gentiles al igual que a los judíos, exigiendo solamente una confesión de fe en Jesús como Salvador. Tal vez habrían oído hablar también del imponente viaje de Pablo y Bernabé y del gran número de conversos que habían tenido entre las naciones paganas. Había cristianos en la iglesia de Jerusalén y en las demás iglesias de Judea que dudaban. "Sería posible," decían, "que Pablo y Bernabé recibieran en la iglesia a personas que nunca habían sido judíos ni pretendían observar las leyes judaicas." Y sin discutir el asunto con los jefes de la iglesia en Jerusalén se dirigieron a Antioquía para ver si podrían arreglar lo que ellos creían ser una amenaza seria a la iglesia allí. Estos hombres al llegar a la iglesia se pusieron a enseñar a la congregación de la cual Pablo y Bernabé habían sido jefes por tanto tiempo. Sus declaraciones fueron muy enfáticas. Les dijeron: "Si no os circuncidáis conforme al rito de Moisés, no podéis ser salvos." La paradoja en esto era el hecho de que estos jueces (asumiéndose el cargo ellos mismos) dirigían esta enseñanza a personas que gozaban de la experiencia cristiana ya y apreciaban el fruto de una vida cristiana. No nos sorprende que este hecho causara excitación en Antioquía. Y no nos sorprende que Pablo y Bernabé, con el recuerdo vivo de su campaña entre los paganos donde habían visto a centenares aceptar a Cristo y recibir el bautismo del Espíritu, "tuviesen no poca contienda" con estos maestros perversos. Sobre este particular Pablo tenía grandes convicciones. Nadie sabía mejor que él lo que significaba el yugo de la ley y la gran bendición que había en la libertad en Cristo Jesús. Como resultado hubo grandes discusiones y disensiones entre estos hombres y Pablo y Bernabé. Los cristianos de Antioquía que se habían hecho miembros sin prometer guardar las costumbres judaicas no sabían que creer.

Es menester que comprendamos claramente el punto de vista de estos visitantes que protestaban. Ellos eran fariseos como Pablo, y se habían convencido de que Jesús era el Mesías, pero asumieron una actitud hacia los cristianos gentiles muy distinta a la actitud de Pablo y Bernabé. Ellos creían que la ley de Moisés era inspirada por Dios y era por lo tanto inquebrantable en todos sus detalles. Ellos creían que la promesa del reino mesiánico había sido hecha a los judíos que guardaban la ley, y por lo tanto ningún gentil podía tener parte en este reino si no se circuncidaba y por este medio se hacía un miembro de aquellos a quienes se les había hecho la promesa. Era cierto que ninguno podía entrar en el reino sin tener fe en Jesús como el Mesías, pero solamente los que guardaban las leyes judaicas, o los prosélitos circuncidados, tenían el privilegio de creer en el Mesías. Estos hombres de Judea no tuvieron éxito en su esfuerzo por convencer a Pablo de la razón que justificaba la manera de pensar de ellos. Dios había preparado a Pablo para una situación como la presente. Pablo se dió cuenta de la importancia de este hecho y había determinado que en todo lo que él pudiera hacer la causa de Cristo no sufriría por la limitada visión de estos hombres de Judea.

V. *Acudiendo a los Apóstoles.*

La contención entre Pablo y Bernabé y estos hombres era tan fuerte que algunos miembros de la iglesia en Antioquía propusieron que el asunto fuera llevado ante los apóstoles en Jerusalén para su decisión. Pedro y Juan estaban en Jerusalén, y Santiago el hermano de Jesús también estaba allí. Estos apóstoles, como era natural, eran considerados como jefes de todas las iglesias cristianas. Ellos habían estado con Jesús y sabían mejor lo que el Maestro diría con relación a un asunto que estaba causando tanto daño a la iglesia en Antioquía.

Así es que todos acordaron que esto sería lo mejor. La iglesia de Antioquía designó a Pablo y Bernabé y a otros de sus miembros para que la representara en Jerusalén. Al mismo tiempo estos hombres nombraron a sus representantes para la controversia en el concilio que se llevaría a cabo en Jerusalén.

VI. *Pablo se Prepara para el Conflicto.* Léase Hechos 15.3–5.

Pablo se daba cuenta del peligro que amenazaba a la Iglesia. El dice que fué a Jerusalén según revelación (véase Gálatas 2.2). El se preparó, pues sabía que tenía que estar listo para presentarse ante el concilio de apóstoles y ancianos. Se daba cuenta además de que si las iglesias que se encontraban en los linderos de Judea supieran del gran trabajo llevado a cabo entre los gentiles, ellos se regocijarían y usarían su influencia para que se estableciera una política más liberal hacia este pueblo, que no eran judíos prosélitos; así es que cuando Pablo y Bernabé y otros miembros de la comisión pasaron por Fenicia y Samaria hicieron la relación en estas iglesias de la conversión de los gentiles, y hubo gran regocijo en ellas. El hecho que conquistó su confianza y simpatía era la evidencia del poder de Jesús, al convertir a gentiles en cristianos verdaderos. Pablo tenía con él a un joven llamado Tito, un gentil de Antioquía, que se había hecho cristiano por la predicación de Pablo. Este joven debe de haber sido una persona muy devota y celosa de la religión que había hecho suya. Quizás algunas de estas iglesias de Fenicia y Samaria tendrían sus representantes en el concilio; si fué así, seguramente estaban a favor de Pablo en la controversia y usarían su influencia a favor de las ideas liberales que Pablo sustentaba. Pablo hizo otra cosa que contribuyó a su éxito en esta conferencia. Cuando llegó a Jerusalén fué a los apóstoles y ancianos y les contó el

110

gran trabajo hecho con los gentiles en las regiones distantes que había visitado. (Véase Gálatas 2.1–10, especialmente el versículo 2.) Cuando ellos oyeron las experiencias de Pablo en estos distintos lugares y supieron que habían centenares de cristianos gentiles que, como Tito, no sabían nada de las costumbres enseñadas por los rabíes, se alegraron mucho y le extendieron una mano fraternal a Pablo y Bernabé. Vieron que Dios había dedicado a Pablo a un trabajo especial entre los gentiles, como los había llamado a ellos para el trabajo entre los judíos. El también habló con los miembros de la iglesia en Jerusalén y los persuadió a que aceptaran su manera de pensar. Sin embargo, había algunos miembros de la iglesia en Jerusalén que habían sido fariseos antes de hacerse cristianos y rehusaron apoyar la teoría de Pablo sobre el método de la aceptación de los gentiles en la Iglesia Cristiana. Arrojaron el guante al declarar: "Es necesario circuncidarlos y mandarles que guarden la ley mosaica." Estos ex-fariseos fueron los opositores fuertes de Pablo en el concilio ante los apóstoles y ancianos en Jerusalén. El día llegó, y "reuniéronse, pues, los apóstoles y los ancianos para conocer este asunto." Era la primera reunión de toda la Iglesia, y se habían congregado para decidir sobre el asunto de más importancia y el más trascendental que jamás se presentara a la Iglesia. Este concilio será el objeto de nuestro estudio en la próxima lección.

Una Orientación para el Bosquejo de la Vida de Pablo Hasta la Fecha.

Nacido en Tarso por el año ——.
Niñez en Tarso, desde —— hasta ——.
En la escuela en Jerusalén, desde —— hasta ——.
Enseñando y trabajando en su oficio en Tarso, desde —— hasta ——.
Su conversión, en el año ——.
En Arabia, desde —— hasta ——.
En Siria y Cilicia, desde —— hasta ——.
Trabajo en Antioquía, en el año ——.
Primer viaje misionero de Antioquía, desde —— hasta ——.
Concilio en Jerusalén, en el año ——.
¿Cuántas de estas fechas podéis llenar?

Preguntas.

1. ¿En qué manera afectó la conversión de Pablo en su actitud hácia los gentiles?

2. Explíquese lo que quiso decir Jesús cuando se refirió a un remiendo nuevo en vestido viejo.

3. ¿Por qué fueron a protestar estos fariseos a la iglesia en Antioquía en Siria?

4. ¿Por qué lo hicieron en este tiempo?

5. En su discusión allí ¿qué les contestaría Pablo y Bernabé a sus argumentos?

6. Declárese en pocas palabras el problema gentil.

7. ¿Cómo se arregló la dificultad?

8. Al estudiar la palabra de Dios, ¿qué encontráis vosotros que es necesario para la salvación?

9. ¿Qué exige vuestra Iglesia para ser miembro de ella?

10. ¿Sois vosotros miembros de la Iglesia? ¿Por qué, o por qué no?

Algo que Debemos Pensar.

"Si no os circuncidais, . . . no podéis ser salvos" (Hechos 15.1).

¿Reconocéis vosotros que cada persona que acepta a Jesús como su Salvador es un hombre salvado, no importa la Iglesia a que pertenezca, ni si difiere con vosotros en sus hábitos sociales o sus ideas religiosas?

¿Lo tratáis como un hermano?

LECCIÓN XVII.

EL CONCILIO EN JERUSALÉN.

I. *Ciertos Grupos en el Concilio.*

LÉASE Hechos 15.6, 7. Se debe recordar que no todos los miembros de la iglesia en Jerusalén estaban dispuestos a acoger fraternalmente a Pablo y Bernabé: Había un partido fuerte que se componía, en su mayor parte, de cristianos que habían sido fariseos; éstos se oponían a Pablo y habían determinado que los gentiles no debían ser admitidos en la Iglesia Cristiana si no guardaban las costumbres judaicas. El partido llegó a tener el nombre de judaizantes porque su objeto era que el cristianismo siguiera lo más cercamente posible a la religión judaica.

El proceso del concilio, llevado a cabo con la deliberación oriental, duró probablemente varias semanas. Estos judaizantes estaban presentes cuando el concilio se reunió. Parece que en esta asamblea todos tenían derecho a la palabra, ya fuera anciano, apóstol o sólo un simple miembro. El enérgico partido fariseo entró en la controversia determinado a vencer y a desacreditar a Pablo. Disponían de muchos argumentos, y se les dió entera libertad para presentarlos. Entonces a Pablo y Bernabé se les concedió una oportunidad para explicar lo que habían hecho entre los gentiles. Después de oir a ambas partes, se procedió a la discusión. Lucas nos dice que hubo "mucha discusión"—se debatió largamente.

II. *El Sano Discurso de Pedro.* Hechos 15.7–12.

Pedro era ya veterano en el servicio del Señor. Por veinte años había predicado audazmente en nombre de Jesús, y era amado y respetado por la Iglesia entera. Cuando la multitud de personas reunidas para considerar este trascendental asunto no pudieron venir a un acuerdo, Pedro se levantó y como era natural, el concilio le prestó

113

gran atención. ¿Decidiría él este asunto por su autoridad apostólica? No; él acude al razonamiento, presentando sus razones con mucha sencillez. Empieza por recordarles que en tiempo pasado él también había predicado el evangelio a los gentiles, y los gentiles habían creído. El declara terminantemente que Dios lo mandó para que, por sus palabras, los gentiles conocieran el evangelio y creyeran. Esta obra de Pedro, mandada por Dios, fué aprobada por el Señor, porque Dios los bautizó con el Espíritu Santo. "Y ninguna diferencia hizo entre nosotros y ellos, purificando por la fe sus corazones" (Hechos 15.9). El punto esencial de su argumentación era que, si la fe es la que purifica el corazón, ¿por qué hacer tanto hincapié en la circuncisión? Si los corazones de los gentiles eran purificados por la fe, sin la circuncisión, entonces ésta no era necesaria, y estaban solamente tentando a Dios. Llegó hasta decir que la ley era un yugo casi insoportable a los mismos judíos, desde el momento que no podían cumplirla; y recordó a la congregación entera que ellos dependían para su salvación sólo en la gracia de Cristo. (Véase Hechos 15.10, 11.)

Con esta declaración terminante de parte de Pedro sucedió un cambio en las deliberaciones, y a las declaraciones de Pedro nadie podía contestar. El pregunta: "¿Por qué tentáis a Dios?" Dios claramente había manifestado su voluntad en el don a Cornelio. Esto hizo callar a todos. Si existía alguna duda en todo esto, fué borrada con la noble declaración de este viejo apóstol de Jesús de que la salvación descansa sólo en los méritos de Cristo Jesús. Hubo un gran silencio de ambas partes, aun el partido fariseo no pudo decir nada, y Bernabé y Pablo aprovecharon esta calma para convencer más a sus oyentes. Lucas, esta vez, menciona el nombre de Bernabé antes que el de Pablo. Bernabé siempre había sostenido relaciones amistosas con todos en Jerusalén; y todos tenían completa confianza en él. A Pablo no lo conocían tan bien; por lo tanto, correspondía ahora a Bernabé contarles los grandes resultados alcanzados con su predicación a los gentiles. (Hechos 15.12.) Sus palabras evidentemente no eran contenciosas: eran una exposición de hechos; pero los hechos de esta ocasión en este caso era el argumento más contundente. Los gentiles habían creído en Cristo, y Dios los había bautizado con el Espíritu Santo. Si estas cosas eran ciertas, ¿podría la iglesia en Jerusalén asumir la responsabilidad de condenar el trabajo que tan claramente tenía la bendición divina? Hizo sentir a todos su gran responsabilidad, y los fariseos no pudieron oponerse más. Guardaron silencio, aun cuando no estuvieran convencidos.

III. *El Discurso de Santiago y la Decisión.* Hechos 15.13–21.

Este silencio dió la oportunidad a Santiago, el hermano de Jesús, que presidía el concilio, para terminar la discusión. Hizo un resumen de los puntos principales del debate e indicó lo que en su opinión debía decidirse. "Se cernía sobre él una atmósfera de respeto, un algo indefinido, misterioso y de dignidad por ser el hermano del Señor. Esa misteriosa dignidad se acentuaba por su porte, su vestido, y su manera de vivir. La tradición dice que él no vestía tela de lana y que lo cubría una túnica de fino hilo blanco. Se dice que era tan santo y tan estimado por el pueblo judío que a él solamente se le permitía, como al sumo sacerdote, entrar en el lugar santo."

No es extraño que lo llamaban "El Justo." Sus palabras, por lo tanto, llevaban la impresión y el peso de su carácter y de su sabiduría. Al ver Santiago que los fariseos callaban, comprendió la necesidad de apaciguarlos. Su discurso fué prudente. El le recordó a la congregación la experiencia de Pedro con los gentiles, convirtiéndose éstos y recibiendo la bendición de Dios al igual que los judíos. Entonces les enseñó como los profetas del Antiguo Testamento habían predicho la conversión de los paganos y que si ellos hubiesen leído bien el Antiguo Testamento no les sorprendería lo que Pedro les había referido, y entonces citó a Amos 9.11, 12. Habiendo confirmado la opinión de Pedro por una autoridad del Antiguo Testamento, Santiago declaró: "Yo juzgo que no se in-

115

quiete a los gentiles que se convierten a Dios." Entonces hizo una declaración que encerraba los puntos esenciales de la controversia. Declaró que a su juicio los gentiles podían ser cristianos sin observar las costumbres judaicas y que no se les debiera exigir la circuncisión. Santiago evidentemente creyó prudente recomendar, como consideración hacia los judíos cristianos, que en mayor o menor número se encontraban en las iglesias gentiles, que se ajustaran a las costumbres judaicas en cuatro puntos. (Léanse los versículos 20, 21.) Puede muy bien ser, como indica el profesor Ramsay, que estos cuatro requisitos se hubiesen exigido por los jefes de las sinagogas a todos aquellos que querían ser gentiles en la sinagoga. Así Santiago propuso que los gentiles cristianos fueran recibidos en la Iglesia bajo las mismas condiciones que habían sido aceptados en las sinagogas. El primer requisito que propuso Santiago era que los gentiles cristianos "se abstengan de las contaminaciones de los ídolos." Esto quiere decir que los gentiles cristianos no debían comprar ni usar carne que había sido ofrecida a ídolos. El valor práctico de este requisito se puede comprender fácilmente. Si un judío cristiano no podía tener la seguridad de que nunca encontraría carne ofrecida a ídolos en la mesa de un gentil cristiano, nunca lo visitaría ni tendría con él la debida confraternidad. El segundo requisito era que los cristianos gentiles se abstuvieran de la fornicación. Nos parece extraño que Santiago prohibiera un pecado tan grande junto con otros que sólo eran cuestiones ceremoniales. Pero tenemos que acordarnos que la fornicación se miraba con indiferencia en la sociedad grecoromana. Muchas veces era santificada por las religiones paganas, y en ninguna parte se veía más que en el oeste del Asia. Aun para algunos cristianos gentiles la fornicación era una inocente gratificación de apetitos naturales. (Véase 1 Corintios 6.12–20.) Por lo tanto el judío cristiano tenía que saber por seguro que los gentiles desechaban esta repugnante idea. El tercer requisito era no comer la carne de ningún animal o ganado que fuese estrangulado. El cuarto requisito recomendaba lo mismo con relación al uso de la sangre como comida. (Véase Levítico 17.10–12.) Las costumbres judaicas eran muy severas con relación a estos cuatro puntos. Ningún judío comía carne que había sido usada en el culto religioso de un ídolo. Ningún judío comía la carne de ganado o animal que no hubiera sido muerto conforme a la ley mosaica, y les causaba horror la idea de usar la sangre como comida. A los judíos se les había enseñado estas cosas desde su niñez, y no siempre abandonaban estas ideas al hacerse cristianos.

La decisión resolvió un punto con entera claridad: a saber, que un gentil no tenía que hacerse judío para ser cristiano. Sólo la fe constituía la condición indispensable para obtener la salvación. La ley podía ser obligatorio para el judío, pero no podía ser el medio de salvación. Esta decisión fué el triunfo de la lealtad a la manifiesta voluntad de Dios en presencia de un prejuicio erróneo.

La minoría judaica tenía a su favor todos los instintos y tradiciones de la raza. El cristiano judío sentía estas cosas intensamente. ¡A través de cuán gran conflicto se llegó al resultado! ¡Qué variedad de opiniones aún existía con respecto a la autoridad de la ley! Resalta en el incidente que ocurrió en Antioquía poco después de la terminación del concilio; este incidente lo estudiaremos más tarde.

IV. *Una Delegación Mandada a Antioquía.* Hechos 15.22–29.

Los apóstoles, los ancianos, y la Iglesia parecían estar de acuerdo enteramente con la decisión de Santiago. En un asunto tan serio y de tanta importancia no era posible dejar la decisión tan sólo al juicio de los presentes en el concilio. Pudiera ocasionar más tarde dificultades y malas interpretaciones y perpetuar la misma dificultad. Así, pues, con gran acierto la decisión fué escrita y mandada en forma de cartas circulares a las iglesias. Esta fué una de las primeras epístolas del período apostólico. Entonces recordando que a veces un documento escrito, aunque cuidadosamente redactado, tiene carácter severo y frío, determinaron enviar con la carta a dos de los profetas de la iglesia de Jerusalén, Judas y Silas. Ellos acompañaron a Pablo y Bernabé a Antioquía para que verbalmente hicieran los comentarios necesarios para que los hermanos allí comprendieran la verdadera significación de la reunión en Jerusalén. Esta carta fué mandada no tan sólo a la iglesia en Antioquía, sino también a las iglesias en Siria y a las iglesias en Cilicia, donde habían surgido algunas dificultades como en Antioquía. Esta carta llevaba un cordial saludo de los apóstoles y ancianos de la iglesia en Jerusalén a sus hermanos gentiles. Expresaba el disgusto por el hecho de que algunas personas habían ido de Judea a causar disgustos en Antioquía y en otras partes; y dijo que estas personas no habían sido mandadas por la iglesia en Jerusalén a realizar lo que hicieron. Se comendaba mucho el trabajo que Pablo y Bernabé habían hecho entre los gentiles. La carta terminaba solicitando a los cristianos gentiles que observaran los cuatro puntos contenidos en dicha carta.

Pablo y Bernabé con los dos hombres escogidos para ir con ellos pronto llegaron a Antioquía. La carta causó gran regocijo y consuelo. Judas y Silas se quedaron por algún tiempo en el trabajo allí, y después al marcharse "fueron despedidos en paz por los hermanos para que volviesen a los que los habían enviado." Entonces vino un tiempo de trabajo tranquilo y fructífero en Antioquía. "Los otros muchos" que ayudaron a Pablo y Bernabé en Antioquía nos dan una idea de lo grande de la iglesia allí.

V. *Un Pequeño Grupo Rebelde.*

Evidentemente no hubo ni un voto contrario en la decisión del concilio. La carta dice que habían sido "puestos de acuerdo" sobre las cosas que los habían perturbado. Sin embargo, este grupo judaico había sido silenciado sólo temporalmente. No tenían la menor idea de someterse a la voluntad de la mayoría. Habían perdido en una justa y libre discusión, pero ellos tenían otros medios que esperaban emplear. Pablo no se había

118

librado de ellos; iban a ser sus más acerbos enemigos durante muchos años.

Se debe notar que en el discurso de Pedro ante el concilio en Jerusalén es la última vez que se menciona a Pedro en los Hechos de los Apóstoles. Era una ocasión digna de él; y sus últimas palabras en este concilio constituyen una corona digna de todo lo que el había dicho y hecho.

Preguntas.

1. ¿Quiénes eran estos judaizantes?
2. Dígase algo de las palabras de Pedro ante el concilio.
3. ¿Cuál es el punto esencial del juicio de Santiago?
4. ¿Qué acción tomó el concilio?
5. ¿Cuándo y por quién fueron fundadas las iglesias en Cilicia? (Versículo 23.)
6. ¿Qué dijo Jesús de aquellos que, como Santiago, eran pacificadores? (Mateo 5.9.)
7. ¿Qué fué lo que verdaderamente se ganó por la decisión de este concilio?
8. ¿Se arriesgó algún principio en el plan adoptado?
9. ¿Qué método se empleó para publicar los procedimientos del concilio?

Para Vuestro Pensamiento Personal.

1. ¿Estáis dispuestos a conservar la armonía fraternal y hacer concesiones que no dañan a vuestras conciencias aunque el hacerlos no os parece razonables?

2. "Para que el resto de los hombres busquen al Señor" (versículo 17). ¿Estáis despertando a la verdad del propósito de Dios de hacer bien a los que han sido considerados como la escoria de la humanidad? Estos son los sumergidos en el pecado en las ciudades; las razas despreciadas; los antropófagos entre los salvajes. En los planes para vuestra vida ¿estáis viendo vuestro deber hacia este residuo de la humanidad, o solamente consideráis a las clases más privilegiadas?

3. ¿Qué habéis hecho por el Señor Jesús? Los apóstoles y ancianos escribieron de Pablo y Bernabé: "Hombres estos que han arriesgado sus vidas por el nombre del Señor vuestro, Jesucristo." No temieron el fuego que selló su sinceridad y probó su rectitud.

LECCIÓN XVIII.

Problemas que Surgen por la Asociación de Judíos y Gentiles Cristianos. Disensión en Antioquía.

I. Problemas de las Primeras Iglesias.

El concilio en Jerusalén dejó dos puntos sin arreglar: (1) ¿Sería un gentil un cristiano mejor si consintiera en circuncidarse? (2) ¿Podía un cristiano judío tener íntimas relaciones sociales con un hermano gentil incircunciso?

Acerca del primer punto, los fariseos enemistados parece que, al salir del concilio, mandaron emisarios por todo el sur de Galacia, sosteniendo que los gentiles no podían ser cristianos verdaderamente espirituales sin ser circuncidados. Cada iglesia que Pablo había establecido fué visitada, y no se conformaron con insistir en la necesidad de la circuncisión, sino aseguraban que Pablo no era apóstol, porque sólo había visto a Cristo en una visión y nunca había estado con él en su vida terrenal. Difamaban a Pablo y hablaban con cruel animosidad de sus defectos personales, y en muchos casos lograron indisponer el amor y la lealtad de sus conversos.

Teniendo a la vista la oposición de estos hombres, Pablo escribió su Epístola a los Gálatas. Estos judaizantes codiciaban como ambición personal el poder informar a su llegada a Jerusalén la conversión de un número de gentiles cristianos. (Véanse Gálatas 4.17; 6.13. También véanse 4.21 y 5.1–7 para lo que enseñaban.)

A su cruel persecución Pablo alude muchas veces en sus Epístolas a los Gálatas y Corintios, con gran dolor; sin embargo, nunca se estimó vencido. Por medio de oraciones y lágrimas, por razonamientos y persuasiones, por amenazas y reconvenciones, este hombre heroico, de corazón inquebrantable, luchó en noble lid hasta el fin. Si existe la condición para la justificación claramente definida, como el arrepentimiento hacia Dios y la fe en

120

nuestro Señor Jesucristo, si podemos predicar a todos que la fe nos justifica de toda maldad, lo debemos sin duda a la valentía y firmeza con que este gran apóstol a los gentiles sostenía la fe dada a los santos.

II. *Pablo Sosteniendo la Hermandad Universal Dentro de la Iglesia.* Gálatas 2.11–21.

La posición de los cristianos gentiles dentro de la Iglesia y sus relaciones sociales con los judíos cristianos no fué presentada al concilio, pero no tardó en demandar una solución. Por siglos los judíos rehusaban toda relación con los gentiles que no fuera absolutamente indispensable; no comían en la misma mesa con un gentil; no entraban en sus casas si lo podían evitar; creían que se tenían que lavar escrupulosamente si rozaban su ropa con un gentil. ¿Podrían continuar estas barreras sociales entre cristianos gentiles y cristianos judíos, como habían existido por siglos entre el judío y el pagano gentil? Muchos de los cristianos judíos insistían en la necesidad de que estas barreras continuaran. Pero era evidente para Pablo, Pedro, Bernabé y probablemente otros apóstoles que la aceptación de gentiles creyentes como cristianos significaba su aceptación social en confraternidad cristiana. Le disgustaba a Pablo la existencia de estas barreras. El sostenía que no había ni judío ni griego en el cristianismo, sino que todos eran uno en Cristo Jesús. Parece que después del concilio en Jerusalén hubo una época de confraternidad entre los cristianos de Antioquía, pues muchos de los cristianos judíos visitaban y comían con sus hermanos gentiles. Sin embargo, se vió que este problema era tan importante como el que se había resuelto en Jerusalén. Parecía ser aún más seria y difícil esta cuestión para Pablo, pues pronto se vió solo como campéon defensor de la universal hermandad dentro de la Iglesia.

III. *La Visita de Pedro a Antioquía.* (Léase otra vez Gálatas 2.11–21.)

Poco después del concilio Pedro fué a Antioquía. Con espíritu fraternal entró en las casas de los cristianos gentiles y comió en sus mesas como si hubieran sido judíos. Parece que él estaba de acuerdo con Pablo en que el concilio de Jerusalén no sólo había reconocido la validez del cristianismo gentil, sino que era legítimo el trato social entre los judíos y gentiles cristianos. Todos participaban de la Santa Cena juntos, sin distinción de nacionalidad. Este espíritu fraternal era lo natural en un discípulo de aquel Maestro que libremente había comido con publicanos y pecadores y que había demostrado en su vida indiferencia hacia toda ceremonia. Pero es evidente que no todos los cristianos en Jerusalén tenían el mismo punto de vista de Pedro. Pronto supieron en Jerusalén lo que Pedro hacía en Antioquía. Ciertos cristianos distinguidos de Jerusalén—no los fariseos derrotados—negaron que se podía dar esa interpretación a la decisión del concilio, y quizás estas personas tenían el mismo punto de vista que Santiago. Así, pues, algunos mensajeros enviados por Santiago llegaron a Antioquía. Ellos llamaron a Pedro y lo requirieron por entrar en las casas de los gentiles y comer con ellos. Su influencia fué tan grande que lograron que Pedro y Bernabé rehusaran comer con los cristianos gentiles. El asunto tomó carácter serio. Había muchos judíos en la iglesia en Antioquía, y empezaron a seguir el ejemplo de Pedro. Ellos también rehusaron comer con sus hermanos cristianos que eran gentiles. Con este proceder se constituyó una especie de aristocracia dentro de la iglesia. Fué en parte destruída la confraternidad cristiana, y la iglesia fué dividida; empezó a perder su poder, y la espléndida iglesia que había mandado a Pablo y Bernabé en su primer viaje misionero empezó a decaer. Había que hacer algo inmediatamente; porque ninguna iglesia dividida puede permanecer por largo tiempo, y en esa época cuando la Iglesia tenía enemigos por todas partes era esta división más peligrosa aún.

Cualquier movimiento que tiende a hacer a un pueblo creer que es superior a otros pueblos es difícil de extirpar. Este espíritu apela al orgullo y a la idea de la superioridad. La creencia de los judíos cristianos de que ellos eran superiores a los gentiles cristianos se extendió rápidamente.

122

Aun Bernabé, que había sido testigo de la aceptación del evangelio entre los gentiles, fué influenciado por este exclusivismo judaico. Pablo quedó solo, pero confrontó el problema sin temor. El método que él adoptó fué varonil y honrado. El no fué entre sus hermanos criticando a Pedro en su ausencia, sino que fué directamente a Pedro, "Me opuse a él en su cara." La censura pública que le hizo Pablo a Pedro es una obra maestra; une la delicadeza más fina con la lealtad y la afección y la firmeza. Pablo no dice cómo Pedro recibió esta reconvención, pero por lo que conocemos de su carácter podemos pensar que él reconoció francamente su error, y tenemos la evidencia de que no guardó rencor, porque más tarde al escribir de Pablo dice así: "Nuestro amado hermano Pablo" (2 Pedro 3.15).

Parece que la posición que mantuvo Pablo con respecto a la confraternidad cristiana triunfó, en Antioquía por lo menos.

IV. *Algunas Verdades Fundamentales.*

En su exhortación Pablo declara las verdades fundamentales del evangelio. Léase otra vez el resumen de la censura de Pablo en Gálatas 2.14–21. Copiamos las indicaciones siguientes de *"Studies in the Acts and Epistles,"* por E. D. Bosworth, página 70, creyendo que serán de gran ayuda en la comprensión de estas verdades fundamentales.

1. "Justicia" en el término que lo usa Pablo es el estado en que se encuentra un ser cuando está en relación directa con Dios y los hombres. Hay dos medios por los cuales se puede alcanzar esto. Primero, por el cumplimiento perfecto de la ley, que según Pablo nadie ha podido cumplir. El segundo es por medio de la fe en Cristo Jesús (versículo 16). El que tiene fe en Cristo Jesús está en bien con Dios y los hombres.

2. "Fe en Cristo Jesús" es una relación personal entre el discípulo y su Señor; es creer que Jesús es lo que él representa ser; a saber, Señor y Cristo, con todo poder en el cielo y en la tierra, y tratarlo como él merece, que

es rindiéndonos a él sin reserva como nuestro Señor y Maestro.

3. "Justificado por la fe." La palabra griega traducida "justificar" quiere decir "justo," que significa "declarado justo." El hombre que toma a Jesús por su Señor, que quiere decir creer en Jesús, es declarado por Dios justificado (versículo 16). Esta declaración implica que: (1) Dios reconoce la presente relación del creyente con Dios en Cristo y hacia los hombres como buena y (2) lo trata tan bondadosamente como si siempre hubiese sido justo en el pasado, esto es, perdonándolo, y sigue haciendo todo lo posible por conservarlo justo en el futuro (versículo 20).

4. Todo esto es hecho por Dios en vista de la muerte de Jesucristo (versículo 21); la razón de su muerte no se da aquí.

V. *Una Contienda Fuerte entre Amigos Íntimos.* Hechos 15.36–41.

Pablo y Bernabé recordaban muchas veces a los conversos que habían dejado en otras tierras y deseaban saber cómo seguían. Cuando el trabajo en Antioquía se puso en buena marcha otra vez, Pablo un día le dijo a Bernabé: "Volvamos ahora y visitemos a los hermanos por todas las ciudades en que hemos anunciado la palabra del Señor, para ver cómo están." Era el deseo paternal de ver a sus hijos en el evangelio lo que lo atraía. Probablemente Pablo quería prepararlos para los problemas que él sabía se les presentarían. De la restricción en cuanto a personas y lugares en la proposición de Pablo vemos que no anticipaba el maravilloso resultado de este segundo viaje misionero. Bernabé estaba tan deseoso como Pablo de visitar a estos cristianos convertidos en su primer viaje; así es que empezaron a hacer sus planes para este segundo viaje. Bernabé propuso que llevaran a Juan Marcos con ellos, como habían hecho anteriormente. Pablo había resuelto no llevar a Juan Marcos en ningún viaje misionero. A él le había disgustado el que Juan Marcos dejara al grupo en su viaje anterior cuando llegaron a Panfilia. Pablo no cedía una vez que resolvía un asunto y rehusó considerar a Juan Marcos como del grupo en el viaje que se proponía hacer.

Bernabé era un hombre muy bondadoso y quería dar a su primo otra oportunidad. Bernabé tenía la esperanza de que Juan Marcos habría mejorado desde que los abandonó anteriormente, y probablemente tenía razón. Cuando al regresar los misioneros él los oyó contar las maravillosas bendiciones que él perdió y vió que los verdaderos jefes en Jerusalén aplaudían sus labores, él, sin duda, se sintió abochornado de su cobardía, o quizás trató de que Bernabé le diera otra oportunidad. Cuando Bernabé supo que él estaba en lo cierto, tuvo tanta firmeza como Pablo; así es que hubo una divergencia de opiniones sobre el asunto. Lucas nos dice que "fué tal la desavenencia" que hubo entre ellos que estos dos íntimos amigos y compañeros en la obra no pudieron ponerse de acuerdo. Los dos habían laborado juntos entre peligros y opresiones, pero llegó la hora en que un acuerdo era imposible. Decidieron pues separarse y dividir el territorio entre los dos. Bernabé llevo a Juan Marcos con él y se fué a Chipre, mientras Pablo llevó a Silas como compañero y se dirigió a los campos misioneros del Asia Menor, viajando por tierra.

Pablo y Bernabé nunca se vieron más. Esto no fué debido a este disgusto. Más tarde Pablo en sus escritos habla con mucho orgullo de Bernabé y dice cosas muy agradables de Juan Marcos, lo que demuestra que no había ningún resentimiento en el corazón del apóstol. Fué sencillamente un caso de honrada diferencia, con la influencia de un lado por el parentesco y del otro de un celo que no admitía la indiferencia. Pablo tenía sus defectos y no era un santo, si por ese término entendemos uno que no pecaba. El era honrado, fervoroso, de alma grande que ocasionalmente cometía errores como cualquier otra persona.

Aunque no tenemos detalles del trabajo de Bernabé y Juan Marcos, no se puede aceptar el silencio de Lucas como desprecio de su contribución al desarrollo de la

Iglesia Cristiana, sino solamente como el hecho de que va siguiendo el progreso de la obra a la cual Pablo había dedicado su vida. En nuestra siguiente lección empezaremos con el segundo viaje misionero de Pablo.

Preguntas.

1. ¿Dónde había comido Pedro con gentiles antes de esta lección? ¿Cuál fué su defensa cuando lo criticaron en esa ocasión?

2. Declárese exactamente el error por el cual Pablo reprendió a Pedro.

3. Léase Gálatas 2.14. ¿Cómo fué que Pablo reprendió audazmente a Pedro?

4. ¿Qué plan le presentó Pablo a Bernabé para su próxima obra?

5. ¿Qué parentesco había entre Bernabé y Juan Marcos? (Colosenses 4.10.)

6. ¿Por qué abandonó Juan Marcos al grupo de Pablo en Panfilia?

7. ¿Por qué fué, según su pensar, que Pablo y Bernabé dividieron su territorio de trabajo como lo hicieron?

8. ¿Quién creéis que tenía razón en el caso de Juan Marcos, Pablo o Bernabé? ¿Por qué?

9. ¿Habéis visto en algunas clases en la escuela dominical un espíritu de pandilla, o en el que los alumnos tienen un espíritu exclusivo de unión?

Pensamientos para Hoy.

1. ¿Sois culpables de una conducta inconsistente? ¿Obráis y decís una cosa cuando entre cristianos os encontráis y otra cuando entre un grupo mundano?

2. ¿Sois detenidos en hacer lo que sabéis que es bueno por el temor de lo que ciertas personas pensarán de vosotros? Jesús es una persona de gran influencia. Tratad de daros cuenta de su presencia.

3. Podemos diferir en cuestiones políticas, y aun cuestiones morales; pero estas diferencias no deben amargarnos.

Una Oración.

Oh Dios nuestro Padre, enséñanos a ser más bondadosos y fraternales con todos tus hijos. Perdona nuestros hechos inconsistentes, si hemos sido más amigables con vuestros hijos cuando los hemos encontrado en la iglesia que cuando los hemos hallado en otras partes. Desarrolla en nosotros un espíritu democrático de confraternidad cristiana, una de las características más salientes del gran hombre cuya vida ahora estudiamos. Amén.

LECCIÓN XIX.

VISITANDO A LAS IGLESIAS ORGANIZADAS EN EL PRIMER VIAJE MISIONERO.

ESTA lección trata del segundo viaje misionero de Pablo. Este viaje no sólo fué el más considerable llevado á cabo por Pablo, sino quizás el más trascendental en los anales de la raza humana. En sus beneficios superó grandemente a la expedición de Alejandro el Grande cuando llevó la civilización griega al centro del Asia y aun al de Cristóbal Colón cuando descubrió un nuevo mundo. Sin embargo, al emprender este viaje Pablo no tenía la menor idea de la magnitud y el alcance que tendría, ni siquiera la dirección que tomaría. Después de su separación de Bernabé, Pablo escogió a Silas como su compañero en este viaje.

I. *Silas.* Hechos 15.40, 27, 32; 16.37–39; 1 Pedro 5.12.

A Silas, el Silvano de las epístolas, conocemos como uno de los hermanos influyentes en Jerusalén a quien le fué entregada la decisión del concilio para llevar a Antioquía y que por su don de profecía había confirmado y dado aliento a los cristianos en Antioquía. Se puede ver por su experiencia en la cárcel que él era como Pablo un ciudadano romano. Algunos años más tarde Pedro termina su primera epístola general con estas palabras, "Por Silas, a quien tengo por hermano fiel, os he escrito brevemente, exhortando y testificando que ésta es la verdadera gracia de Dios." Parece que Silas estaba con Pedro en sus últimos años en la distante Babilonia, compartiendo con él las persecuciones y sirviéndole de secretario y quizás llevando sus inspirados mensajes a los santos esparcidos por el extranjero.

128

II. *Pablo y los Cristianos del Asia Menor.* Hechos 15.40; 16.5.

Acompañado por Silas y "encomendado por los hermanos a la gracia del Señor," Pablo sale de Antioquía. Los hermanos de Antioquía aprobaban, como lo habían hecho antes, este viaje de los misioneros. Viajando por tierra, pasaron por Siria y Cilicia, confirmando las iglesias en todas partes, según lo ordenado en Jerusalén y por medio de oportunas enseñanzas. No existe ningún registro de los lugares visitados en este tiempo, pero no es probable que hubieran dejado fuera a Tarso. Las provincias de Siria y Cilicia fué donde primero trabajó Pablo como cristiano y donde pasó siete ú ocho años. ¡Cómo apreciarían estas iglesias esta visita! El solo hecho de ver a Pablo después de tanto tiempo reflejando en su cara y en su mirada ese gozo sin igual era en sí una bendición. Dejando a Cilicia y pasando por la majestuosa y rústica "Puerta de Cilicia" de las montañas de Tauro, llegó otra vez a Derbe y Listra, Iconio y Antioquía, donde había servido tan noblemente y experimentado tantas aventuras extrañas.

III. *Timoteo se Une al Grupo de Pablo.* Hechos 16.1–3.

Cuando Pablo llegó a Listra ¡qué bienvenida deben haberle dado! ¡Cuanto tendría que contar y oir! Otra vez Pablo se encontró en el hogar de Eunice y Loida, madre y abuela esta última de Timoteo. Al preguntar por Timoteo tuvo la alegría de saber que se había conservado fiel a las enseñanzas de estas mujeres santas que habían velado por el desarrollo de su carácter y que lo habían instruído en las Sagradas Escrituras. Timoteo había llegado a ser un "jefe" cristiano; era amado no tan sólo por sus conciudadanos en Listra, sino que era conocido también por los miembros de la iglesia en la ciudad de Iconio. Todas las referencias de Timoteo eran favorables. Estos testimonios llegaron al corazón del apóstol que tenía el anhelo de encontrar una persona que pudiera ser para él lo que había soñado que fuera Juan Marcos. A Pablo le impresionó tanto la habilidad y consagración de Timoteo a la causa de Cristo que determinó llevárselo para que lo ayudara en su trabajo, y desde ese día empezó una amistad tan sincera, leal y duradera que bien puede tomarse como ejemplo de lo que expresan estas palabras, "Sagrado es el amor que nos ha unido aquí." Eran como padre e hijo; Pablo tenía unos cuarenta y cinco años y Timoteo unos veintidos. Repetidas veces en sus epístolas Pablo se dirige a él con estas palabras: "mi hijo Timoteo," o "Timoteo, mi amado hijo." Y a pesar de la diferencia en sus edades, no hubo diferencia en el servicio de ambos. Eran verdaderos compañeros y colaboradores en el reino de Cristo. Nunca estaban separados el uno del otro sin desear que llegara la hora de poderse reunir otra vez; la historia no tiene un relato más lleno de ternura que el que escribe Pablo, el anciano prisionero en Roma, a su joven amigo: "Procura con diligencia venir presto a mí," "Procura con diligencia venir a mí antes del invierno," y de este joven apresurándose para llegar a la ciudad imperial para animar los últimos momentos de su amado amigo. Sí, era una vida dura y severa a la cual Pablo llamó a Timoteo; sin embargo, ¿quién no estaría orgulloso de ser el compañero de un hombre como Pablo?

Aunque el padre de Timoteo era griego, era considerado judío, por serlo su madre. Timoteo no había sido circuncidado, y como un judío no circuncidado era especialmente inaceptable a los demás judíos, Pablo lo circuncidó. Esto no tenía nada que ver con los gentiles, y no infringía en nada el decreto de Jerusalén, porque este decreto sólo se refería a los gentiles. El le administró este rito, no porque lo consideraba obligatorio, sino porque lo creía conveniente, para que no hubiera ningún obstáculo en admitir a su joven ayudante en la sinagoga judaica, así como en su trato social con los judíos. Esto está en armonía con el espíritu que vemos en 1 Corintios 9.20.

Hubo un sencillo servicio de ordenación, en el cual Timoteo fué solemnemente apartado para su gran trabajo. Los ancianos de la iglesia en Listra se reunieron a su alrededor y colocaron las manos sobre su cabeza inclinada y oraron. En contestación a sus oraciones él recibió "el don de Dios"; y Pablo, en años más tarde, le recuerda que avive el don que había en él por la imposición de sus manos y la de los ancianos. (Véanse 1 Timoteo 4.14 y 2 Timoteo 1.6.)

Así, pues, siendo Timoteo ya un miembro del grupo, sale de Listra con Pablo y Silas, pasando por los pueblos donde se habían organizado iglesias en el primer viaje misionero. En cada lugar encontraron una iglesia luchando, perseguida, pero fiel; a cada una llevaron el mensaje de los jefes en Jerusalén; y en todas partes su fortaleza cristiana dió inspiración y ánimo.

La visita misionera de este grupo ayudó mucho a las iglesias. Fueron fortalecidas en la fe por la predicación de Pablo y sus colaboradores y animados al saber del crecimiento de la religión cristiana en otras ciudades y en otras tierras. El grupo hizo algo más que predicar a los que eran cristianos. Fué una campaña evangelística al mismo tiempo que una serie de cultos para fortalecer a los cristianos. Por consiguiente Lucas nos dice que "las iglesias eran fortalecidas en la fe y aumentaban en número de día en día.

IV. *Guiados por una Mano Invisible.* Hechos 16.6–10.

Cuando terminaron la obra de visitar las iglesias y entregar el decreto de Jerusalén, Pablo tuvo dificultad para decidir qué había de hacer. En vez de ir al sur hacia Perga siguiendo el camino que él y Bernabé habían atravesado dos veces en el primer viaje misionero, tomaron camino hacia el oeste a la provincia de Asia. Pablo se dirigió a la gran ciudad de Efeso, que quedaba a unos trescientos veinte kilómetros al oeste de Antioquía de Pisidia. A Pablo le parecía que esta provincia romana ofrecía buenas oportunidades para llevar a cabo lo que él y Bernabé habían hecho en el sur de Galacia; porque además de Efeso había grandes ciudades, como Colosas, Laodicea y Esmirna. ¿Qué podrían hacer mejor que llevar la luz del evangelio de Jesús a estas grandes multitudes?

131

Cuando hubieron andado un día de camino dentro de la provincia de Asia, cambiaron su ruta de oeste al norte. Lucas nos dice que Pablo y sus compañeros fueron "impedidos por el Espíritu Santo hablar la Palabra en Asia." Pablo se sintió guiado por una mano invisible, y de alguna manera Dios le reveló que no era la voluntad divina que el evangelio fuera predicado en ese momento en la provincia de Asia. Años después Pablo había de hacer en esta misma región parte del trabajo más grande de su vida; pero ahora el Espíritu Santo le cerraba esta puerta.

Nuestros viajeros toman la ruta hacia el norte por la región Frigia de Galacia con la intención de llegar a la importante provincia romana de Bitinia. Esta provincia quedaba en la costa sur del Mar Negro, o el "Pontus Euxinus," como lo llamaban en esos días. El profesor Ramsay describe el camino que tomaron y dice así: "Pablo y sus compañeros anduvieron por la región Frigia de la provincia de Galacia, y entonces atravesaron la frontera de Asia; pero aquí les fué impedido el predicar, y la prohibición abarcaba la provincia entera; así, pues, siguieron hacia el norte, atravesando la región Frigia Gálata con la intención de entrar en la provincia romana inmediata, Bitinia; pero al llegar a la frontera de Misia con la idea de salir de Asia para pasar a Bitinia, el Espíritu de Jesús no se lo permitió; así, pues, se dirigió hacia el oeste, pasando junto a Misia sin predicar allí (como era parte de Asia) hasta llegar a la gran bahía de Tróade."

Estos meses fueron difíciles para Pablo. El recuerdo de las palabras duras dichas a Bernabé tenía que haberle lastimado; dondequiera que se hallara en el sur de Galacia, venía a su mente el recuerdo de su compañero y del trabajo realizado conjuntamente en estas ciudades. Muchas veces se vería obligado a explicar a distintas personas porqué Bernabé no estaba con él ahora, y esta explicación le causaría gran pena. Además, estos viajes largos sin la satisfacción de saber a ciertas adonde iba tenía que causarle molestia. Pero Dios lo dirigía, y aquí empieza esa serie de influencias guiadoras que durante los siglos ha sellado con el sello de lo sobrenatural la obra de la propagación del evangelio en todo el mundo.

V. *La Llamada de Macedonia.* Hechos 16.9, 10.

"Descendieron a Tróade." Se llegaron a esa región por la costa este del Mar Egeo donde se libró la batalla troyana, famosa en las leyendas griegas y los poetas latinos. No muy lejos se hallaba la famosa montaña Ida; y en las costas, cerca de donde los castillos de Troya levantaban sus torres, se encontraba la ciudad de Troya cerca del mar. Aquí, junto a la tumba de Aquíles, famoso guerrero de tiempos pasados, el joven Alejandro tuvo la visión de la conquista del mundo y se ciñó la armadura para sus guerras de conquista. Al otro lado más hacia el oeste se podía divisar la costa de Macedonia—un continente en cuya capital el nombre de Cristo nunca se había pronunciado. La ciudad era famosa por sus tradiciones heroicas. Las muchedumbres europeas andaban por sus calles—macedonios, griegos, romanos—todo conmovió de una manera extraña el corazón de Pablo.

Esa noche, en un sueño, le pareció ver parado a un hombre de Macedonia como uno de los que le habían pasado por la calle ese día, que decía: "Pasa a Macedonia y ayúdanos." Pablo y sus compañeros no tenían ningún plan definido con respecto al lugar adonde debían ir. Querían conocer la voluntad de Dios y deseaban encontrar el campo donde él quería que ellos trabajaran. Tan fuerte fué la impresión de este sueño o visión que Pablo y sus colaboradores creyeron que era el llamamiento de Dios. ¡Un llamamiento para salir de Asia, la cuna de la raza, la tierra de promisión, la tierra de Moisés, David y los profetas; el lugar donde vivió y sufrió el Salvador; el lugar donde tantas victorias habían sido ganadas y donde faltaba tanto por hacer! Bernabé pudo llamar a Pablo para que saliera de su hogar y provincia a otra ciudad; pero fué necesario un mensaje del cielo para hacerlo salir de Asia, el continente de la Tierra Santa; el llamamiento divino tomó la forma de una necesidad humana.

Era un momento crítico para Europa e Inglaterra, y

para nosotros aquí en América también, pues dependía de la actitud de Pablo después del mensaje recibido en la noche si salía o no del Asia. La esperanza cristiana de siglos enteros depende muchas veces de la percepción espiritual y la obediencia y lealtad de un corazón humano.

Al leer cuidadosamente el versículo 10 encontramos que el autor de los Hechos se presenta en la narración usando el pronombre "nosotros." Lucas entra en el drama de los Hechos en Tróade, y el profesor Ramsay cree que un hombre de Macedonia que Pablo conocía personalmente fué el que se le presentó en visión y lo llamó a Macedonia. Se nos ocurre que este hombre que Pablo vió en la visión pudiera haber sido el mismo Lucas. El autor de los Hechos estuvo con Pablo en Tróade, y la descripción tan viva que nos da de este hecho se debe al recuerdo de las palabras de Pablo al relatar la visión y su explicación del plan divino y la manera cómo Dios lo había guiado en este viaje tan lleno de perplejidades. Así, pues, empezaron sus investigaciones acerca de los buques que salían de Tróade para llegar a las ciudades de Macedonia.

Preguntas.

1. ¿Cuál fué el propósito de este segundo viaje misionero, y quiénes lo emprendieron?

2. ¿De qué manera ayudó Pablo a las iglesias que visitó?

3. ¿A quién encontró en Listra? Expónganse tres razones por las cuales Pablo escogió a este joven.

4. ¿Cuál era la nacionalidad de Tito? ¿Cuál la de Timoteo?

5. ¿Por qué circuncidó Pablo a Timoteo? ¿Su caso se podía considerar en el decreto del concilio?

6. ¿Cuál fué la evidencia de la dirección y aprobación divina en esta lección? ¿Cómo creéis que estas comunicaciones del Espíritu llegaron a Pablo?

7. ¿Cómo fué que Pablo pensó ir a Europa?

8. Buscad a Tróade en el mapa. Dígase todo lo que se sabe de este lugar histórico.

9. ¿Quién se unió a Pablo en Tróade? ¿Cómo se sabe?

10. ¿Cómo podemos saber lo que Dios quiere que hagamos?

Pensamiento para Hoy.

1. Es bueno saber cuando podemos ceder a las opiniones de otros. Pablo, en la circuncisión de Timoteo, sin sacrificar ningún principio, cedió sólo a los prejuicios de los judíos. En nuestras decisiones de no ceder debemos estar seguros siempre que es cuestión de principios y no de orgullo.

2. En Hechos 16.6, 7, 10 vemos claramente que Pablo y sus amigos se entregaron, de lleno, a la voluntad del Espíritu Santo. ¿Estáis vosotros dispuestos a ser guiados de esta manera para un servicio útil?

Oración.

Enséñanos, Padre, a reconocer tu mano en todas nuestras decisiones. Cuando oimos tu voz ayúdanos a obedecer tus mandatos, aunque no podamos comprender el porqué de tus planes ni ver tus propósitos. Guíanos a través de los días de nuestra vida para que podamos llevar a cabo algo para el crecimiento de tu reino y el mundo y para el permanente bien de nuestros hermanos. Lo pedimos por Cristo nuestro Señor. Amén.

LECCIÓN XX.

El Evangelio Llevado a Europa.

I. Lucas el Buen Médico.

Es la creencia general que Lucas escribió los Hechos de los Apóstoles, aunque no menciona su nombre en sus escritos. Pablo es el único que hace mención de Lucas en la Biblia. (Colosenses 4.14; 2 Timoteo 4.11; Filemón, versículo 24.) Por lo que Pablo dice de él creemos que era gentil, probablemente griego, aunque no se sabe el lugar donde vivía; a muchos les agrada la idea de que él naciera en Macedonia y que viviera en Filipos. Lucas era médico, y como hemos visto en nuestra lección anterior, se unió al grupo de Pablo en Tróade.

Esta adición de Lucas al grupo fué una grande bendición. Siendo médico, le era probablemente de mucho servicio a Pablo, que por lo visto tenía algún padecimiento físico. El unirse Lucas a este grupo proporcionaba otra influencia de mucho mayor alcance; fué una bendición para las gentes de las generaciones siguientes, y esta bendición se extiende hasta nuestro día. Era un hombre culto. Tomó notas de los hechos ocurridos durante este y otros viajes que hizo con Pablo. Obtuvo información acerca de la vida de Pablo antes de conocerlo. Más tarde Lucas escribió un bosquejo de la historia de la Iglesia primitiva. A este bosquejo se le da hoy el nombre de "Los Hechos de los Apóstoles."

Lucas no dejó de escribir durante los años que fué compañero y médico de Pablo. Tuvo oportunidad de tratar a muchas personas que conocieron a Jesús personalmente, cuando él predicaba y enseñaba en Galilea y Judea. Se cree que él conoció a María, la madre de Jesús, y otras mujeres del grupo que lo acompañaron y ayudaban, dando su dinero para sufragar los gastos necesarios de los discípulos. De esta manera Lucas obtuvo mucha información acerca de la vida de Jesús, especialmente de su infancia y niñez. El consiguió los datos que obtuvo, y el resultado fué esa parte del Nuevo Testamento que llamamos "El Evangelio según San Lucas."

Al entrar en el grupo de Pablo Lucas dejó una profesión que, aun en aquella época, era lucrativa para ser compañero de viajes de un hombre pobre verdaderamente en bienes mundanos. Algunos dirían que Lucas era tonto, pero vemos que aunque perdió una fortuna, hoy, más de dieciocho siglos después, trabaja entre nosotros por medio de sus escritos, aunque todos, salvo pocas excepciones, de los hombres prominentes de aquella época han sido olvidados. Ocupaba el trono imperial de Roma, en aquella época, Claudio; tal parece que él debiera ser recordado y no Pablo y su amigo Lucas; sin embargo, por uno que recordara a Claudio hay miles cuyos corazones responden a la mención del nombre de Lucas.

II. *Cruzando el Mar e Invadiendo un Nuevo Continente.* Hechos 16.11-13.

Con Pablo, decidir era hacer, y tan pronto como él tenía la seguridad de lo que Dios quería que él hiciese estaba listo para emprender la obra; así pues, estos cuatro, Pablo, Silas, Timoteo y el doctor Lucas, encontraron un buque que salía de Tróade para Macedonia y se embarcaron en él. Por ser el viento favorable el primer día, pudieron navegar directamente a Samotracia, una isla cerca de la costa de la provincia de Tracia. Al acercarse este buque a la isla, Pablo y sus compañeros deben de haber divisado por vez primera el continente europeo, hacia el cual se dirigían. La isla era una masa escabrosa de montañas, la más alta elevándose más de ciento cincuenta metros sobre el nivel del mar y se veía desde Tróade. Tal vez los marinos dirigieron el buque hacia esta montaña que surgía del mar, y aunque la isla no tenía una bahía muy buena, el pequeño buque ancló esa noche por no arriesgar la navegación en la obscuridad. Al día siguiente el buque llegó a Neápolis, y el grupo desembarcó. ¡Había llegado a Europa el primer apóstol cristiano!

Al considerar lo que el evangelio ha hecho en Europa y la América durante todos estos siglos desde ese día memorable, podemos encontrar el principio en la llegada de estos extranjeros a Neápolis. Fué el inicio de una era nueva; no ha habido nada semejante desde entonces. Pudiera, quizás, compararse con el viaje de Colón a través del Atlántico, o el de los Peregrinos que vinieron en el "*Mayflower*"; mas los principios de estas expediciones eran algo egoístas, mientras que Pablo y sus compañeros iban en una misión de verdadera benevolencia, porque llevaban el mensaje de la salvación. Ellos fueron a Europa no por su propio bienestar, porque vemos que en casi todas las ciudades encontraban oposición, y a veces los encarcelaban; no era por ganar riquezas, porque tenían que depender de su trabajo para su sustento; era pues sólo por el bien de sus semejantes.

Nos enorgullecemos a veces al hacer la comparación entre Europa o la América y el continente "negro" Africa, o el Asia "pagano"; sin embargo, el cristianismo salió de un pueblo oriental del Asia, y era de suponer que se hubiese extendido primeramente entre las razas más semejantes. En vez de dirigirse al oeste, pudo haberse dirigido al este, penetrando en Arabia y haber tomado posesión de las regiones donde la fe en el falso profeta Mahoma domina hoy; pudo haber echado raíces entre las tribus errantes del Asia Central, descender por los pasos de las Himalayas y elevar sus templos en las riberas del Ganges o el Indo; pudo también haber ido más al este para librar a millares de chinos del frío secularismo de Confucio. Si así hubiera sido, misioneros de la India y el Japón quizás vinieran a Europa y América hoy, para traernos el mensaje de la cruz. Sí, la suerte, no sólo de Europa, sino de América también, fué decidida cuando Pablo atravesó el Egeo.

Pablo no se quedó en Neápolis, sino siguió unos doce o catorce kilómetros hacia el interior, a Filipos, que se encontraba en la provincia de Macedonia y era una ciudad importante. Desde Neápolis a Filipos atravesó la gran "Vía Egnatia," uno de los mejores caminos reales que han sido construídos y que se extendía desde Roma hacia el este. Ricas minas de oro y plata existían en esta región de Filipos, y tenía además muchos manantiales de agua. Esta espléndida ciudad fué de mucha importancia en la historia greco-romana, pues muchas de sus famosas batallas fueron libradas en sus cercanías. Felipe, el padre de Alejandro el Grande, la construyó y le dió su nombre. Después de la conquista de Macedonia por los romanos, se hizo famosa como el lugar donde se efectuó la gran batalla entre Bruto y Casio de un lado y Marcos Antonio y Octavio del otro lado, la que selló el destino de la república romana y preparó el camino para la toma de Octavio, bajo el nombre de Augusto, del poder imperial. Se dice que esta batalla es una de las "quince batallas decisivas de la historia." Sin embargo, su significación al mundo era pequeña en comparación con la llegada de este reducido grupo de cuatro hombres manchados por el polvo del camino, cansados, pero cuyos corazones estaban dispuestos para un conflicto y una guerra, la más noble que jamás se haya librado. Porque Pablo y sus amigos sabían que Grecia, con todo su saber, le faltaba la sabiduría que nos hace sabios para la salvación; y que los romanos, aunque habían conquistado el mundo, no conocían la manera de adquirir como herencia la vida venidera; en sus corazones estos hombres llevaban el secreto que les hacía falta a Grecia y Roma.

Lucas se detiene en su breve relato para decirnos que Filipos era una colonia romana y que "es ciudad principal de la provincia." La palabra "colonia" tenía entonces una significación enteramente distinta a la que tiene para nosotros hoy, porque significaba entonces una ciudad bajo el dominio directo de Roma, con cierta autoridad sobre la región a su alrededor. Sus habitantes tenían la ciudadanía romana, y sus nombres estaban en los rollos de las tribus en Roma, tenían su Senado y sus magistrados, y sus leyes y lengua eran romanas. Ningún gobernador provincial podía intervenir en sus asuntos. Así pues el privilegio y el orgullo de un ciudadano romano se oponía a Pablo en todo. Los magistrados de la colonia eran atendidos por lictores como se hacía en Roma, y para los misioneros esto tenía que darle un aspecto sumamente romano que ellos nunca habían presenciado.

III. *Un Principio Humilde en Filipos.* Hechos 16.13-15.

Tal vez otro con menos experiencia misionera que Pablo habría pensado que su entrada en este nuevo continente tendría un principio brillante, pero Pablo sabía, por el tiempo que llevaba dedicado a este trabajo, que a veces las obras más grandes empiezan humilde y tranquilamente. Así, pues, al llegar a Filipos, Pablo y también sus compañeros sintieron que habían llegado a una ciudad donde Dios tenía trabajo para ellos. Se quedaron allí varios días, observando y estudiando la situación, y les pareció que no ofrecía los grandes resultados que la visión en Tróade les hizo anticipar. Había muy pocos judíos en Filipos, pues los intereses eran más políticos que comerciales, y además Filipos simpatizaba con los esfuerzos de Roma para hacer salir a los judíos de sus confines. Es evidente que no encontraron una sinagoga en esta ciudad. ¿Dónde se encontraba "el hombre de Macedonia" que había aparecido en la visión? La situación era desalentadora en contraste con su éxito en el sur de Galacia cuando Bernabé estaba aún con él. Pero Pablo tenía la seguridad que debía haber, por lo menos, un lugar de oración en algún sitio tranquilo afuera de la ciudad y a las orillas del río que estaba cerca de ella. Así que al llegar el sábado él y sus compañeros, saliendo de la bulliciosa ciudad que no conocía la significación de este día sagrado, se dirigieron al campo fuera de la puerta de la ciudad. Léase otra vez el versículo 13. Cuando encontraron el lugar, hallaron solamente unas cuantas mujeres judaicas reunidas para orar, y con ellas algunas mujeres gentiles que de alguna manera habían oído del Dios de los judíos y trataban de servirle de la mejor manera posible. Pablo entró de lleno en el servicio como si hubiera tenido delante una gran congregación. Su recompensa fué digna del esfuerzo, porque en el grupo se hallaba una mujer llamada Lidia. Era de Tiatira, una ciudad del

140

Asia Menor, pero vivía en Filipos, pues tenía el negocio de la venta de púrpura por el cual era famosa su ciudad nativa. Lidia estaba en el lugar oportuno aquel día, y Dios recompensó grandemente el que ella cerrara su establecimiento en el día de descanso, pues si ella hubiese estado ausente de esa reunión de oración habría perdido algo que quizás nunca más encontraría. Lidia "estuvo atenta a las cosas que Pablo hablaba." Al oir, sintió en su corazón que Pablo hablaba la verdad. Confesó su fe en Cristo como el Salvador del mundo; ella no era de los cristianos que no confiesan su fe públicamente. "Fué bautizada," e hizo su confesión públicamente sin pérdida de tiempo. Lidia fué la primera persona en Europa que aceptó el cristianismo y se bautizó.

Después de ser cristiana Lidia prontamente manifestó un espíritu de genuina hospitalidad hacia los misioneros. Los invitó a que se hospedaran en su casa, haciendo en ella su hogar mientras permanecieran en la ciudad. La forma de su invitación es admirable. Léase el versículo 15. Esta fué una de las primeras formas de servicio que se le presentaba, y ella lo acató sin demora. Se ve que ella era una mujer de negocios y en buena posición, porque podía hospedar en su hogar a cuatro hombres extranjeros. Parece que al principio los misioneros temían aceptar la invitación, pues les parecía demasiado que ella tuviera que atender y hospedar a cuatro personas a la vez. Pablo no quería nunca abusar de la hospitalidad de nadie. Véase lo que él escribe a una iglesia en Macedonia, la de Tesalónica. (1 Tesalonicenses 2.9; compárese con 1 Corintios 9.14–18; 2 Corintios 11.9.) Quizás hubo alguna duda por parte de Silas y Timoteo acerca de si ellos debían hospedarse en el hogar de una persona que no fuera de la casa de Israel. Lidia insistió en que ellos aceptaran su invitación. Lucas dice de una manera gráfica, "y nos constriñó." Así pues los cuatro compañeros encontraron asilo en este hospitalario hogar.

Cuando a la escena tranquila al lado del río sobrevino la violenta persecución, perdemos de vista a Lidia. Si ella hubiera sido desleal durante esta época de tribula-

141

ciones, Pablo y Silas nunca habrían vuelto a su hogar; si su alma hubiese languidecido, su puerta no se hubiese abierto para ellos. En tempestad y en calma ella había ganado el derecho de repetir: "Si habéis juzgado que soy creyente en el Señor, entrad en mi casa y posad en ella." Y cuando Pablo y Silas salieron de la cárcel en Filipos "entraron en casa de Lidia" (versículo 40).

Y aquí en Filipos Pablo, ocupado, cansado, adolorido, muchas veces mal interpretado y mal comprendido, lleno de ansiedades y solicitudes, pero de alma heroica, iba a ganar un grupo de amigos que nunca cesarían de amarle mientras viviera; no importara quienes lo abandonasen, ellos le serían fieles; no importaría las tribulaciones que le sobrevinieran, ellos se esforzarían por servirle mejor; y Filipos llegó a ser el lugar de su mayor felicidad en este mundo; más que Tarso, que lo había repudiado; más que Jerusalén, que lo echara fuera, y superado tan sólo por lo "infinitamente mejor" del Paraíso.

Preguntas.

1. ¿Podéis trazar el viaje de Pablo de Tróade a Neápolis?
2. ¿Qué clase de isla era Samotracia?
3. ¿Por qué podríais creer que Filipos era un buen lugar para que Pablo empezara su obra en Europa?
4. ¿Cómo podríais saber que no había muchos judíos en Filipos?
5. Dígase como Pablo empezó su trabajo en Filipos.
6. ¿Se desanimó por un principio tan humilde?
7. ¿Quién fué el primer converso en Europa?
8. Dígase todo lo que se sabe de Lidia.
9. ¿Qué sabéis de la fundación de Filipos y su historia?

Tema para la Composición de Clase.

La influencia del cristianismo en la suerte de la mujer. Véase "La Vida de Pablo," por Stalker, capítulo 6, párrafo 99, como sugestión.

Un Himno para Esta Lección.

"Escuchad, Jesús nos dice:
¿Quiénes van a trabajar?
Campos blancos hoy aguardan

142

Que los vayan a segar.
Él nos llama cariñoso,
Nos constriñe con su amor:
¿Quién responde a su llamada:
'Heme aquí, yo iré, Señor,?"

143

LECCIÓN XXI.

La Predicación en la Cárcel en Filipos.

I. *Pablo y Silas Azotados Públicamente y Encarcelados.*

El feliz comienzo de la obra en Filipos pronto fué frustrado. Parece que al principio Pablo se concretaba principalmente a tener reuniones en la casa de Lidia y asistir al lugar de oración y predicar a los que allí se congregaban. Un día cuando él y sus compañeros salían de la ciudad oyeron detrás de ellos una voz salvaje y aguda que decía: "Estos hombres son siervos del Dios Altísimo los cuales os anuncian camino de salvación." Volviéndose, vieron a una esclava miserable, de ojos excitados y una penetración sobrehumana. Era una adivinadora. Los griegos decían que poseía el espíritu de Pitón, el dios serpiente. Pudiera ser que tuviera ese misterioso mal que en el Nuevo Testamento se expresa como "poseído de demonio." Lucas, un hombre inteligente y educado, dice que "poseía un espíritu de adivinación." Sus amos hacían mucho dinero haciéndola contestar preguntas y decir la fortuna a la gente supersticiosa de Filipos.

Al principio Pablo y sus compañeros siguieron sin hacer caso a sus gritos frenéticos. Pero ella continuó estos gritos por muchos días, cada vez que los veía.. Este comportamiento de la esclava y su condición triste afligió grandemente a Pablo, y como él y los demás mensajeros de Jesús constituían el centro de grupos de curiosos y supersticiosos, Pablo se sintió movido por el Espíritu de Jesús para sanarla. Volviéndose hacia ella con la mirada penetrante y compulsiva, esa mirada tan llena de poder que tenía, le dijo al espíritu que la poseía: "Te mando, en el nombre de Jesucristo, que salgas de ella." Inmediatamente la muchacha se tranquilizó, su mirada se calmó y su voz se suavizó.

Sus amos—porque tenía más de uno por ser tan productivo su don de adivinación—vieron que su negocio estaba arruinado y que el poder de la esclava había desaparecido. Ya ella no podía decir a los mineros donde encontrar oro, a las doncellas el día que se debían casar y a los comerciantes la mejor época para sus empresas; ahora ella era solamente una esclava como cualquiera otra. ¿Qué les importaba a sus amos la paz y el bienestar de una esclava si habían perdido su medio de ganancia? Pablo era un entremetido y un estorbo robándole sus riquezas. Encolerizados por su pérdida, los amos de esta esclava buscaron la manera de vengarse de Pablo y Silas. Provocaron un tumulto, y echando mano a los misioneros, los arrastraron hasta el centro de la ciudad, donde tenían la corte los magistrados romanos. Sabiendo el prejuicio romano contra los judíos, empezaron su acusación con estas palabras: "Estos hombres, siendo judíos, perturban nuestra ciudad y predican ritos que no nos es lícito abrazar ni observar, pues somos romanos." No mencionaron una sola palabra de la verdadera causa de su rencor, porque sabían que volver una esclava a su estado normal no era causa para castigo. Nadie sabía nada contra Pablo y Silas, solamente que eran judíos enseñando una nueva religión; sin embargo, la muchedumbre variable y siempre dispuesta para los disturbios se levantó contra ellos.

Pablo, como extranjero que propagaba sistemáticamente ideas religiosas, tenía que contender siempre con la sospecha, de parte de otros, que estaba introduciendo una nueva religión. Como en esa época la religión era autorizada por el gobierno, esto pudiera hacer a Pablo políticamente ofensivo. El hecho de que su predicación se basaba en el principio que Jesús era el Mesías lo hacía aún más sospechoso. Era fácil decir siempre que estaba predicando "que hay otro rey, Jesús," que no es el César. (Compárese Hechos 17.7.) Los dueños de la esclava, llenos de ira porque Pablo había acabado con su negocio, usaron esta acusación para producir una verdadera llama de odio. Y como Roma había decretado la expulsión de los judíos, emplearon esto también contra ellos.

Notaréis que no fué por el milagro de la curación que

este incidente llamó la atención en Filipos, sino por su aspecto comercial. Y, además de sus dueños, estaban también las personas que antes habían ido a consultar con la esclava y querían continuar ahora, así como otros que deseaban también saber su buenaventura. Fué la primera oposición por los gentiles que tuvo Pablo. La persecución de los judíos fué el resultado del celo religioso destituído de la verdadera sabiduría, mientras que en esta oposición el motivo era la codicia, lo que es sin duda mucho más despreciable.

Cuando los magistrados oyeron la acusación, hicieron demostraciones de sentirse horrorizados. Olvidando las tradiciones de sus puestos, sin siquiera tener un juicio, se dejaron llevar por el populacho, y le quitaron, a tirones y con sus propias manos, las ropas a Pablo y Silas, ordenando que fueran azotados. Fué cruelmente hecho. Ser castigados con varas por lictores romanos era doloroso y cruel en extremo; pues azotaban los cuerpos desnudos hasta brotar la sangre. Después de los azotes fueron entregados al carcelero, a quien le fué dada la orden de encarcelarlos con seguridad. Entre los romanos había una ley que si un carcelero permitía a un penado escaparse pagaría la ofensa con su propia vida. El carcelero creía que Pablo y Silas debían ser grandes criminales para merecer este castigo; así pues los llevó al calabozo más interior de la cárcel. En aquella época las cárceles eran horribles; casi siempre estaban llenas de las personas más viles y bajas de todo el Imperio Romano: eran obscuras, faltaba ventilación, y probablemente había mal olor. Para guardarlos con mayor seguridad el carcelero puso a Pablo y Silas en cepos, y esto los obligaba a quedarse en una posición forzada que hacía doblemente dura su prisión. Así los dejaron para pasar la noche, con sus cuerpos amoratados por los golpes, sus heridas sin curar, y el cepo sin dejarlos descansar. El carcelero no sabía que estaba torturando a hombres inocentes; los lictores no sabían que su castigo era injusto; los magistrados no sabían que la acusación era falsa; el pueblo no se daba cuenta de que el alboroto no tenía causa justa; sin embargo, todos se

146

unieron en un castigo cruel a dos hombres inocentes porque era más fácil creer las palabras de un bando de hombres bestiales que esforzarse por averiguar la verdad del caso.

¡Qué agonía deben haber sufrido Timoteo, Lucas y otros amigos al ver las torturas y sufrimientos del venerado jefe, y sin poder hacer nada para aliviarlos! Sin duda pasarían la noche en vela, orando a Dios por sus siervos.

Recordando el tratamiento que recibió a manos de estos oficiales, Pablo hace alusión a lo mucho que sufrió y a la manera vergonzosa con que fué tratado. Véase 1 Tesalonicenses 2.2. También en 2 Corintios 11.25. Ahora tranquilamente y a solas, si es posible, léase Hechos 16.16-24 y trátese de visualizar lo que pasó.

II. *Una Aventura a Media Noche.*

Las horas se deslizaban lentamente en ese calabozo obscuro y de ruido infernal, y nadie se apercibía de cuando el día se tornaba en noche. Pero a Pablo y Silas ni el azotamiento ni el lugar podía hacerlos callar ni desfallecer. Encadenado en esta obscuridad, con su espalda ensangrentada, pudiera haberle parecido a Pablo que esto era la culminación de todos sus contratiempos en los meses pasados. Pero este no era el temple de Pablo. Podemos muy bien imaginarnos oirle decir a pesar de su estado febril: "Silas, este es un lugar frío y obscuro. ¿No te parece que un himno nos ayudaría?" Nos agrada la idea que Silas era un evangelista que cantaba, uno que dirigía en las canciones. ¿Qué podrían cantar en una ocasión como ésta? ¿Podría haber sido uno de los himnos cristianos nuevos que empezaban a surgir? Pero es más probable que fueran salmos de gloria y fe que salieron del corazón del gran rey David. ¿Sería el Salmo 46 o el 23? A veces Pablo y Silas hacían una pausa en su cantar para elevar sus oraciones a Dios. No nos sorprende que hombres oren en circunstancias tales, pues aun los hombres malos se vuelven a Dios en tiempos de dolor; pero sí es sorprendente oir cantar en un calabozo, y Pablo y Silas cantaron en medio del más grande sufrimiento: no pasaron

147

la noche quejándose y lamentándose, sino glorificando a Dios.

Esto era algo que no se oía en un calabozo, y debe haber sido como una bendición en forma de un poco de aire puro en un lugar sofocante. Lucas nos dice: "Y los presos los escucharon." ¡Qué bendición la de un hombre que puede llevar a Dios con él aun en el calabozo más obscuro de una prisión! Pablo hablaba de su propia experiencia cuando unos meses más tarde escribe: "Estad siempre gozosos. Orad sin cesar. Dad gracias en todo." (1 Tesalonicenses 5.16–18.) Léase también lo que escribió a la Iglesia en Filipos desde otra prisión—Roma (Filipenses 4.4–7, 11, 13). Mientras los apóstoles cantaban y oraban y los prisioneros escuchaban, se oyó un gran ruido que parecía salir de las profundidades de la tierra. La vieja prisión empezó a temblar y moverse, suavemente al principio y con estruendo después; las piedras de las paredes se rozaban unas con otras; las vigas del techo se rompieron; las puertas de hierro se desprendieron de las bisagras y se abrieron; las argollas de las cadenas que sujetaban a los prisioneros se zafaron de las paredes; el aire se llenó de polvo, y las luces se apagaron.

Al instante se oyeron pasos apresurados y a la luz de la luna se podía ver que se asomaba una cara llena de ansiedad. Viendo las puertas abiertas, creyó que los prisioneros se habían escapado, y los prisioneros vieron en este instante brillar una espada. Era el carcelero que se iba a matar antes de tener que sufrir la penalidad impuesta por la ley romana: para él no había otro recurso. Pero era innecesario este sacrificio. Pablo, siempre sereno en ocasiones como ésta, gritó: "No te hagas ningún mal, que todos estamos aquí." Pidiendo luz, se lanzó dentro y encontró a todos como Pablo había dicho. Es evidente que el carcelero hizo la relación de los hechos ocurridos y el encarcelamiento de Pablo y Silas. Comprendió que no eran hombres como los demás, y temblando se postró a sus pies en actitud suplicante y llena de temor. Quizás él había oído algo de su predicación y se había convencido ya de que era verdad, y ahora con temor y esperanza, casi sin saber lo que decía, pregunta: "¿Qué es necesario que yo haga para ser salvo?" ¿Salvado del temblor de tierra? Ese peligro había pasado. ¿Salvado de los magistrados romanos? No; porque sus prisioneros estaban todos allí. ¡Ah no! quería la salvación de su alma y el bautismo del Espíritu que hacía soportar un azotamiento y daba el poder de cantar en un calabozo. La contestación vino inmediatamente, resuelta y clara. Pablo también había hecho la misma pregunta y había encontrado la verdadera respuesta y podía decirle al carcelero lo que tenía que hacer. "Cree en el Señor Jesús, y serás salvo, tú y tu casa"; e inmediatamente empezó a contar de aquel que había hecho tan grandes cosas por él y que había cambiado su vida. ¡Supongamos que el carcelero hubiese recibido una contestación errónea! ¡Supongamos que alguno, que no supiera que contestar, hubiese tratado de decirle lo que debía de hacer!

No nos extraña que este carcelero dijera: "Quiero oir más de esto; vengan a mi casa, donde puedo darles más comodidades y donde mi familia también pueda oir." Así pues, llevando a Pablo y Silas a esa hora de la noche a su casa, les lavó las heridas. Entonces escuchó la relación de la vida de Jesús, y él y su casa creyeron y fueron bautizados—la segunda casa en Filipos donde se recibiera el bautismo. Regocijado el carcelero y toda su familia, hizo él todo lo que pudo para contrarrestar el cruel tratamiento que habían recibido estos misioneros. En su propia casa los cuidó y los atendió. Creemos que Pablo y Silas se regocijaron de los azotes crueles y de las horas de tortura, porque habían abierto la puerta de la pagana Europa al evangelio de Cristo. Léase con cuidado Hechos 16.25–34 y trátase de hacer visual esta escena.

III. *Una Demanda Cobarde y una Contestación Valiente.*
Léase Hechos 16.35–40.

El terremoto hizo que los magistrados asumieran una actitud distinta a la que habían desplegado el día anterior. Quizás relacionaron el terremoto con Pablo y Silas y se llenaron de superstición y temor. También sintieron que habían fallado en el cumplimiento de su deber, porque no sólo habían permitido injusticia, sino que ellos, ministros de justicia, habían cometido una injusticia. Así es que muy temprano mandaron a decir: "Suelta a esos hombres."

El carcelero debe haber sentido gran alivio al oir esto, porque hubiera sido muy duro tener que tratar a sus benefactores como prisioneros; así pues, con alegría fué donde estaba Pablo y le dijo: "Los magistrados han ordenado que se os ponga en libertad; así pues, salid ahora y marchaos en paz." Pero Pablo rehusó aceptar esa forma de soltarlos. Léase lo que le contestó al carcelero en Hechos 16.37. Cuando los magistrados oyeron estas palabras valientes de Pablo, y realizaron que habían azotado a un ciudadano romano, sintieron más miedo que lo que les ocasionó el terremoto. Los magistrados fueron a la cárcel en sus imponentes trajes, y sacando a Pablo y Silas de la prisión, les suplicaron (fijaos en las palabras) que saliesen de la ciudad y no les ocasionaran trastornos por lo que había sucedido. Pablo y Silas estaban dispuestos a irse, pero sin apresurarse. Primeramente fueron a casa de Lidia, y nobles y grandes como eran, confortaron a los hermanos. Entonces, y probablemente llevándose a Timoteo con ellos, se alejaron. Lucas no los acompañó, pues no encontramos ahora el pronombre "nosotros" en la narración.

Un Texto Áureo para Hoy: Aprended de Memoria Hechos 4.12.

Preguntas.

1. ¿Qué dice Pablo acerca del amor al dinero? (Véase 1 Timoteo 6.9, 10.)

2. ¿Qué hizo Pablo que trajo trastornos sobre él y Silas?

3. ¿Quién es el culpable por el tratamiento cruel que se le dió a Pablo y Silas?

4. ¿Por qué Pablo y Silas no declararon su ciudadanía romana y reclamaron inmunidad del castigo?

5. ¿Qué condujo a la conversión del carcelero?

6. ¿Qué prueba de su fe viva dieron Pablo y Silas en la prisión?

7. ¿Cuál es una de las mejores maneras de testificar por Jesús?

8. ¿Ganaría algo la causa de Cristo por la actitud independiente de Pablo con los magistrados?

9. ¿Era esta independencia ruda de Pablo una carac-
terística cristiana?

10. ¿Qué significaba el creer en Cristo Jesús?

11. ¿Creéis vos en conversiones repentinas? ¿Por qué?

Pablo sintió siempre un amor más tierno por la iglesia
en Filipos que por ninguna otra. Léase Filipenses 1.3-11;
4.1-7. Nótese en Filipenses 4.15, 16, lo que hicieron por
él en las semanas después de su salida de la ciudad.

LECCIÓN XXII.

PREDICANDO Y TRABAJANDO EN TESALÓNICA Y EN BEREA.

PABLO salió de Filipos no como un fugitivo, sino a petición de los magistrados. Léanse Hechos 16.39, 40. Lucas no usa el pronombre "nosotros" en este versículo, y no lo encontramos más hasta Hechos 20.6. De estas dos citas se infiere que Lucas se quedó en Filipos o en esta región hasta el viaje de regreso de Pablo a Jerusalén en su tercer viaje misionero. Este hecho puede explicar la razón porque los cristianos en Filipos pensaban tanto en el bienestar del apóstol.

Después de salir de Filipos Pablo y sus compañeros— Silas y Timoteo—se dirigieron hacia el suroeste. Es interesante notar la exactitud del orden en que Lucas menciona los lugares que pasaron estos viajeros en su viaje de Filipos a Tesalónica. La ruta que tomaron fué por la "Vía Egnatia," al que hemos hecho referencia anteriormente. En las guías del viajero antiguo las distancias eran éstas: de Filipos a Anfípolis, cincuenta y dos kilómetros; de Anfípolis a Apolonia, cuarenta y ocho kilómetros; de Apolonia a Tesalónica, sesenta kilómetros. ¿Creéis que Pablo luchará más por la causa de Cristo? Al parecer no se hizo nada en Anfípolis ni en Apolonia. ¿Será que los guerreros vencidos marchan a sus hogares para curar sus heridas? Leamos Hechos 17.1.

Viendo una sinagoga, Pablo ve una lucha e instantáneamente se prepara para la batalla. Podemos ver claramente lo que él buscaba; es evidente que él deseaba empezar su trabajo en cada ciudad predicando en la sinagoga de los judíos. No había sinagogas en Anfípolis ni en Apolonia; así pues prosiguieron a Tesalónica, donde había muchos judíos y una sinagoga.

I. *Tesalónica.*

Esta ciudad se encuentra en la parte superior del golfo Jónico. Era un lugar famoso; famoso también por sus manantiales de agua caliente, que eran de gran valor medicinal. Primero se llamó Terma, pero cuando Casandro lo reedificó y lo embelleció le dió el nombre de Tesalónica en honor de su esposa, que era hermana de Alejandro el Grande. Su posición marítima era excelente, y por eso era muy importante; y en los días del apóstol era el lugar céntrico donde hombres de muchos lugares se reunían, como hacen hoy en Barcelona, Buenos Aires y en la Habana, y por lo tanto el evangelio podía esparcirse de allí a muchas partes. Léase lo que Pablo escribió más tarde a sus conversos que él dejó allá. (Léase 1 Tesalonicenses 1.8.)

Tesalónica, con una gran bahía y sobre un camino real famoso, había sido por mucho tiempo una ciudad rica y un centro comercial. Por supuesto había judíos allí, y esta ciudad con el nombre de Salónica existe hoy. El Dr. W. M. Taylor, escribiendo en 1881, dice que con unos setenta u ochenta mil habitantes más de cincuenta mil de ellos eran israelitas; y el Dr. D. J. Burrell dijo al escribir en 1918 que había unas treinta y seis sinagogas en la moderna ciudad de Salónica. Hoy, en 1924, Salónica le sigue a la ciudad de Atenas, en Grecia, con unos ciento setenta y cinco mil habitantes. En la guerra mundial las tropas de la Entente Aliada fueron desembarcadas allí para avanzar sobre el enemigo desde la frontera del este.

II. *Predicando en Tesalónica.*

Pablo aprovechó la oportunidad el primer sábado en Tesalónica para ir a una de las sinagogas más importantes de la ciudad y predicar allí. El le habló a la congregación de Jesús y de sus enseñanzas; de su poder, su misericordia y de su crucifixión; le habló de la resurrección de Jesús. Razonó con ellos refiriéndose a sus propias escrituras en prueba de que Jesús era el Cristo; trató de enseñarles cómo el Antiguo Testamento había profetizado los hechos con relación al Mesías. Su objeto era persuadir a los miembros de la congregación de que Jesús era el que Dios había prometido como el Salvador del mundo. El continuó en este trabajo por unas tres semanas, y el resultado fué satisfactorio, porque algunos de los judíos creyeron y declararon que estaban dispuestos a seguir las enseñanzas de Pablo y Silas. Había muchos griegos unidos a la sinagoga; se habían convertido a la fe judaica y como prosélitos adoraban al Dios de los judíos. Estos griegos en gran número aceptaron el evangelio predicado por Pablo y Silas. Había muchas mujeres de influencia en la ciudad—mujeres de influencia social y política—que creyeron el mensaje y querían ser consideradas como creyentes en Cristo Jesús. Tan pronto como algunas de éstas se convencieron de la verdad se unieron públicamente al grupo de Pablo. ¡Qué sabia es esta actitud que sale y se separa de todo para ponerse al lado de Cristo dándole toda su influencia!

Pablo encontró el costo de la vida en esta ciudad muy subido; día y noche trabajaba en su oficio antes de pedir ayuda a nadie, y trabajando les hablaba a sus compañeros de Jesús (1 Tesalonicenses 2.9). Una de las industrias de Tesalónica era hacer tela del pelo de cabras para tiendas de campaña. Parece que el trabajo de Pablo no le producía suficiente para vivir, y más de una vez recibió ayuda de la pequeña iglesia en Filipos. (Filipenses 4.16.) La mayoría de sus conversos parece que eran de la clase pobre. (2 Corintios 8.2.) Pablo no se quejaba de su suerte; al contrario, una vez dijo que contaba como "su galardón" el poder llevar el evangelio sin serle carga a nadie. (1 Corintios 9.18.) Así por algún tiempo Pablo trabajó en el evangelio y su oficio, y la iglesia en Tesalónica vivió y creció. La mayor parte de estos conversos eran griegos, porque Pablo dice que su mayor trabajo era cambiarlos de sus ídolos a la adoración de un Dios real y vivo. (1 Tesalonicenses 1.9, 10.)

III. *Los Judíos no Creyentes Incitan un Molote.*

Así como en Listra y en otras ciudades, los judíos en Tesalónica, especialmente los jefes de la sinagoga, se pusieron celosos de la popularidad de Pablo y Silas con los miembros de su congregación, y celosamente oponién-

154

dose a la admisión de los gentiles a los especiales privilegios de los judíos, se valieron de la superstición del populacho y del temor político de los gobernantes—los siete "politarchs"—y haciendo liga con los holgazanes en la plaza y con el elemento bajo de los habitantes de la ciudad—ese elemento que en toda ciudad grande se encuentra listo para la maldad—los incitaron contra los misioneros, como los sacerdotes y fariseos habían alistado al populacho que andaba de noche contra Jesús en Jerusalén.

Cierto hombre llamado Jasón, probablemente griego, había ofrecido su casa para que Pablo predicara allí después que rehusaron dejarlo hablar en la sinagoga. Creyendo encontrar a los misioneros en la casa de Jasón, el molote atacó la casa, esperando arrastrar a Pablo y a sus compañeros fuera y apedrearlos. Quizás Jasón mantuviera la puerta cerrada para dar tiempo a que se escaparan por el fondo. Viendo que no podían encontrar a sus víctimas, los jefes agarraron a Jasón, y ciertos otros cristianos, y los arrastraron ante los gobernantes de la ciudad. Ciertos rumores acerca de la predicación de Pablo y Silas evidentemente habían llegado hasta Tesalónica antes de la llegada de los misioneros. La gente probablemente sabía del terremoto en Filipos, que no estaba muy lejos y unido por el mismo camino real. Así pues los jefes del molote dijeron a los gobernantes: "Estos que han trastornado el mundo también han venido acá." Acusaron a Jasón y a los otros cristianos de hospedarlos y declararon que estos cristianos eran culpables de hechos traicioneros y enseñanzas traicioneras en que no cumplían los decretos del César y enseñaban que había otro rey—Jesús. Era una acusación que perturbaba el pueblo y alteraba a los gobernantes. En esta época todo aquel que se sospechaba fuese desleal al gobierno corría gran peligro.

Estos oficiales—"politarchs"—sabían que tenían que mostrar celo en la persecución contra cualquiera acusación de esta naturaleza hecha contra los cristianos. Pero los misioneros no estaban presentes; solamente algunos ciudadanos de Tesalónica que siempre se les había considerado como buenos ciudadanos y leales al emperador.

Los gobernantes idearon una manera de acabar con el trabajo de los misioneros. Pusieron bajo fianza a Jasón y los demás cristianos que estaban con él para guardar la paz. Con este hecho hacían que no les fuera posible a Pablo y sus compañeros trabajar más en la ciudad. Si continuar el trabajo en la ciudad hubiese ocasionado solamente persecuciones contra ellos, Pablo y sus compañeros probablemente se habrían quedado más tiempo; pero ahora que Jasón y los otros estaban bajo fianza, seguir predicando traería quizás la muerte a Jasón y los demás cristianos. Pablo se indignó contra esta maquinación de los magistrados que paró su trabajo en Tesalónica y no le permitía volver a la ciudad cuando deseaba tanto volver y ayudar a los hermanos. En una carta escrita a estos Tesalonicenses desde Corinto hace referencia a este hecho de los magistrados de poner a Jasón y los otros bajo fianza como un estorbo de Satanás. (1 Tesalonicenses 2.17-19.)

Los hermanos en Tesalónica habían escondido a Pablo y sus compañeros, pero el sentimiento del populacho era tan intenso contra ellos que pensaron que sería mejor que Pablo y Silas salieran inmediatamente y de noche. Léase el relato de la estancia de Pablo en Tesalónica en Hechos 17.1-9.

IV. *Pablo Seguido por sus Enemigos.* **Léase** Hechos 17.10-15.

Los misioneros huyeron de noche hacia Berea, un lugar resguardo como a unos ochenta kilómetros de Tesalónica. Aquí encontraron una sinagoga, y Pablo, a pesar de las persecuciones anteriores por parte de los judíos, fué allí primeramente, como era su costumbre, para hablar de Jesús. Aquí encontró otro ambiente. Los judíos en Berea eran más nobles que los jefes en Tesalónica; estaban dispuestos a examinar las Escrituras y ver si lo que decía Pablo era verdad; no se limitaban a sus prejuicios, sino estaban dispuestos a examinar las Escrituras y pensar antes de decidirse. Querían saber la verdad, aunque esta verdad destruyera sus más acariciadas ideas. Por supuesto, cuando estos judíos estudiaron las Escrituras cuidadosamente por días, con la enseñanza de Pablo, no pudieron dejar de ver a Jesús en ella. Muchos de ellos creyeron en Jesús, y con ellos habían muchos griegos de alta categoría, hombres y mujeres, como en Tesalónica. Se hicieron grandes progresos, y fué un oasis para Pablo y Silas; pero sólo pudieron gozar por corto tiempo de estas aguas refrescantes y de la sombra de las palmeras, porque pronto sus enemigos de Tesalónica se aparecieron y empezaron a crear disturbios. Como Pablo era el objeto principal de su odio, los cristianos de Berea y los compañeros de Pablo creyeron mejor que él se retirara de la ciudad y no se confrontara con los enemigos de Tesalónica y el molote que ellos reunirían. Pablo inmediatamente salió de la ciudad, ocultando adonde iba, o tal vez no había decidido adonde ir. Quizás Silas y Timoteo se quedaron para hacer creer a los tesalonicenses que Pablo estaba oculto en la ciudad. Juzgando por los versículos 14 y 15, el peligro era grande, y el grupo de cristianos en Berea que le servían como guardia de corps no le dejaron hasta que llegó a la distante ciudad de Atenas. Cierto es que no parecía seguro dejarlo sólo aun allí. Cuando este grupo de cristianos lo dejaron en Atenas él mandó recado a Silas y Timoteo que se apurasen a reunirse con él allí.

Preguntas.

1. ¿Qué sabéis de Salónica hoy? ¿De su historia?

2. ¿Por qué los sufrimientos de Pablo en Filipos hicieron que los judíos de la sinagoga en Tesalónica tuvieran simpatías por él al principio?

3. ¿Qué éxito tuvo Pablo en Tesalónica?

4. ¿Cómo se mantenía Pablo en Tesalónica?

5. ¿Recibió alguna ayuda financiera?

6. ¿De qué tres clases sociales se componían sus conversos?

7. ¿Qué cuatro o cinco pasos tomaron los judíos para acabar con los misioneros?

8. ¿Adónde fueron Pablo y Silas al salir de Tesalónica?

9. ¿Por qué dijo Pablo que los judíos de Berea eran más nobles que los de Tesalónica? ¿Cuál es la mejor manera de comprobar una enseñanza cristiana?

10. ¿Por qué tuvo Pablo que salir de Berea? ¿Escribió Pablo alguna vez a los de Berea?

Pensamiento Personal.

1. "Hay otro rey, Jesús" (versículo 17). ¿Es Jesús tan real en vuestra vida que los que vienen en contacto con vosotros lo notan?

2. "Recibieron la palabra con pronta disposición" (versículo 11). Al seguir este estudio, ¿estáis recibiendo la palabra con pronta disposición? ¿Estáis dispuestos a ser y hacer todo lo que la palabra exije, ajustando vuestros hábitos y los planes de vuestra vida a las demandas que exije el Nuevo Testamento?

LECCIÓN XXIII.

PABLO PREDICANDO EN LA CAPITAL INTELECTUAL DEL MUNDO.

I. *Pablo Va a Atenas.* Léase Hechos 17.14–17.

BEREA fué el último lugar en Macedonia donde Pablo predicó en este viaje. Durante su estancia en Macedonia predicó también en Filipos y Tesalónica, pero no sabemos si él visitó otros lugares. Su palabra tuvo influencia en toda la provincia, porque en su primera carta a los tesalonicenses, escrita poco después de salir de Berea, él dijo que el evangelio se conocía ya en toda Macedonia. (Véase 1 Tesalonicenses 1.8.)

Al salir de Berea el apóstol fué al puerto de mar más cercano, donde él y sus fieles amigos cristianos de Berea embarcaron, navegando por el Mar Egeo hasta el puerto de Atenas. En este viaje de tres días pasaron por muchos lugares históricos, como Termópilas, donde Leonidas y sus fieles trescientos lucharon contra millares de bárbaros; Maratón, donde Milcíades hizo retroceder la invasión de los persas. Cerca del fin de su viaje vió la isla de Salamina; allí otra vez fué salvada Grecia por la sabiduría y valor de sus hijos. Probablemente desembarcando en Pireo, se dirigieron inmediatamente a Atenas, "el Ojo de Grecia, madre de las artes y la elocuencia."

La idea de Pablo era trabajar en Atenas hasta que se tranquilizaran los ánimos en Tesalónica y entonces volver allá. Por eso mandó el mensaje urgente a Silas y Timoteo para que le trajeran noticias del estado de las cosas en esa región. El profesor Ramsay cree que Silas y Timoteo se reunieron con él en menos de dos semanas. Es evidente que las noticias que trajeron eran de que las condiciones seguían desfavorables y que por lo tanto aún era inconveniente, cuando no imposible, que él volviese a Tesalónica. Así pues a Pablo le "pareció bien quedarse solo en Atenas, y envió a Timoteo para confirmar a los tesalonicenses acerca de su fe" (1 Tesalonicenses 3.1, 2).

Puesto que Pablo se quedó solo, Silas debe haber sido ordenado a que saliera de Atenas, y como se ve que unos dos meses más tarde Silas y Timoteo se reunieron con Pablo en Corinto, viniendo de Macedonia, parece probable que fueran enviado a Filipos, porque Pablo mantuvo comunicaciones frequentes en esta época con sus iglesias en Europa. (Hechos 18.5; 2 Corintios 11.8, 9; Filipenses 4.15.) Esta vez el bando evangélico fué disuelto, y cuando Pablo llegó a Atenas se encontró, por vez primera en sus viajes misioneros, sin un solo compañero. Había dejado atrás, allá en Macedonia, a sus amigos más leales y queridos, y ahora no sabía qué le esperaba.

II. *Atenas en la Época de Pablo.*

Al entrar Pablo en Atenas tenía que sentirse conmovido por los recuerdos históricos que encerraban sus calles y sus lomas. En todas partes se veía la proeza del genio humano: sin duda aquí, como en ningún otro lugar en el mundo, los destellos de la mente humana brillaban en todo su esplendor. Atenas en su edad de oro pudo ostentar orgullosa su legión de hombres de talento y aun de genio, dejando atrás toda otra ciudad del mundo; y los nombres de ésos, sus hijos esclarecidos, constituyen su mayor gloria. ¿Conocéis acaso algunos de ellos en escultura, pintura, literatura, filosofía, o las ciencias? Cuatrocientos años habían pasado desde la edad de oro de Atenas, y fue despojada de su poder político siglo y medio antes, cuando cayó ante el poder avasallador de Roma. No obstante todo ello, Atenas se conservaba en la cumbre de su esplendor material. Mientras Pablo esperaba que Silas y Timoteo se reunieran con él anduvo solo por la ciudad. Vió templos que Pericles había hecho construir y estatuas esculpidas por Fidias y Praxíteles; por doquier que él miraba el arte de la escultura así como el de la pintura le causaban admiración.

También era Atenas el centro de la filosofía. En estas mismas calles Sócrates enseñaba diariamente durante su vida; y en el Areópago fué condenado a muerte. Y en aquel verde bosquecillo a las orillas del Cefiso Platón fundó su academia. Pasó por el jardín donde Epicurio acostumbraba a reunirse con sus discípulos, y muchos le señalaban el portal puntiagudo donde Zeno y sus adeptos, los estoicos, llevaban a cabo sus controversias. Atenas era aún la capital intelectual del mundo. Tenía grandes universidades con miles de estudiantes de todas partes del mundo. También se encontraban en ellas extranjeros de la clase rica, que venían a estudiar o a gozar de lo intelectual o lo artístico.

En el mismo centro de la ciudad se levantaba la majestuoso Acrópolis, coronada por el Partenón, la más pura expresión de la arquitectura griega y donde se encontraba la maravillosa estatua de oro y marfil de Palas Atenea. En muchas calles había estatuas delante de cada casa, dedicados a algún dios, y en la espléndida manzana Agora —"la plaza"—también las había en gran número. La colina de Marte que se elevaba más atrás era un risco de la Acrópolis, y la seguía en la belleza de sus templos. Se levantaban altares en la ciudad y en sus alrededores a todos los dioses que los atenienses hubieran conocido. Tenían altares para la Vergüenza, el Rumor, la Energía; y por temor que fueran a olvidar algún dios y que éste se ofendiese, tenían más de un altar "Al Dios no Conocido." La ciudad estaba tan llena de ídolos que el autor latino Petronio dijo: "En Atenas es más fácil encontrar a un dios que a un hombre."

Pero Pablo no visitó a Atenas como un *tourist* ni como un estudiante de las artes; estaba él demasiado preocupado para dedicar mucho tiempo a la contemplación de las bellezas de la ciudad. En medio de estas magníficas evidencias de una religión vacía, Pablo andaba solo; y su gran corazón se conmovió ante esta situación. ¡Cuánto tiempo, fuerza y cuánto dinero estas gentes habían empleado tratando de encontrar a Dios! ¡En cuántas formas bellas habían tratado de realizar su presencia! Y estos dioses, creaciones de la imaginación griega, llenos de pasiones y faltas, ¡qué lejos estaban del Dios que era la fuerza y el guía de Pablo! ¡Qué contraste tan grande el de esta ciudad con sus grandes centros de cultura y Jerusalén, donde él había estudiado! Allí no se encontraban imágenes, ni estatuas, ni ídolos y ningún altar salvo el que existía en el templo. En cambio en Atenas había ídolos en cada esquina y altares en todas las calles. Aquí se hallaba la más perfecta expresión de la sabiduría humana; la perfección en el arte y el centro de la cultura humana: pero esta cultura mental parecía tener muy poca influencia en la condición espiritual y moral del pueblo, porque Pablo los encontró sumidos en la superstición y la impureza. Los espléndidos templos eran altares para ídolos, y las obras de arte eran adoradas como dioses. El alma de Pablo se llenó de compasión y lástima viendo que estos atenienses adoraban las creaciones de arte en vez del Dios de la verdad. Era tanto la opresión de Pablo que se sintió obligado a intervenir, y sus primeros pasos se dirigieron naturalmente hacia lo que de él se pudiera esperar, buscar un lugar donde predicar. Encontró una sinagoga en Atenas, y en ella entró. El esperaba que los judíos sintiesen lo que él sentía ante tanta idolatría; pero evidentemente se equivocaba, pues Lucas dice "discutía en la sinagoga" con ellos. Quizás como vivían allí la costumbre de ver todo esto los había cegado a la verdad del horrible pecado de la idolatría. Al menos Pablo no pudo inducirlos a que secundasen en su campaña contra la idolatría. Estos judíos atenienses, ciudadanos de la capital intelectual del mundo, eran hombres orgullosos de su saber e indiferentes a las nuevas doctrinas religiosas.

Pablo se volvió de los judíos a los gentiles, es decir, de la sinagoga se dirigió a la calle, y diariamente en la plaza sostenía conversaciones serias con personas ociosas, que andaban en grupos. Algunos siglos antes Sócrates, en una manera similar, se había detenido en la plaza o había caminado por las calles de Atenas, ezforzándose para que algunos lo oyeran y pensaran seriamente en la verdad, la virtud y la justicia. Ahora otro se detiene en la plaza de Atenas y procura también inducir al pueblo a que aceptase la verdad. Este mensaje era más claro

162

y la verdad más elevada que la que jamás tuvo Sócrates. El apóstol, consciente de la personalidad, y en íntimo contacto con el Dios vivo, ardiendo con el deseo de hacer el bien y sintiendo la necesidad de aprovechar el tiempo, lanza su mensaje viril y apela a estos ociosos que no tenían más aspiración en la vida que la de pasar el tiempo de una manera agradable, artística y holgazana. Léase lo que Lucas dice de la vida de los atenienses en esa época. (Hechos 17.21.)

III. *Pablo se Encuentra con los Filósofos.* Léase Hechos 17.18–21.

Si los griegos hubiesen sabido que Pablo les tenía lástima, lo habrían despreciado, tan lejos estaban ellos de sospechar que fuese posible que despertasen sentimientos semejantes. Ellos se creían la gente más sabia del mundo. Pero con toda su sabiduría, les faltaba lo que Pablo sabía era lo más importante en la vida, el conocimiento de Dios. Mientras Pablo hablaba de modo tan fervoroso, los maestros de varias escuelas de filosofía se llegaron a la plaza y naturalmente se pararon para oirle. Su manera tan seria, tan ansiosa, hubiese llamado la atención en cualquier sociedad, pero mucho más en Atenas, porque aquí la gravedad, y un entusiasmo intenso y serio, era una fase intelectual que no se encontraba. ¿Quién sino un hombre que había oído la voz de Dios y había visto a Jesús podía ser activo y celoso en una ciudad donde estaban representadas todas las religiones y donde se reían de todas?

Uno de los grupos de maestros que oyeron a Pablo eran los epicúreos. Estos enseñaban que el mayor bien era el placer: no los placeres sensuales, sino ese estado de mente libre de cuidado y el cuerpo libre de dolor. Ellos creían que los dioses no se preocupaban del mundo, sino que vivían aparte en un estado completamente feliz. Negando la inmortalidad, decían: "Comamos y bebamos, que mañana moriremos." Otro grupo, los estoicos, decían que el bien mejor era la virtud, que la virtud dependía del conocimiento, y el conocimiento venía por medio de los sentidos. La vida del hombre, decían, se encerraba en la del universo, y tenía que estar en armonía con el universo, debiendo sufrir en silencio y con orgullo. El lema de Zeno, el fundador del estoicismo, era: "Vivir en conformidad con la naturaleza." Estos dos grupos y los curiosos empezaron a hacerle preguntas a Pablo.

El había estado hablando y predicando de Jesús y la resurrección. Uno dijo: "¿Qué querrá decir este palabrero?" Otros decían: "El habla de dioses de que aun nosotros los de Atenas nunca hemos oído, porque habla de Jesús y de la resurrección." Interpretaron mal las enseñanzas de Pablo, y aunque nos parece extraño, era natural en ellos esta interpretación. Al oirlo hablar de las virtudes y bendiciones de Jesús y la resurrección, llegaron a la conclusión que Jesús era un dios y la resurrección otro que venían del misterioso Este. La curiosidad de estos maestros se despertó; esto era una sensación nueva; así pues toman a Pablo y lo llevan, sin ceremonia alguna, sacándolo de la multitud, subiendo con él una espléndida escalera de mármol que conducía a la "corte" en la cumbre de la loma de Marte. Este lugar donde se reunían las grandes asambleas se conocía con el nombre de "la corte del Areópago." Esta corte era el tribunal más augusto en la ciudad, y su mayor jurisdicción era en materias religiosas y morales. Los filósofos atenienses eran cultos y finos y pertenecían a la aristocracia de Atenas. Léase su invitación a Pablo en Hechos 17.19, 20.

IV. *El Sermón de Pablo ante "la Corte del Areópago."*
Léase Hechos 17.22–31.

Al pararse Pablo en la loma de Marte, a su vista se presentaban los espléndidos edificios de la Acrópolis y de la ciudad. Le rodeaba la asamblea más grande a que él jamás hubiera dirigido la palabra; todos estaban en su contra, pues él era un judío despreciado y un bárbaro que se dirigía a los cultos atenienses; ¡un extranjero tratando de usar el exquisito lenguaje de la literatura griega! Pablo era pequeño de estatura, y los hombres que le rodeaban tenían cuerpos del más perfecto desarrollo físico que la raza había alcanzado en toda su historia.

Pablo creía su deber poner de manifiesto una filosofía vana y condenar la idolatría en una ciudad llena de ídolos. Al leer su sermón nos maravillamos de su gran calma y confianza; pero su Maestro le había prometido estar con él en ocasiones como ésta.

La introducción del discurso de Pablo es una joya de tacto y cortesía. Pablo siempre empezaba diciendo lo mejor que honradamente podía con respecto a las personas; no los atacó rudamente por su idolatría; más bien hace alusión a su aparente devoción. Este discurso es el resultado de preparación, de profundo pensar y mucha oración. Por su cortesía Pablo ganó la atención de su auditorio e inmediatamente procedió a declararles el verdadero Dios, Creador, Gobernador y Dispensador de todas las cosas. Enseñó que Dios es un Espíritu "que no reside en templos hechos de manos." Entonces arrasando con toda idolatría, declaró que, aunque los templos estuviesen llenos de ídolos, estaban vacíos, porque no conocían al verdadero Dios. Dijo que Dios no necesitaba las ofrendas costosas ni las comidas ni bebidas; declaró que todas las naciones eran esencialmente iguales, descendiendo de un mismo origen, y esto en presencia de la vanidad de los atenienses. (Véase Hechos 17.22–31.) Este sermón se lo dió Pablo a Lucas por no estar éste en Atenas, y debe leerse con cuidado.

V. *Resultados en Atenas.* Hechos 17.32–34.

Cuando Pablo en su sermón habló de la vida después de la muerte, que es la gran esperanza de los cristianos, una risa burlona interrumpió sus palabras fervorosas; otros fueron más corteses, pero perdieron interés en lo que Pablo decía y cortesmente dijeron: "Te oiremos acerca de esto otra vez." Pablo encontró, como también lo había encontrado Cristo, que las personas más difíciles de ganar a una vida cristiana eran los orgullosos y los satisfechos de sí mismos; sin embargo, Pablo ganó algunos entre ellos, a Dionisio, un miembro de la augusta corte ante el cual él estaba; y una mujer llamada Dámaris, así como a unos cuantos otros. Según lo que sabemos de

Pablo, nunca más visitó a Atenas. Los atenienses eran muy exclusivos, muy frívolos y demasiado pretenciosos para aceptar el evangelio. Pablo nunca les escribió una epístola.

Preguntas.

1. ¿Cómo demostraron los cristianos de Berea su devoción hacia Pablo?

2. ¿Qué clase de ciudad era Atenas?

3. ¿Qué ansiedad embargaba a Pablo en Atenas?

4. ¿Cuál era el único pensamiento de Pablo al ver los bellos templos y las estatuas en Atenas?

5. ¿Qué lugares escogió para su trabajo?

6. ¿Quiénes eran los epicúreos? ¿Quiénes los estoicos?

7. ¿Por qué es la adoración de ídolos siempre degradante?

8. ¿Cuándo perdió Pablo el interés de parte de su auditorio?

9. ¿Cuáles son las personas más difíciles de ganar para Cristo?

10. Menciónense algunas de las cosas que Pablo dijo de Dios.

11. ¿Qué es necesario para que un gran sermón dé grandes resultados?

12 Trátese de aprender todo lo que se puede saber de Atenas en la época de Pablo.

El Pensamiento de la Lección.

No hay nada que haga más imposible que Dios entre en el corazón humano que el orgullo y la satisfacción de sí mismo.

166

LECCIÓN XXIV.

ENSEÑANDO Y TRABAJANDO EN CORINTO.

POCO después de su discurso ante la corte del Areópago Pablo sale de Atenas para Corinto y al parecer, va solo. Esto era duro para uno que anhelaba siempre estar en la compañía de sus amigos como Pablo. (Véanse Hechos 17.15; 28.15.) Se sentía solo al dirigirse hacia Corinto. Muchos meses de un gran servicio con sus largos y molestos viajes, grandes persecuciones, un constante y duro trabajo, a veces con poco de comer, todo había dejado sus huellas en él. Estaba cansado, y Silas y Timoteo no habían vuelto de Macedonia. El sabía que el pequeño bando de cristianos en Tesalónica estaban sufriendo severas persecuciones. Más triste era aún la noticia de que había divisiones en la misma iglesia y que algunos habían vuelto a caer al bajo nivel moral que los caracterizaba como paganos. Así pues tenía zozobra mental por este grupo en Tesalónica. Si hubiérais podido mirar los ojos de Pablo aquel día, no habríais encontrado la mirada penetrante de días anteriores; notaríais una pesadez indiferente, que demostraba algo más que fatiga o anciandad, y era que Pablo, el intrépido, estaba desanimado. Quizás se estaría diciendo que nunca había fracasado tan horriblemente como lo había hecho en Atenas. Se había confrontado con el pueblo más culto del mundo, había sido invitado a hablar en la espléndida corte del Areópago y ¡había fracasado! no pudiendo impresionar a sus orgullosos oyentes. ¡No había podido ni aun organizar una iglesia en Atenas! Pablo sabía lo que era sufrir persecuciones, y más de una vez había salido de ellas con el corazón rebosante de satisfacción, pero hay cosas peores que las persecuciones, y para él era el fracaso que había encontrado aquí. Su mensaje no despertó interés ni oposición. Los atenienses no tenían ninguna idea de perseguirlo; aparentemente les importaba poco lo que decía este palabrero; este desdén lo había herido más que los lictores con sus varas en Filipos. No tuvo persecución ni tuvo que huir, pero estaba sufriendo por el frío desdén de los filósofos atenienses. Pablo nos deja entrever algo de este conflicto en una de sus cartas a los corintios. (Véase 1 Corintios 2.1–5.)

I. *Los Primeros Días en Corinto.*

Corinto no estaba muy lejos de Atenas. Encontradlo en vuestro mapa. Hay un ferrocarril que une a las dos ciudades, y la distancia es de unos ochenta y ocho kilómetros. Pablo probablemente fué por mar, unos sesenta y dos kilómetros, navegando unas cinco horas. Corinto, donde se encontraba Pablo, era una ciudad moderna, construída por Julio César sobre el sitio del antiguo Corinto, destruída por los romanos como un siglo antes de la visita de Pablo. Encontró que era la ciudad comercial por excelencia de Grecia. Era un lugar propicio para un gran trabajo, con su doble puerto que lo hacía el centro del comercio del Egeo y el Golfo. Fijaos en su posición en el mapa. Estaba como a la mitad de la distancia entre Roma y Efeso. Era la capital de la provincia romana de Acaya. Así como Atenas era el centro intelectual de Grecia, Corinto era el centro político y comercial. Más tarde terremotos, la malaria y la mano cruel del turco lo destruyeron todo, quedando solamente siete columnas del viejo templo dórico como recuerdo del lugar donde se levantó y floreció esta antigua ciudad greco-romana.

Al entrar Pablo en esta gran ciudad comercial de Grecia, temía la misma recepción que tuvo en Atenas. Estaba cansado. ¡El fracaso en Atenas era tan reciente! ¡Silas y Timoteo estaban tan lejos! ¿Tendría fuerzas para hacerle frente a esta gran ciudad? ¿Sería posible que el evangelio no tuviera un mensaje para esta gente? Es verdad que la gente que él veía no eran estudiantes de las universidades, ni profesores, sino hombres de negocios, marineros, porteros, mujeres disolutas, gentes de la calle y de los muelles más bien que de los salones de conferencia, y el ambiente que se respiraba era comercial y de una superficial pero orgullosa cultura unida a la corrupción más escandalosa. Parecía que no había nada en esta gente a que pudiera apelar el evangelio; parecía que no tenían ninguna necesidad que el evangelió pudiese satisfacer.

Corinto era famoso por sus juegos ístmicos, que lo hacía popular como lugar veraniego. Era también famoso por su corrupción, y tal era la corrupción que lo hacía notorio en el mundo entero. Se presentaba el vicio en formas tan vergonzozas que tenía que herir la mente pura y judaica de Pablo y lo llenó de desesperación. ¿Podrían ser salvos hombres y mujeres sumergidos en vicios tan horribles? Perseguido desde Filipos, Tesalónica y Berea, desconcertado en Atenas, lleno de cuidados, azotado por la pobreza, debilitado por enfermedades, solo y desanimado, Pablo, por el mes de septiembre del año 51, empezó su trabajo en esta bulliciosa, rica, populosa y malvada ciudad.

Nadie se fijó en este pequeño hombre a su entrada en la ciudad. Sin embargo, su entrada en Corinto significaba más para la ciudad que la entrada de ningún otro hombre en su historia. ¡Y Corinto no sabía que él había llegado! Corinto esa noche cantó, bebió, desplegó su riqueza, su vanidad y sus pecados como si este evangelista judaico nunca hubiese nacido. Pero la obra de Pablo allí ha hecho inmortal a Corinto, y se le recuerda más por·la asociación con él.

Pablo, como extranjero y viajando solo, tuvo primeramente que encontrar un lugar donde hospedarse y donde ganar su sustento. Buscó esa parte de la ciudad donde vivían los que hacían tela para las tiendas de campaña, y pronto encontró una familia judaica que tenía su mismo oficio. Estos eran Aquila, un judío natural de Ponto, y Priscila su esposa, que habían tenido que salir de Roma por el decreto de Claudio. La razón porqué Pablo intimó tan prontamente con estos dos desterrados fué, en parte, porque eran judíos y tenían el mismo oficio, pero la razón principal era que simpatizaban con él en su obra y en sus propósitos. No sabemos si eran ya cristianos o no, pero si lo eran, tendrían que haber aprendido de las enseñanzas más o menos imperfectas de los judíos en Roma, y su amistad con Pablo debe haber producido un efecto maravilloso en su comprensión de la fe. ¿Quién podía vivir cerca de Pablo y no sentir la influencia de su gran personalidad y su gran fe? Así vemos que desde el principio Pablo encontró trabajo, una familia y un lugar que podía considerar como su hogar.

Una costumbre muy buena tenían los judíos, y era que enseñaban a sus hijos un oficio; así pues, por su oficio aquí también, como en Tesalónica, pudo Pablo ganar su sustento y sentirse completamente independiente. Pero Pablo no deja por un momento a nadie dudar que los que se consagran al evangelio tienen que vivir del evangelio. (Véase 1 Corintios 9.1-15.) Parece que hubo en Tesalónica, y especialmente aquí en Corinto, ciertas circunstancias que hicieron que Pablo rehusara su justo derecho. Estas dos ciudades tenían una populación grande de judíos. Entre los judíos en aquella época había gran número de impostores, mágicos, curanderos, etc., que se aprovechaban de la credulidad de algunos para fines lucrativos. Pablo determinó que ni judío ni griego en estos dos lugares pudieran lastimar la obra acusándolo de fines personales y codiciosos, y así lo vemos trabajando durante la semana y predicando los sábados. Léase lo que él dijo de su trabajo en 1 Corintios 4.12. Nos parece que si hubiésemos estado en Corinto en aquella época, y deseáramos una tienda de campaña, hubiéramos tratado de conseguir una hecha por Pablo. ¿Recordáis el lema de Pablo en 1 Corintios 10.31? Si no, leedlo.

Pablo no podía estar conforme con sólo atender a su oficio en Corinto, cuando su trabajo especial era predicar el evangelio. El no abandonó el ministerio para dedicarse al negocio en esta activa metrópolis, y a pesar de desalientos y flaquezas (1 Corintios 2.3), este solitario embajador de Cristo discutía con los judíos y gentiles y les contaba de Jesús. (Léase Hechos 18.1-4.)

II. *Un Ministerio Tempestuoso pero Próspero.*

Mientras Pablo trabajaba en su oficio y en la obra de la predicación, Silas y Timoteo llegaron de Macedonia. Su llegada animó y dió mas fuerza a Pablo, y él pudo, con lo que le trajeron, dedicar todo su tiempo y energía a la predicación. Pronto se vió el resultado de este esfuerzo. No hubo más indiferencia ni desdén como en Atenas; porque aquí en Corinto Pablo recibe de parte de los judíos el mismo tratamiento que en Tesalónica y en Berea. Pablo testificó que Jesús era el Cristo, y los judíos de influencia no soportaron esto, y los ánimos se amargaron. Lucas describe la situación en términos muy fuertes. Dice: "Estos se opusieron y blasfemaron" y lo echaban de la sinagoga. Pablo, sacudiéndose la ropa, dijo: "Vuestra sangre sea sobre vuestra cabeza; limpio yo, desde ahora me iré a los gentiles."

Dejando, pues, la sinagoga para no hablar allí jamás, Pablo encontró un lugar en la casa de un colonista romano que vivía a la otra puerta de la sinagoga, que se llamaba Ticio Justo, y allí predicó. El presidente de la sinagoga, Crispo, se unió a Pablo, y esto produjo, en los jefes de la sinagoga, sentimientos malignos. Léase Hechos 18.9, 10, y se podrá ver lo desesperante de la situación. Evidentemente Pablo temía que lo asesinaran, o que el molote lo matase, y parece que pensaba abandonar la obra. (Léase otra vez 1 Corintios 2.3.) El había resuelto predicar solamente a Jesús y Jesús crucificado. ¿Cómo recibiría Corinto tal mensaje? Al pensar sobre las posibles consecuencias de su resolución, y realizando los tremendos resultados, no es sorprendente que temía y temblaba.

La visión en Tróade solamente le decía: "Pasa a Macedonia." Pablo se encuentra ahora más allá de los confines de Macedonia. ¿Es ésta la voluntad del Señor? Sus dudas y temores fueron disipados como en dos otras ocasiones de grandes crisis con visiones similares. (Hechos 22.17–21; 23.11.) Fortalecido por esta ayuda divina, Pablo siguió trabajando con aún mayor vigor y pasó diez y ocho meses enseñando y predicando en Corinto. (Léase Hechos 18.5–11.)

III. *Pablo Otra Vez ante el Tribunal.* Hechos 18.12–17.

Mientras más éxito tenía Pablo más amargos eran los celos de los judíos. Acababa de llegar un nuevo procónsul que tomó posesión del gobierno de la provincia. Su nombre era Galión. Era hermano de Séneca, el famoso filósofo romano que habla de él con cariño y lo describe como un hombre de entereza. Los judíos aprovecharon la llegada de este hombre a Corinto para traer al apóstol ante él, diciendo: "Este persuade a los hombres a adorar a Dios contra la ley." Ellos esperaban que Pablo fuese condenado, o azotado, o arrojado de la ciudad, pero resultó muy distinto a lo que esperaban. Galión, con la perspicacia aguda que caracterizaba a los romanos, vió que Pablo no era un criminal, sino una persona contra la cual los judíos tenían predisposición por causas religiosas. Rehusó ser juez en estos asuntos y los echó fuera del tribunal. Al salir los judíos fueron atacados por un grupo de gentiles que siempre los habían mirado mal.

Sóstenes, que era ahora el jefe de la sinagoga, y que había sido el interlocutor en la acusación contra Pablo, fué golpeado. Este hecho fué más por el odio hacia los judíos que por mostrar simpatía por Pablo y la religión cristiana. La decisión del gobierno romano fué de gran importancia, pues era la autorización de la libertad de culto. Así pues, Roma fué la protectora de la religión cristiana contra la oposición judaica. Pablo estaba seguro después de esto y continuó su trabajo por muchos días.

IV. *Pablo Vuelve a su Hogar.* Hechos 18.18–22.

Este segundo viaje misionero había sido largo y lleno de acontecimientos, y Pablo empezó a sentir el deseo de volver a ver a sus antiguos amigos en Antioquía y contarles todo lo acaecido en este viaje. Quizás había oído algo de la obra de los "judaizantes" en sus iglesias de Galacia; así pues embarcó para Siria, llevándose a Aquila y Priscila, que eran ahora unos de sus obreros más eficaces. Dejaba en Corinto una iglesia grande y bien organizada.

172

La transformación de los corrompidos e ignorantes de esta disoluta ciudad fué uno de los mayores milagros en el ministerio de Pablo y en la historia del cristianismo en sus principios.

Pablo no fué directamente a Antioquía; primero fué a Efeso, la capital de la provincia romana de Asia. En el día del sábado él predicó en la sinagoga judaica, y su mensaje fué tan bien recibido que los judíos le pidieron que se quedase más tiempo con ellos. El tenía otros planes; así es que les prometió volver más tarde si era la voluntad de Dios. El dejó allí a sus dos amigos, y ellos continuaron la obra que él empezó.

De Efeso Pablo se llegó a Cesarea. De esta ciudad se dirigió a Jerusalén, saludando a la iglesia y saliendo en seguida para Antioquía, terminando así su segundo viaje misionero de unos cuatro mil kilómetros y que abarcó tres años.

Preguntas.

1. ¿De qué ciudad venían Aquila y Priscila? ¿Por qué?

2. ¿Podemos llamarnos cristianos leales si trabajamos solamente por Jesús cuando las cosas marchan bien y estamos de buen humor? ¿Qué es la verdadera lealtad?

3. ¿Quién era Aquila? (1 Corintios 16.19; Romanos 16.3; 2 Timoteo 4.19.)

4. Diga cómo se hacían las tiendas de campaña en aquellos días.

5. ¿Qué tres lazos de amistad unían a Aquila y Priscila con Pablo?

6. ¿Qué comparación se podía hacer entre Corinto y Atenas con relación a su carácter y populación?

7. ¿Qué diferencia hay entre el hombre que siente que Dios está con él y el que no lo siente?

8. ¿Cuándo puede uno estar seguro de que Dios está con él?

9. ¿Era Galión indiferente o discerniente?

10. ¿En qué ciudades predicó Pablo en su segundo viaje misionero?

Un Pensamiento para Meditación.

1. Muchas de las obras grandes se han llevado a cabo bajo grandes dificultades. Si se tiene la certeza de que se trabaja por una causa grande y noble, las dificultades

no deben desalentarnos. Pablo era un hombre que podía
sostenerse y hacer su mejor trabajo cuando todo era
desalentador.

2. El hecho más maravilloso de Corinto era que Jesús
estaba allí y lleno de esperanzas de salvar a dicha ciudad.
Lo que él necesitaba era un testigo que se pusiera a sus
órdenes y muriera si fuese necesario. Pablo llenó estos
requisitos, se entregó por completo, y algo grande sucedió
en Corinto.

LECCIÓN XXV.

CARTAS DE UN MISIONERO: 1 Y 2 TESALONICENSES.

I. *Los Primeros Escritos del Nuevo Testamento.*

TODOS sabemos que Mateo, Marcos, Lucas y Juan son los primeros cuatro libros del Nuevo Testamento, y naturalmente supondríamos que fueran los primeros escritos; sin embargo, la parte más antigua del Nuevo Testamento no es el Evangelio según San Mateo, sino la epístola general de Santiago y según otros, las cartas del apóstol Pablo.

II. *Los Materiales de Escritura Antiguos.*

Las cartas cortas muchas veces se escribían en tabletas de cera, y usaban para escribirlas un afilado lápiz de metal o estilo con el cual las letras se grababan en la cera; pero las cartas largas se escribían en pliegos de papiro. El papiro es una planta cuyo tallo es de tres lados; estos lados están cubiertos de una corteza fina y verde; no tiene nudos el tallo, y la planta crece de cinco a quince pies de altura, y cuando alcanza su mayor desarrollo tiene en la parte superior una borla invertida de fibras.

Antiguamente en Egipto se cosechaban estas plantas en abundancia. El tallo lo cortaban en pedazos de ocho a diez pulgadas y después estos pedazos lo cortaban a lo largo, en tiras finas como cintilla. Estas tiras se colocaban, unidas, hasta tener el tamaño del pliego que se deseaba, se cubría con goma y, encima, se colocaban otras tiras comprimiéndolas hasta quedar pegadas y formar el pliego, dejándose entonces secar. Si al secarse quedaba áspero, lo martillaban o lo frotaban con una piedra hasta pulirlo. Un rollo se hacía pegando las márgenes de varios pliegos juntos.

Las plumas en aquella época se hacían de cañas cortadas y afiladas como nuestras plumas hoy. La tinta se hacía de bugalla y era probablemente carmelita y menos clara que la nuestra; se guardaba en botellas de metal.

III. *Porqué Pablo Escribió Cartas.*

Pablo era un gran escritor; sin embargo, dejó sólo unas cuantas cartas como su contribución a la literatura del mundo. Estaba demasiado ocupado en ganar su sustento por su oficio, predicando y enseñando, cada vez que podía, y no tenía tiempo para escribir libros. Pero se vió obligado a escribir cartas por las necesidades en la obra. El plan de Pablo de llevar el evangelio al mundo civilizado era una obra colosal. Nadie lo había pensado antes, y una obra como ésta hubiera sido imposible antes del Imperio de Roma, por falta de barcos y caminos. Sus campañas personales tenían que abarcar meses y años. El tenía que hacer algo para ayudar a sus iglesias que acababan de nacer; de lo contrario, morirían por la persecución o las tentaciones. Así, pues, Pablo tenía dos métodos para cuidar de sus jóvenes conversos. Uno era el adiestrar un grupo de obreros como Priscila y Aquila, Timoteo y Lucas, que podían quedarse o ir donde fuese necesario para ayudar con la obra; y el otro era por medio de cartas. Estas eran enviadas por cualquier mensajero que podía encontrar, a veces por medio de sus asistentes. De este modo, además de sus predicaciones misioneras, podía conservarse en contacto con sus conversos, ayudándoles en sus perplejidades y luchas, reprendiendo su mal hacer, y dándoles ánimo en tiempo de desaliento.

Cuando recordamos que, aunque los judíos tenían sus escritos—la Ley de Moisés, los Salmos, los Profetas—la gran mayoría de los conversos eran paganos y no tenían la Biblia, ni ningún escrito religioso que valía la pena; su fe, pues, se basaba únicamente en la predicación de Pablo, y al formar sus nuevas bases morales sólo tenían la memoria de las palabras de Pablo. ¿Podéis imaginaros con qué gozo recibirían las cartas de Pablo y con que frecuencia se leerían y discutirían en las reuniones de la Iglesia primitiva? Así estas cartas vinieron a ser la base de la fe y la moral de los gentiles cristianos. Si queremos comprender estas cartas, tenemos que tratar de saber la ocasión y las circunstancias en que se encontraba el autor cuando las escribió.

IV. *1 Tesalonicenses*. *Circunstancias y Tiempo de su Composición*.

Quizás debíamos refrescar nuestras memorias acerca de esta iglesia o grupo de cristianos en Tesalónica leyendo Hechos 17.1-10. Según el profesor Ramsay, Pablo estuvo en Tesalónica desde diciembre en el año 50 hasta mayo del 51, unos cinco o seis meses: otras autoridades creen que no estuvo más de cuatro semanas (Godet); otros dicen que estuvo tres meses. Esta carta fué escrita después que Silas y Timoteo volvieron donde estaba Pablo en Corinto, unos seis meses después que los misioneros fueron arrojados de Tesalónica por el tumulto de los judíos. Pablo hace referencia a su estado mental en 1 Tesalonicenses 3.1-10. (Léase también Hechos 18.5.)

Recordaréis que el pequeño grupo en Tesalónica había recibido el evangelio con entusiasmo; tanto es así que la noticia del éxito de Pablo en su predicación allí se había extendido por toda esa parte de Grecia (1 Tesalonicenses 1.8, 9). Pero Pablo se vió obligado a salir al empezar su obra. No tuvo tiempo de instruirlos en la manera de pensar, ni sobre el proceder cristiano. Además, estaban rodeados de una comunidad pagana, que sólo tenían para su creencia religiosa el desdén y la burla y el abuso para Pablo que les había traído su nueva fe. No es extraño que estos cristianos de Tesalónica tan recientemente convertidos, con tan poca instrucción en su nueva fe y tan prontamente privados de su único maestro religioso, el cual se vió obligado a salir de noche para evitar el molote, no nos extraña, decimos, que volvieran atrás a su antigua manera de pensar y vivir, olvidando la extraordinaria y maravillosa influencia que había afectado sus vidas. Pero supongamos que aun en estas condiciones tan desfavorables el pequeño grupito de creyentes en Tesalónica permanecieran fieles; entonces se podía esperar que el evangelio se esparciera en el mundo griego en una generación, y la perspectiva de la misión de Pablo a los griegos era muy halagüeña. Todo esto lo veía el fiel obrero en Corinto que tenía en su gran corazón la esperanza de llevar el evangelio al mundo griego. No nos extraña la gran ansiedad con que esperaba noticias de Tesalónica. Recordaréis que cuando no pudo ir, "no pudiendo soportar más," mandó a Timoteo desde Atenas a Tesalónica para ver cómo se encontraba la situación allí. Parece que a Timoteo no lo perseguían en Tesalónica; por lo tanto podía tranquilamente entrar en la ciudad y conferenciar con la iglesia allí. Podemos imaginarnos la ansiedad e impaciencia de Pablo esperando a Timoteo.

Un día, probablemente en el año 52, mientras Pablo trabajaba en su oficio, levantando la cabeza de vez en cuando para ver los transeuntes, dos hombres, cubiertos de polvo del camino, se llegaron a la puerta de la tienda del hacedor de tiendas de campaña. Se veían en ellos señales de cansancio; sin embargo, sus ojos brillaban. Cuando Pablo los vió una nueva luz brilló en sus ojos que antes se veían tan desanimados. Podemos verlo levantarse apresuradamente, llamando a Silas y Timoteo y haciéndolos sentar, pidiéndoles le contaran de sus iglesias en Macedonia, especialmente de Tesalónica. ¡Qué hora! ¡Qué escena! Podemos casi oir la voz llena de alegría con que Timoteo le informa de la fe y el amor de los cristianos en Tesalónica y de su devoción y lealtad a Pablo y cómo deseaban verlo. Por supuesto, habían—los de su iglesia —sufrido persecución como Pablo les había dicho que sufrirían. Algunos luchaban contra los pecados de antes; algunos habían muerto, y los amigos que quedaban y que hacía tan poco tiempo habían dejado el paganismo encontraban difícil tener la esperanza inmortal del cristiano. Es muy probable que Timoteo trajera alguna carta de éstos de Tesalónica para Pablo, pidiéndole consejos y explicaciones. ¿No podéis casi oir las exclamaciones de gratitud de Pablo? ¡Cómo desearía él poder hablar con ellos sobre sus problemas y ayudarlos a resolver sus perplejidades! Pero no podía volver, y Pablo se sienta con Silas y Timoteo y les escribe una carta llena de sentimientos que procedían directamente de su coràzón. Y así fué escrita esta primera carta a los tesalonicenses.

No podemos justamente apreciar el efecto que la llegada de Silas y Timoteo produjo en Pablo. Recordaréis su condición desanimada al ver la terrible situación en Corinto; añadido a esto la ansiedad por sus conversos en Macedonia producía en su ánimo un estado de ansiedad y duda. "Mas ahora que Timoteo ha llegado a nosotros, trayéndonos buenas noticias de vuestra fe y de vuestro amor, por esto, hermanos, ahora hemos recibido consuelo en cuanto a vosotros, mediante vuestra fe, en medio de toda nuestra necesidad y tribulación. Porque ahora *vivimos*, si vosotros estáis firmes en el Señor." La larga espera había sido casi un cesar de vivir, pero al oir las palabras "todo está bien, y los tesalonicenses son firmes en su fe" él podía vivir otra vez en ellos. ¿Quién puede decir cuánto de su éxito en Corinto fué debido a la inspiración del éxito del evangelio en Tesalónica? Cuando Pablo recordaba que Tesalónica quedaba al pie del Monte de Olimpo, el evangelio no podía fracasar en Corinto, por grande y pecadora que fuera.

Bajo estas circunstancias, ¿qué podía contener la carta de Pablo? Seguramente contestando las noticias de Timoteo y una contestación a la carta que tal vez le escribieran. En momentos de gratitud y gozo infinito escribió Pablo esta carta.

Más de veinte años habían pasado desde que colgaron a Jesús en la cruz, y con la posible excepción de la Epístola de Santiago ni un capítulo del Nuevo Testamento había sido escrito. Y ahora unos diez y seis años habían transcurrido después del encuentro de Pablo con Jesús en el camino a Damasco, y escribiendo esta carta a los tesalonicenses, porque los amaba y quería ayudarlos, nunca pudo soñar Pablo que estaba escribiendo parte del documento más precioso de todas las edades—el Nuevo Testamento de Cristo nuestro Señor. Si verdaderamente queréis saber lo que Pablo sentía aquel día en Corinto, leed toda la carta de Pablo, tratad de imaginaros la escena cuando en una casa cristiana en Tesalónica esta carta fué leída por vez primera a la pequeña iglesia y lo que debe haber significado para ellos, personal y religiosamente. ¿Cuánto tiempo emplearíamos en leerla en alta voz? Probadlo. Es razonable creer que Pablo escribió lo que habría hablado si hubiese podido estar presente en persona entre sus amigos y conversos de Tesalónica. Escribid vuestra opinión acerca del propósito de esta carta o sobre cualquier pensamiento que os ha impresionado.

V. *La Segunda Carta de Pablo a los Tesalonicenses.*

Poco después que la primera carta había sido enviada a los tesalonicenses llegó al conocimiento de Pablo que una carta *falsa* había sido escrita pretendiendo ser de él (capítulo 2.2), llevando la esperanza a los cristianos de que Cristo volvía pronto. Al parecer un grupo considerable había abandonado su trabajo y se dedicaban a gozar de las bendiciones espirituales de la época de gracia y amor de Dios. Esto no sólo era una carga a los hermanos más juiciosos, sino que su comportamiento estaba causando escándalo en el pueblo, y los no cristianos empezaban a tener dudas de si las enseñanzas cristianas eran verdaderas o no. El remedio de Pablo para esta nueva situación es otra carta, la Segunda Epístola a los Tesalonicenses.

VI. Con relación a la enseñanza general de estos escritos no podemos entrar en detalles. Sin embargo, hay algunas cosas prominentes: (1) Nos dan una idea del método de predicación de Pablo al mundo pagano; (2) muestran claramente la pasión que vibraba en el corazón del pastor: (3) nos obligan a darnos cuenta del poder del evangelio para salvar a los hombres, no importa lo lejos que estuvieran de Dios y el poder de perpetuar sus ideales aun en el ambiente más desfavorable; (4) quedan como un monumento imperecedero del celo misionero de la Iglesia primitiva y de Pablo, el primer gran misionero.

Preguntas.

1. ¿Qué idea nos dan estas cartas del carácter de Pablo y de su actitud hacia sus conversos?

2. ¿Leerían los tesalonicenses otra vez estas cartas después de haberlas leído a la iglesia? ¿Cuándo?

3. ¿Nos da una idea de lo que los tesalonicenses apreciaban estas cartas el hecho de que se han conservado desde ese día hasta hoy?

4. ¿Por qué el porvenir de la misión de Pablo a los griegos descansaba sobre las noticias de Tesalónica y Filipos?

5. ¿Qué era lo que generalmente hacía que Pablo escribiera sus cartas?

6. Después de leer la primera carta de Pablo a los tesalonicenses contestad las siguientes preguntas:

(1) ¿La Iglesia se componía mayormente de judíos o gentiles?

(2) ¿Cuál era la influencia de la Iglesia?

(3) ¿Qué sufrimientos le sobrevinieron?

(4) ¿Qué decía Pablo acerca de la segunda venida de Cristo?

Para Vuestro Pensamiento Personal.

1. Léase 2 Tesalonicenses 2.10, 11. El efecto en vuestra vida moral al rehusar la verdad es que cesamos de verla, perdiendo así el poder de discernir entre la verdad y el error. El rehusar persistentemente cumplir nuestros deberes lleva la ruina a nuestra vida moral.

2. Léase 1 Tesalonicenses 5.12–24. Pablo nos da aquí algunos principios cristianos. ¿Cuántos de éstos se ven en vuestras vidas?

LECCIÓN XXVI.

I. EPOCA: Según el profesor M. B. Riddle, estos viajes abarcan un período de siete años, desde el año 51 al 58. El profesor Burton cree que fué desde 46 hasta el 54. Conybeare y Howson, desde 48 hasta el verano del 54. Profesor Ramsay dice, "No después de la fiesta de la Pascua el 29 de Marzo del 47 hasta mayo del 53.'"

Con esta ayuda podéis calcular la época del primer viaje misionero (véase Hechos 13 y 14). Procurad calcular también el tiempo que duró el segundo viaje. (Véanse Hechos 15.40; 18.22.)

II. Un joven dijo una vez: "Cuando puedo obtener una idea exacta del tiempo y el lugar, puedo comprender mejor el acontecimiento." ¿Tenéis vos una idea clara y ordenada de los lugares que Pablo visitó en estos primeros dos viajes misioneros? ¿Tenéis en vuestras mentes el mapa del mundo romano en la época de Pablo?

III. ¿Cuántos nombres de personas relacionadas con estos viajes recordáis? ¿No creéis sería un repaso interesante dejar que los alumnos, por turno, mencionaran el nombre de un lugar o una persona, y los que no pudieran recordar un nombre nuevo quedaran fuera hasta disminuir el grupo y quedar uno solo que sería el vencedor?

IV. ¿Cuáles milagros recordáis de estas lecciones, desde la doce hasta la veinticinco? Quizás sería mejor escribir una lista de los milagros. Si tenéis una pizarra a mano, usadla; si no, un papel. Esto ayudaría y evitaría confusión de lugares y personas mencionados en los párrafos 2 y 3.

V. Una pregunta más difícil—las persecuciones en estas catorce lecciones. ¿Cuántos distintos casos de persecución recordáis?

VI. Después de obtener de la clase los lugares, las

182

personas, los milagros y las persecuciones, entonces debemos tratar de que los alumnos digan el orden en que estos nombres y hechos ocurrieron en el curso de la historia bíblica. El maestro puede añadir cualquier nombre o hecho no mencionado por los alumnos.

VII. Si se prefiere un examen por escrito, podemos usar las siguientes preguntas:

1. ¿De que iglesia partió Pablo en su primer viaje misionero? ¿Qué ciudades fueron evangelizadas en este viaje?

2. ¿Quiénes fueron los misioneros de este primer viaje, y qué clase de hombres fueron escogidos como misioneros?

3. ¿En qué isla estaba Pablo cuando encontró el hechicero Elimas? ¿Qué hizo Pablo con él?

4. ¿Qué serie de milagros y hechos maravillosos ocurrieron en Listra?

5. ¿Dónde fué el evangelio primeramente predicado en Europa? ¿Quiénes eran los ayudantes de Pablo en ese tiempo?

6. ¿Qué podéis decir acerca de la primera epístola que Pablo escribió?

7. Mencionad un hecho llevado a cabo por Pablo en este primer viaje misionero.

8. Mencionad otro llevado a cabo en el segundo viaje misionero.

9. ¿Cuál creéis fué el hecho que demandó más valor de parte de Pablo en estos dos viajes?

10. ¿Qué creéis fueron las palabras más trascendentales que pronunció?

VIII. ¿Qué creéis de Hechos 4.33 como texto áureo para esta lección de repaso?

LECCIÓN XXVII.

LOS PRINCIPIOS DEL NUEVO TESTAMENTO: PABLO ESCRIBE
UNA CARTA A LOS GÁLATAS.

I. LÉASE Hechos 18.18–23. Recordaréis que en nuestra lección XXIV Pablo vuelve a su iglesia en Antioquía en Siria. El párrafo en la cita anterior refrescará nuestras memorias acerca de este viaje de regreso de Corinto. Es fácil imaginaros con qué interés estos hermanos en Antioquía—de entre los cuales había surgido la misión a los gentiles—oyeron el informe de la extensión de la obra en Grecia y del plan de Pablo de extender el trabajo en la provincia de Asia.

Volvamos al concilio de Jerusalén (Hechos 15.1–29) y la carta circular o decretos que los apóstoles y ancianos en Jerusalén mandaron a las iglesias y cómo Pablo y Silas, al emprender su segundo viaje misionero, llevaron estos decretos a las iglesias (Hechos 16.4).

Los judaizantes, a quienes Pablo en justo debate había silenciado, no habían sido convencidos y determinaron deshacer la obra que Pablo había llevado a cabo. Tan pronto como él salió de la provincia de Galacia ellos mandaron algunos de sus miembros para visitar las iglesias que Pablo había organizado y cuidado con tanto esmero en Derbe, Listra, Iconio y Antioquía en Pisidia. El éxito de la misión de Pablo, en vez de agradarles, los alarmó, y con escrupulosa rectitud sintieron que ellos debían deshacer el daño que él estaba haciendo.

II. De la carta de Pablo a los gálatas, podemos ver lo que estos misioneros de los judaizantes enseñaban. Léase Gálatas 1.1–10, fijándose en el hecho de que desde que los gálatas recibieron el evangelio habían venido a ellos otros hombres predicando otro tipo de cristiandad y notad el concepto que tenía Pablo de esta cristiandad. Léanse ahora Gálatas 3.6–9; 4.8–10; 5.2–4 y notad cómo estos predicadores judaicos enseñaban a estos gálatas que si ellos deseaban ser cristianos verdaderos tendrían que ser adoptados en la posteridad de Abraham, sometiéndose al rito de la circumcisión, la observancia del sábado y los días festivos. Probablemente hacían énfasis en el hecho de que Jesús había sido circuncidado. (Gálatas 4.4, 5.) Ellos aseguraban que Pablo predicaba una cristiandad incircuncisa porque él creía que sería popular entre los gentiles (Gálatas 1.10), pero que Pablo creía verdaderamente en la circuncisión porque había circuncidado a su íntimo amigo Timoteo (Hechos 16.1–3). Ahora leed rápidamente Gálatas 1.10; 2.14. Evidentemente ellos decían que Pablo era un subalterno de los doce apóstoles y que ellos que le habían enseñado todo lo que había de verdad en su evangelio no aprobaban estas fases que él había enseñado. Parece al leer Gálatas 1.6; 3.3; 4.9 que estos gálatas sencillos fueron grandemente impresionados por estos argumentos y que empezaban a ajustarse a lo que suponían era una expresión más elevada del cristianismo y estaban aún considerando si debían circuncidarse.

III. Estos gálatas confusos, y casi sin saber qué hacer o qué creer, no escribieron a Pablo; él obtuvo su información probablemente por algún mensajero fiel. Parece que cuando Pablo llegó a Antioquía en Siria en el verano del año 53 encontró a Timoteo esperándole con noticias desalentadoras de Galacia. Sin duda le dijo a Pablo que estos judaizantes habían causado divisiones en las iglesias y mucha confusión, que aunque había algunos fieles a Pablo, había muchos que creían que habían sido mal guiados. Esta noticia le causó a Pablo gran preocupación, y determinó ir a ver estas iglesias tan pronto como le fuera posible. Mientras tanto, les escribió una carta; y esta carta llamamos hoy "la Epístola de Pablo a los Gálatas." Bajo algunos puntos de vista es la más grande que jamás escribió Pablo. "Cada frase, cada línea arde con indignación o tiembla con plegarias de amor." Léase ahora esta carta; Pablo la escribe como hubiera hablado si hubiese estado en la presencia de estos titubeantes y confusos cristianos gálatas.

IV. Vamos a ver exactamente cuál era la cuestión en disputa:

1. Salvación por las obras de la ley.
2. Salvación por el rendimiento y la fe en el Hijo de Dios.

¿Qué querían decir los judíos por las obras de la ley? Originalmente y en días más puros significaba una verdadera devoción a Dios con reglas concretas como los diez mandamientos para guiar al pueblo. Esto es lo que significaba la ley cuando fué dada primeramente. Los profetas de Israel luchaban para que volviera a lo que significaba al principio.

La religión judaica había deteriorado, y las pocas reglas dadas al principio fueron, a medida que pasaban los años, aumentando por las interpretaciones que los sacerdotes y rabíes añadían, hasta que las reglas ascendían a centenares. Muchas de éstas eran insignificantes, fastidiosas y penosas, y a medida que estas reglas crecían en número el alma de la ley moría, y estas reglas externas sustituían al Dios viviente.

El pueblo llegó a creer que en el cumplimiento de estas reglas se ganaba la salvación y al no guardarlas estaban perdidos; así pues para ellos Dios era un dador de reglas difíciles de contar y conocer y más difíciles de cumplir. Las multitudes que no las conocían estaban condenadas. El judío consagrado y sincero que trataba de guardarlas encontraba una tarea difícil; era una lucha miserable y desalentadora.

Recordaréis cómo Jesús habló con indignación de la carga de estas reglas hasta que los maestros en su furia se levantaron y lo crucificaron. "¡Ay de vosotros escribas y fariseos, hipócritas!" Cerráis las puertas de los cielos para los hombres por vuestras reglas. Imponéis cargas difíciles de llevar. ¡Insensatos y ciegos! ¡Sepulcros blanqueados! ¡Afuera con vuestros pequeños mandamientos de la ley! Solamente hay dos mandamientos: Amarás al Señor tu Dios con todo tu corazón y a tu prójimo como a ti mismo. De estos dos mandamientos pende toda la Ley y los Profetas." Con muchas palabras semejantes Cristo hizo ver sus convicciones acerca de la ley. Podéis ver ahora lo que para estos judaizantes significaban las obras de la ley y cómo ellos querían atarlas al evangelio de la Iglesia primitiva. Era un código eclesiástico, complicado, penoso y sin vida; eran reglas judaicas que serían cargas a los griegos, romanos y gálatas. No os sorprenda que Pablo con indignación peleó ferozmente contra esto. ¿Es extraño que le quebrantara el corazón al saber que los gálatas habían sido llevados por esta doctrina y que no gozaban de la libertad del evangelio?

Acerca de las obras de la ley, tales como la circuncisión, Pablo afirma que sólo una cosa puede alcanzar para nosotros la justificación—esto es, el perdón que trae consigo la salvación—y esto sólo viene por medio de la fe en Cristo Jesús. El apela a su experiencia y a la enseñanza del Antiguo Testamento para probar que los ritos judaicos no son esenciales, pero que Dios da sus bendiciones libremente a todos, a judíos y gentiles, y solamente por medio de la fe. En otras palabras, que el mero hecho de no ser judío o de no cumplir con cierto rito no es barrera para que el hombre no llegue a Dios. Sólo una cosa puede separar al hombre de Dios—esto es su propia falta de fe. Para Pablo el creer en Cristo Jesús significaba aceptarlo y rendir su vida a él para su servicio. Esta clase de fe pone a un hombre bajo la influencia personal de Jesús, con todo el poder de su amistad purificadora. (Gálatas 2.20.) Ninguna operación quirúrgica como la circuncisión puede añadir algo a una experiencia semejante.

Pablo sabía que los cristianos judíos se harían esta pregunta: "¿Qué beneficio pues hay en la ley?" Al contestar esta pregunta Pablo habló por su propia experiencia. La ley, dijo, era buena como dada originalmente para el refrenamiento de la humanidad; trajo la conciencia del pecado y preparó para la venida de Cristo. Encontrando que no podemos por nuestras propias fuerzas guardar la ley, necesitamos de la ayuda del Cristo viviente. Para Pablo la fe en Cristo había traído la libertad; pero cuidaba mucho de no interpretar libertad por licencia. Insistió fuertemente en que la libertad de la ley mosaica no significaba que podíamos seguir libremente nuestros impulsos; significaba una lealtad constante a la guía del Espíritu. (Léase Gálatas 5.13–24.)

V. ¿Cómo creéis se sentirían las iglesias de Galacia cuando llegó la carta de Pablo? Sin duda, el mismo mensajero que llevó la noticia a Pablo de lo que pasaba en estas iglesias fué el que les trajo su carta. Después de un corto viaje por mar desde Cencrea a Efeso o Mileto y un viaje por tierra de unos ciento sesenta kilómetros por un camino real romano al interior de Asia Menor, llegó a la ciudad de Antioquía en Pisidia. La carta fué entregada a un anciano de la iglesia allí, que inmediatamente avisaría a los cristianos en la ciudad que se llegaran a su casa o al lugar de reunión aquella noche. ¡Una carta de Pablo! La noticia se propagó de casa en casa prontamente. Esa noche el cuarto estaba lleno, y en medio de un silencio ansioso el anciano empieza a leer, y mientras lee las frases características del gran apóstol los oyentes recuerdan la voz de Pablo. Después de una lectura de menos de una hora, termina la carta; se oyen algunos suspiros en distintas partes del lugar; algunos se sienten abochornados; otro recuerda que usó palabras duras con un hermano por no observar el ayuno en la fiesta de la luna nueva; otra mujer recuerda haber dicho cosas duras de Pablo; al fin, uno de los jefes que parece tener la confianza de todos dijo: "Hermanos y hermanas, Pablo tiene razón; yo había empezado a observar estos ritos judaicos, como muchos de Uds. aquí; pero me propongo no hacerlo más; estas cosas sólo nos hacen orgullosos y satisfechos de sí, y solamente la gracia de Dios por medio de Jesucristo nos salva." Después uno tras otro se levantaron, declarándose al lado de Pablo, y cada persona presente parecía tener una visión más elevada de lo que significa la vida cristiana.

Retuvieron la carta hasta hacer una copia, y el original fué llevado a Iconio, donde fué leída por la tarde a un grupo de discípulos como en Antioquía. Después se mandó a Listra y Derbe. En sus futuras reuniones se leerían estas copias, hasta que se rompieran y había que

188

sacar nuevas copias. Quizás algunos cristianos tenían sus propias copias. Así la influencia de Pablo vivió de año en año y ha llegado hasta nosotros.

VI. ¿Tenemos en alguna carta de Pablo mayor número de textos áureos que en la carta a los gálatas? Notad los capítulos 2.20; 5.14; 5.22, 23; 6.2, 7, 14, 17.

Preguntas.

1. ¿Quiénes eran los gálatas?
2. ¿En qué época en la carrera de Pablo fué escrita la carta? ¿Qué fecha?
3. ¿Qué causas motivaron esta carta?
4. ¿Quiénes habían causado estas dudas en la mente de los gálatas?
5. ¿Cuál era su enseñanza?
6. ¿Qué autoridad tenía Pablo como apóstol? (Gálatas 1.1.)
7. ¿Qué decía Pablo de la fuente de su evangelio? (Gálatas 1.11, 12.)
8. ¿Qué decía de su relación con los apóstoles en Jerusalén? (Gálatas 1.15–20; 2.1–10.)
9. ¿Qué creéis es lo mejor que Pablo dice en esta carta?
10. ¿Qué gran principio enseña esta epístola?

Pensamiento Personal.

1. Después del regreso de Pablo de Corinto a Antioquía, la corrupción de esta gran ciudad parecía que le causaba gran dolor. En su carta a los gálatas, escrita desde Antioquía, él habla en particular de "las obras de la carne." Leed cuidadosamente Gálatas 5.16–21 y preguntaos si algunos de estos pecados tienen dominio sobre vosotros. Orad a Dios para que os dé fuerza para resistirlos.

2. Leed Gálatas 2.20. La verdadera prueba de nuestro carácter cristiano es nuestra respuesta al amor de Dios. Las vidas verdaderamente grandes son las que con gozo se rinden enteramente a Cristo Jesús.

3. Leed Gálatas 3.1–14. Cerrad vuestros ojos y tratad de ver a Cristo colgado en la cruz. Veréis que está entre dos ladrones. Sufrió allí para que pudiéramos recibir la promesa del Espíritu por medio de la fe en él.

4. "Las marcas de Jesús" (Gálatas 6.17). ¿Hay en vuestra vida algo que os marca como propiedad de Cristo? ¿Estáis orgullosos de que pertenecéis a él?

LECCIÓN XXVIII.

Tercer Viaje Misionero: Pablo Llega a Éfeso.

I. *Pablo Visita Otra Vez las Iglesias en Galacia.* Hechos 18.23.

PABLO pasó algún tiempo en Antioquía al terminar su segundo viaje misionero. Sin duda el relataría todos los incidentes conmovedores de estos años de su ausencia tan llenos de acontecimientos; conmovió y fortaleció esta iglesia, que siempre fué para él como un hogar, y Pablo era para ellos no sólo su adorado jefe, sino su héroe. El les pertenecía especialmente a ellos. De ellos era el alto honor de haberlo mandado a lo que eran ya sus famosos viajes misioneros por el Señor. Recordaréis también que él escribió su carta a los gálatas mientras descansaba en Antioquía. Probablemente aun después de escribir esa carta Pablo se quedó por algún tiempo allí; quizás quiso dejar que su carta tuviera la debida influencia antes de ir en persona. El hondo interés que Pablo sentía por sus conversos, que eran además sus amigos, era tan intenso que una situación como la que había surgido en Galacia le era muy dolorosa; su sensibilidad le hizo hacer por medio de una carta lo que le hubiera sido el doble penoso cara a cara. Pero no podía estar seguro del efecto de su carta; así pues no tardó en seguirla en persona a Galacia. Esto fué probablemente en el otoño del año 53.

Su ruta era sin duda la de su segundo viaje. (Véanse Hechos 15.40, 41; 16.1–6.) Siendo así, estas eran las iglesias establecidas por Pablo y Bernabé en su primer viaje misionero. Lucas dice que Pablo las visitó otra vez "en orden," esto es, sistemáticamente, con cuidado y con un propósito definido. ¡Con qué energía debe él haber acometido la obra de establecer de nuevo estas congregaciones casi deshechas! Pablo no era un predicador sensacional que excitaba el entusiasmo de una gran congregación,

190

teniendo por este medio gran número de conversos, y entonces dejarlos a que desarrollaran su vida cristiana lo mejor que pudieran; no, lo vemos volviendo una y otra vez a aquellos a quienes había ganado para Cristo para establecerlos en la fe, escogiendo sus jefes y arreglando sus dificultades y ayudándolos por todos los medios posibles a ser fuertes y nobles cristianos. Sus cartas, tan maravillosas, fueron escritas a las iglesias que estaban luchando y a individuos que trataban de sostener el ideal cristiano, y estas cartas son un monumento a su anhelante devoción.

Lucas escribe que Pablo estableció a "todos los discípulos," y los "judaizantes" quedaron tan desacreditados que no oimos más de ellos en la región de Galacia, aunque en otras partes, más tarde, le causaron a Pablo serios disgustos. Para encontrar otra alusión a los efectos de la visita de Pablo a estas iglesias, véase 1 Corintios 16.1. Los gálatas ayudaron lealmente en la gran colecta hecha por Jerusalén, y ese hecho demuestra que podemos estar seguros de que volvieron a ser leales a Pablo y a su libertad en su fe.

No olvidemos al compañero de Pablo en este viaje. ¿Recordáis cuáles fueron sus dos compañeros en los dos primeros viajes? Si no nos equivocamos en nuestra idea de que Pablo mandó su carta a los gálatas por Timoteo, es probable que Timoteo se uniera a él en algún lugar en este viaje, aunque no se hace mención de él hasta su llegada a Efeso. (Véanse Hechos 19.22; 1 Corintios 16.8-10.) Por lo que podemos ver, Pablo tenía otro acompañante, Tito, que viene ahora a ocupar un lugar importante en la vida de Pablo. ¿Dónde hemos oído de Tito antes? (Véase Gálatas 2.1-3.)

Notamos en Hechos 18.19-21 que Pablo pasó un corto tiempo en Efeso en su viaje de Corinto a Antioquía y que prometió volver otra vez. Recordaréis que cuando Pablo al principio pensó en Efeso el Espíritu Santo le prohibió que fuera (Hechos 16.6). Pero ahora, cumpliendo su promesa a los judíos en Efeso, Pablo se dirigió hacia el suroeste y pasando por la provincia de Asia, que quedaba

191

en el suroeste de la región conocida por Asia Menor, llegá
a la espléndida ciudad de Efeso a la orilla del río Caístro,
cerca de su boca en el Mar Egeo.

II. *Éfeso.*

Efeso era la capital de la provincia romana de Asia,
y el gobernador tenía su residencia oficial allí. Como
muchas de las ciudades griegas, fué construída en una loma
imponente y resguardada por grandes muros. Por su
localidad era el paso principal, yendo o saliendo de Asia.
Aquí los caminos reales y los caminos pequeños conver-
gían. Una gran parte del tráfico y el cambio de mercancías entre Roma, Corinto, Macedonia y Egipto con el
Asia Menor pasaba por Efeso. Es larga la lista de nombres prominentes relacionados con esta ciudad: en poesía
lírica y épica, filosofía, historia, arte y arquitectura. Pero
se repite aquí la historia de todas las grandes ciudades
griegas de esa época, en las grandes proezas, en filosofía,
literatura, etc., y la prostitución de la religión para propósitos bajos y, como resultado, un nivel moral bajo.
Esta ciudad de Efeso desterró a Hermodoro porque su
presencia virtuosa era una censura al vicio. Era además
famosa por sus prácticas en encantamientos, hechicerías,
falsedades mágicas y astrología. Pero el orgullo de Efeso
era su famoso Templo de Artemis, o Diana—una de
las siete maravillas del mundo. Maravilla era en verdad
por todo lo bello que encerraba, y no tan sólo era el orgullo
de Efeso, sino de todas las ciudades griegas cercanas.
El centro de la fuerza del paganismo se encontraba en
ella. ¡Qué maravillosa construcción! Ciento veintiocho
metros de largo por sesenta y siete de ancho. Tenía
ciento veintisiete columnas jónicas de mármol de Paros
de veintiún metros de altura. La imagen no tenía las
formas donairosas de la mitología y poesía romana, sino
un espantoso fetiche oriental que simbolizaba los poderes
de la naturaleza. Los efesios eran desmesuradamente
orgullosos de su ídolo negro y de la fama de su ciudad como
templo guardador de Diana. Pablo nos dice lo que él

creía acerca de hechicerías y falsedades mágicas. (Véase Efesios 6.12.)

Tan completa es hoy la ruina de esta ciudad que ni un sólo ser vive dentro de sus viejos muros. La cuenca del río que formaba la bahía se ha convertido en un pestilente fangal. Sólo el balido de los chivos y el canto de las ranas rompen el gran silencio de ese lugar donde antes se oía clamar: "Grande es Diana de los Efesios."

III. *Pablo Llega a Éfeso.*

Imaginaos a un pobre misionero llegando a esta morada de Satanás, sin más nada que el mensaje que les traía de Jesús. Humanamente era imposible ganar para su Maestro esta gran ciudad pagana, pero para Pablo Cristo era lo más vivo, lo más verdadero en su vida, y esta absoluta convicción lo llenaba de valor para la gran empresa. El había creído, desde hacía mucho tiempo, que era importante para la causa de Cristo tener una base en Efeso, pues, con sus grandes caminos que partían en todas direcciones, conectándola con los pueblos siguientes: Sardis, Esmirna, Filadelfia, Laodicea, Pérgamo y Tiatira—la ciudad de Lidia, la vendedora de púrpura—era uno de los centros estratégicos en el cual Pablo sabía que podía trabajar con grandes ventajas. Por el libro del Apocalipsis escrito por Juan nos son familiares ya estos nombres. Pablo encontró en esta gran ciudad pagana a sus queridos amigos de Corinto, Aquila y Priscila, los vendedores de tiendas de campaña. ¡Podéis imaginaros lo que significaba para este hombre solitario y lleno de tribulaciones encontrar a estos dos cristianos!

IV. *Aquila y Priscila Hacen un Buen Trabajo en Éfeso.*

Lucas nos habla de Pablo en Atenas, la ciudad de cultura; en Corinto, el centro comercial; y ahora Pablo ha llegado a Efeso, el gran centro de superstición oriental. Lucas nos relata un incidente curioso que ocurrió al principio del trabajo de Pablo en dicha ciudad. El encontró a doce hombres que habían sido convertidos por la enseñanza de Juan el Bautista, pero sus ideas perplejaban a Pablo, porque sus conceptos eran muy erróneos. Tenemos que recordar que las verdades cristianas no tenían aún forma literaria. Muchos que se interesaban en el movimiento cristiano tenían forzosamente que tener una información imperfecta acerca de esta religión. Pablo, al hacerles preguntas, vió que no sabían nada de Jesús y su resurrección, ni de la experiencia maravillosa descrita en el segundo capítulo de los Hechos. Entonces él les habló de Jesús y su don del Espíritu Santo. Al saber de Jesús y su resurrección, estos hombres lo aceptaron como su Salvador y fueron bautizados, haciéndose miembros de su Iglesia. Al orar Pablo por ellos descendió el Espíritu Santo sobre ellos. (Léase Hechos 19.1–7.)

Esto fué una experiencia interesante para Pablo. Otro incidente de sumo interés para él fué el siguiente: Aquila y Priscila le contaron de los hechos ocurridos en su ausencia y le hablaron de un hombre que pertenecía a este grupo, un hombre de grandes conocimientos y un predicador atractivo que poseía grandes conocimientos de las Sagradas Escrituras. Su nombre era Apolos, y su predicación había causado gran sensación en Efeso. El sabía mucho de la predicación de Juan el Bautista y era un adherente del gran predicador, aunque nunca lo había visto. Aquila y Priscila fueron un día a la sinagoga para oir este elocuente predicador, que era un judío alejandrino. Su educación alejandrina y su conocimiento del Antiguo Testamento lo hacían notable. Ellos vieron que este predicador no tenía la fe de Pablo, y comprendieron que él no sabía lo que ellos sabían. Se hicieron amigos de él, lo llevaron a su casa y le enseñaron las verdades de Dios, como ellos lo habían aprendido de Pablo. ¡Qué escena! Estos humildes hacedores de tiendas de campaña enseñando a este joven y talentoso predicador el significado de la muerte y resurrección de Jesús y la vida del Espíritu que era prometido a todo verdadero cristiano. Estos queridos amigos de Pablo no podían predicar, pero sabían amar y hacer la religión atractiva, y también podían hablar palabras sencillas de su Señor, a quien adoraban de todo corazón. Lo más maravilloso era que Apolos estaba dispuesto a ir con ellos y oirlos. En su conversación con él ellos hablaron de Pablo y del gran trabajo hecho por él en Corinto, y Apolos decide pasar a Grecia, y estos cristianos en Efeso lo animaron. Escribieron una carta a los hermanos en Corinto pidiéndoles que recibieran a Apolos. Así sucedió que Apolos fué a la iglesia que Pablo había organizado en Corinto y predicó allí. Más tarde hubo algún disgusto en Corinto, pues parece que Apolos era un predicador más atractivo que Pablo, y como algunos de los cristianos modernos, estos corintios siguieron a su predicador favorito, haciendo alarde de su superioridad sobre Pablo. Sabremos más de esto después. (Léase Hechos 18.24–28.)

V. *El Evangelio Predicado en Éfeso y Dado a Conocer en Toda Asia.* Léanse Hechos 19.8–10; 19.26; 1 Corintios 4.11–13.

El trabajo empezado por Pablo en la sinagoga, en su viaje anterior, fué renovado. La actividad de Aquila y Priscila y Apolos no le cerraron las puertas. A pesar de las muchas persecuciones que Pablo había sufrido de los judíos, él los amaba y tenía esperanzas que ellos podrían llegar a creer y ser obreros del Señor. A los tres meses de haber estado predicando se congregaba una multitud para oirle; probablemente había tantos gentiles como judíos, y éstos empezaron a argüir con Pablo, tratando de influenciar al pueblo contra su mensaje. La oposición se hizo tan amarga e intensa que Pablo decidió salir de la sinagoga. Había una escuela cerca de la sinagoga a cuyo frente estaba uno llamado Tirano. Esta escuela era probablemente un salón de conferencias y el maestro un sofista o un retórico. Pablo fué invitado a que celebrara sus cultos religiosos en este lugar; él reunió allí sus conversos y les enseñaba diariamente, pudiendo hacer más por la misión gentil en este lugar que en la sinagoga con su estrechez de miras. Por espacio de dos años Pablo trabajó allí, y fué este el período más largo de trabajo continuo en un mismo lugar que se registra en su vida. "Y todos los habitantes de la provincia de Asia, tanto judíos como griegos, oyeron la palabra del Señor."

Evidentemente Pablo hizo de esta ciudad el centro de su gran influencia. En el primer capítulo del libro del Apocalipsis encontramos en esta provincia de Asia seis iglesias fuertes, además de la de Efeso, a la cual dirige Juan el mensaje de Jesús. Es probable que estas iglesias fueron fundadas en esta época, porque Pablo tenía con él un grupo considerable de eficaces obreros cristianos, entre ellos Timoteo y otro llamado Erasto. Gayo y Aristarco también estaban allí. (Hechos 19.22, 29.) Sóstenes, un jefe judaico que había perseguido a Pablo en Corinto, estaba ahora en Efeso y era uno de sus ayudantes. (1 Corintios 1.1.) Estéfanas, Fortunato y Acaico, cristianos de Corinto, habían venido de allí para ayudar a Pablo en Efeso. (1 Corintios 16.15–18.) Tito, que le seguía a Timoteo y era probablemente el ayudante más eficaz en establecer las iglesias, también estaba en Efeso. (Véase 2 Corintios 8.16, 17.) No podemos olvidar a Aquila y Priscila y la iglesia en su propio hogar. (1 Corintios 16.19.) Es muy probable que Pablo pasó mucho de su tiempo en esta escuela de Tirano adiestrando a este espléndido grupo de obreros. No es sorprendente que la provincia de Asia fué tremendamente sacudida. Sin embargo, con todo su éxito fué una época de trabajo y aflicción. (Véase 1 Corintios 4.11–13.)

Preguntas.

1. ¿Qué hizo Pablo después de escribir su carta a los gálatas?
2. ¿Quién era Apolos, y qué relación tuvo con el principio del cristianismo?
3. Descríbase la provincia de Asia y la ciudad de Efeso.
4. ¿Cuánto tiempo enseñó Pablo en la sinagoga? ¿Por qué lo dejó?
5. ¿Qué era la escuela de Tirano? ¿Por qué era éste un buen lugar para un hombre como Pablo?
6. ¿Había Pablo estado en Efeso antes? ¿Cuándo, y cuánto tiempo? (Hechos 18.19, 20.)
7. ¿En qué otras capitales de provincia había trabajado Pablo?

8. ¿Cuál parece que fué el resultado de la carta y visita de Pablo a las iglesias en Galacia?

9. Por los resultados del trabajo de Pablo en la provincia de Asia, ¿qué creéis de Pablo como *leader*?

10. ¿Quién era Diana de los Efesios?

Pensamiento Personal.

¡Cuánto necesita Dios de nuestras habilidades distintas y el trabajo persistente y sistemático para establecer el reino de Cristo! ¿Habéis considerado con toda sinceridad cuál es vuestra parte en los planes de Dios? (Leed Hechos 20.24.)

LECCIÓN XXIX.

La Palabra de Dios Prevalece en Éfeso, el Gran Centro Oriental de Superstición.

I. Léase Hechos 19.8–10. Estas escuelas griegas y romanas eran salones de conferencia donde a determinadas horas del día los hombres hablaban sobre ciertos temas. Un manuscrito presenta a Pablo ocupando el salón desde las 11 a.m. hasta las 4 p.m., esto es, durante las horas del día de más calor y cuando la mayor parte de los hombres descansaban. (Ramsay.) Es muy probable que Pablo trabajara en su oficio hasta las 11 a.m. y entonces empezara su conferencia, a veces continuando sus discusiones hasta horas avanzadas de la noche. (Hechos 20.31.) Pablo continuó haciendo esto por espacio de dos años; sin reconocimiento por parte de los comerciantes ricos, sin honores por parte de los ciudadanos cultos y despreciado por los sacerdotes del templo, nuestro misionero empezó y llevó a cabo su obra. El no trataba de ser visto; no buscaba la ostentación; sin embargo, día tras día, al presentar en sus discusiones y discursos la verdad, estaba minando los principios de la idolatría, superstición y el vicio; y siguió con su obra hasta que Asia y Europa estaban bajo la influencia del evangelio. Nadie nos causa mayor admiración que Pablo, tranquilo, humilde, y de una tenacidad indomable.

II. *Derribando la Superstición.* Léase Hechos 19.11–20.

Lucas describe el trabajo de Pablo en Efeso en términos muy elevados. El poder divino descansaba de una manera tan extraordinaria sobre el apóstol que no sólo podía iluminar las mentes y mover las voluntades, sino que grandes milagros fueron realizados en el mundo por el gran poder que lo llenaba. (Léase otra vez Hechos 19.12.) Efeso, como hemos dicho, era un centro de superstición. Había en ella muchas personas que pretendían tener poderes divinos para hacer milagros, y se valían de muchos ritos y encantamientos por los cuales ellos los llevaban a cabo. Tenían libros con palabras misteriosas que decían ellos que evitaban enfermedades y accidentes, y las personas compraban frases de estos libros, pagándolas a grandes precios, y las guardaban como un talismán contra la desgracia. Símbolos misteriosos llamados las "letras efesias" se dice eran grabadas en la corona, al cinturón y los pies de la imagen de la diosa Diana. Cuando eran pronunciadas estas palabras se les consideraban como un talismán, y eran usadas por aquellos que estaban bajo el poder de los espíritus malignos. Escritas estas palabras las llevaban como amuletos.

Lucas, al escribir algunas escenas del ministerio de Pablo en Efeso, menciona dos que nos dan una idea muy clara del estado mental de los efesios y de las dificultades que Pablo tenía que vencer. Los milagros relatados en los versículos 11 y 12 de nuestra lección, donde las personas enfermas y endemoniadas eran sanadas por medio de pañuelos y delantales que habían tocado el cuerpo de Pablo, casi no tienen paralelo en el Nuevo Testamento. El que más se le acerca es, quizás, cuando en las calles de Jerusalén sacaban a los enfermos para que, al pasar Pedro, siquiera su sombra cayera sobre ellos. (Véase Hechos 5.15.)

Estos fenómenos sirvieron para atraer a aquellos que habían sido impresionados por las obras de los mágicos, y estos milagros que Dios obró por medio de Pablo excitaban la curiosidad y la avaricia de ciertos judíos. Ellos parece que iban de lugar en lugar valiéndose de la ignorancia y la superstición del pueblo y pretendiendo tener hechizos para la curación de enfermedades. Al ver estos milagros que jamás ellos podían hacer, llevados a cabo por pañuelos y delantales, creyeron que Pablo era un hermano de ellos. Pero pronto se dieron cuenta de que el poder no era de Pablo, sino de Jesús, de quien él predicaba. Así ellos decidieron añadir el nombre de Jesús como un nuevo talismán de su vocabulario. El uso de este talismán les causo gran consternación y sorpresa, pues el hombre que tenía el espíritu maligno se lanzó sobre ellos, arrollándolos y haciéndolos huir de aquella casa, desnudos y heridos. Al parecer solamente dos de los siete que decidieron usar esta nueva fórmula estaban presentes cuando sucedió. ¡Qué pequeño y despreciable es la imitación del cristianismo, y qué contraste tan grande con el verdadero! Debe haber causado gran excitación entre los que presenciaron la huída de estos dos hombres con sus ropas despedazadas y sus cuerpos cubiertos de las marcas del conflicto con el hombre del espíritu maligno. La noticia se propagó e hizo gran impresión. Los judíos y los griegos oyeron hablar de esto, que los llenó de temor. (Versículo 17.) Tanto los judíos como los griegos se dieron cuenta de que estaban en presencia de un poder que no podían dominar ni comprender, y magnificaron el poder y el nombre que simbolizaba tal poder.

Lucas nos da el otro caso en los versículos 17–20. Parece que muchos de los conversos en Efeso continuaban sus prácticas en hechicerías, no viendo que la fe en Jesús y tales prácticas eran completamente incompatibles. El incidente de los hijos de Esceva les hizo ver que todo el que seguía a Cristo tenía que deshacerse de semejantes prácticas; así pues vinieron confesando y dando cuenta de sus hechos. Ellos vieron que Pablo sanaba no por magia, sino por un poder muy grande y muy santo. Abandonando pues su creencia en hechicerías, talismanes y fórmulas mágicas, trajeron todos sus libros, amontonándolos y quemándolos públicamente. Podéis imaginar el gozo de Pablo al ver esas llamas y su gratitud a Dios por una religión verdadera, que daba esos resultados. En esos días los libros escaseaban, y Lucas nos dice que algunas personas tuvieron suficiente interés para contar el valor de los libros que fueron traídos, y encontraron que su valor ascendía a la cantidad de cincuenta mil monedas de plata, unos ocho o diez mil pesos en nuestra moneda. Estos cristianos habían sufrido por causa de estos libros, y determinaron que no serían más causa de tentación para otras personas. No trataron de vender lo que ellos creían ser un perjuicio retener. Este rompimiento con el pasado demostró más que ninguna otra cosa su sinceridad, pues les costó algo. Fué ese un gran día para la iglesia que con tanta paciencia Pablo estaba construyendo.

Muchos de vosotros recordaréis una escena similar en la ciudad de Florencia, Italia, cuando hombres y mujeres, artistas y músicos, trajeron muchas de las cosas que ellos más estimaban—cuadros, adornos, ricas túnicas—y las quemaron en la Plaza de San Marcos, al pedirlo Savonarola.

Sería una gran bendición si en muchas partes hubiera hogueras de libros malos y cuadros obscenos. Muchos de ellos llevan el veneno de Satanás, pues leer estos libros y mirar estos cuadros es degradar nuestras almas; ponerlos en las manos de otros es arruinarlos. Un libro malo, como un cuadro obsceno, es una maldición.

III. *Ciertos Detalles del Trabajo de Pablo en Éfeso.*

Si tuviéramos solamente el capítulo diez y nueve del libro de los Hechos, pudiéramos creer que Pablo estaba satisfecho de sus conferencias públicas y de su fama en curar. Pero en el capítulo veinte de los Hechos Pablo, volviendo para tener una conferencia larga con los ancianos de la Iglesia en Efeso, les recuerda su trabajo como pastor entre ellos y les exhorta a que sigan su ejemplo. (Léase Hechos 20.17-35.) En este pasaje tan bello de las Sagradas Escrituras vemos a Pablo, a pesar de persecuciones y conspiraciones, enseñando no sólo en público, sino de casa en casa. Este trabajo de ir de casa en casa parece que era trabajo evangelístico que se hacía entre los gentiles tanto como entre los judíos. El no tuvo temor, en anunciar "todo el consejo de Dios," de sus amenazas, los sufrimientos a causa de la impenitencia, pero los amonestó con tal ternura que derramaba lágrimas. (Véase Hechos 20.27-31.)

Pablo trabaja en su oficio y nos da la razón porqué lo hace. (Hechos 20.34, 35.) Su trabajo le daba lo suficiente para poder vivir, y podía ayudar a mantener a otros. ¡Pensad en la fuerza de este hombre! Enseñaba diariamente en público, y diariamente iba de casa en casa;

organizó un trabajo que, en un tiempo comparativamente corto, hizo sentir su influencia en Efeso y en la provincia entera de Asia; y sin embargo, trabajaba en su oficio lo suficiente para mantenerse y ayudar a otros.

Debemos también notar: (1) Lo perfecto, lo acabado que era el trabajo de Pablo (Hechos 19.10 y 20.20). (2) La doctrina de Pablo (Hechos 20.21). (3) Su sinceridad (Hechos 20.31).

En su carta a los Corintios Pablo nos habla de las dificultades contra las cuales tuvo que luchar y los peligros que tuvo que pasar durante los tres años de su permanencia en Efeso. Hace referencia a dos ocasiones en las que su vida estuvo en peligro. Una vez luchó contra fieras, lenguaje que, ya sea literal o figurado, significa peligro en extremo. Ahora si las "fieras" eran hombres, el término de comparación, y el hecho de sus luchas con fieras que consideraba más fuertes que la expresión de las palabras que precedían, "cada día muero," nos hace pensar en algún ataque que Pablo rechazaba con gran dificultad. (Léase 1 Corintios 15.31, 32.) Otra vez, algunos meses más tarde, mientras estaba en Asia, y se supone en Efeso, le rodearon tales circunstancias que perdió las esperanzas hasta de la vida. (Véase 2 Corintios 1.8.) Su rescatamiento él lo atribuye claramente a Dios. Esa experiencia que él describe en tales términos debe haber sido extraordinaria aun en la vida de Pablo. Además de estas dos experiencias en Efeso, Pablo habla de "peligros constantes" y de tener muchos adversarios y dice que los "sufrimientos de Cristo abundan en él."

Seguramente los sufrimientos y peligros que Pablo sufrió en Efeso eran en proporción a su extraordinario éxito como evangelista. Pensad en él, su calma heroica y su fuerza para resistir y sufrir.

IV. *Un Monumento al Trabajo de Pablo en Éfeso.*

El monumento al éxito de Pablo en Efeso es su Epístola a los Efesios. "Este es, tal vez, el mas profundo libro que hay. Y sin embargo, su autor esperaba evidentemente que los efesios lo entendieran. Si los discursos de Demós-

'enes, con su compacta y sólida demostración, entre cuyas articulaciones ni el filo de la hoja de navaja se puede introducir, son un monumento de la grandeza intelectual de la Grecia que los escuchaba con placer; si los dramas de Shakespeare, con sus profundas opiniones de la vida y su lenguaje obscuro y complejo, son un testimonio de la fuerza intelectual de la época de Isabel, que podía encontrar un entretenimiento con tan sólidos asuntos, entonces la Epístola a los Efesios, que investiga las mayores profundidades de la doctrina de Cristo y que se eleva hasta las mayores alturas de la experiencia cristiana, es un testimonio del adelanto que los convertidos de Pablo habían alcanzado bajo su predicación en Efeso." ("Vida de San Pablo," por Stalker.)

Preguntas.

1. ¿Qué significan los términos siguientes: artes mágicas, hechicerías, talismanes, exorcismo, encantamientos?

2. ¿Cuál es la diferencia entre las curas del espiritismo, la brujería y cosas similares y los milagros de Pablo?

3. ¿Qué palabras preciosas de Jesús encontramos por vez primera en las palabras de Pablo a los ancianos de Efeso?

4. Relatad el hecho del hombre poseído de un espíritu maligno y los hijos de Esceva.

5. ¿Quiénes hicieron la hoguera en Efeso? ¿Por qué?

6. ¿Qué métodos empleó Pablo en su trabajo en Efeso?

7. ¿Cómo vivió Pablo mientras estuvo en Efeso? ¿Por qué?

8. ¿En qué otra ocasión se encontró Pablo con mágicos? (Hechos 13.6-12; 16.16-22.)

9. ¿Qué dice Pablo en Hechos 26.20 es la prueba de nuestro arrepentimiento?

10. "Muchos de los que habían creído venían confesando y dando cuenta de sus hechos." ¿Qué entendéis por estas palabras?

Pensamiento y Oración.

Cuando una persona se hace cristiana, hay cosas en su vida que tiene que quemar, aunque nadie en el mundo lo sepa más que él y su Dios. Aun después de ser cristianos encontramos cosas en nuestras vidas que no son dignas de un verdadero cristiano; estas también tienen que ser quemadas, aunque nos parezca que nos cueste mucho. (Hechos 19.18, 19.) Una de las fuentes fundamentales de debilidad en el cristiano es su desprevención en cortar con todo aquello que pudiera llevarlos otra vez a su vida anterior. ¡Qué cuadro más inspirador tenemos en este grupo de cristianos en Efeso parados alrededor de sus libros, ardiendo en llamas! Y a la luz de estas llamas que destruían lo que pudiera ser para ellos una tentación podemos ver en sus rostros reflejados la determinación. La posesión de poder en la vida cristiana sólo viene cuando renunciamos sin reserva todo lo que sabemos es malo. "Aborreced lo malo."

Oración.

"Por el mañana y su pesar no ruego yo;
Guárdame, ¡oh Dios! del fiero mal sólo por hoy;
Hazme anheloso trabajar, dame fervor,
Palabras y obras de bondad dame para hoy."

LECCIÓN XXX.

CARTA DE UN PASTOR A SU ATRIBULADA IGLESIA.

LA narración en el libro de los Hechos de la estancia de Pablo en Efeso, trata, como es natural, de los hechos ocurridos allí, y dice muy poco de las preocupaciones de Pablo con respecto a lo que estaba ocurriendo en las demás iglesias y su correspondencia con otras ciudades. Recordaréis que él visitó por tercera vez las iglesias de Galacia en su viaje a Efeso desde Antioquía en Siria. Durante su permanencia en Efeso, aunque su actividad era grande, él velaba por las demás iglesias que había fundado. Cualquier cosa, por pequeña que fuera, podría lastimarlas. Pensad sobre la campaña de Pablo en Europa durante su segundo viaje misionero. Volved a leer en Hechos 18.1, 2 sobre su trabajo en Corinto. Pablo siempre consideró como la corona de sus victorias el establecer esta iglesia en Corinto.

I. *La Razón Porqué Pablo Escribió a la Iglesia en Corinto.*

La comunicación entre Efeso y Corinto era fácil y frecuente. Cada pocos días los buques cruzaban el Mar Egeo para un puerto u otro. Pasajeros traían noticias de todas clases de Corinto para los amigos en Efeso. Quizás de esta manera fué cómo Pablo tuvo conocimiento de la situación de la iglesia en Corinto mientras trabajaba en Efeso. Los rumores eran que la situación en Corinto no era buena. Los paganos no se convierten en santos en un momento. Mientras Pablo estaba entre ellos todo marchaba bien, pero hacía ya de esto unos tres años; y ellos vivían en un ambiente corrompido, donde la pureza y la honradez cristiana era cosa de risa. Todo a su alrededor influía para arrastrarlos hacia la vida anterior de pecado; al principio en su entusiasmo creían que nunca podrían caer.

Apolos, el predicador brillante y sincero, había vuelto a Efeso, y le pudo dar a Pablo datos de lo que sucedía en Corinto. Recordaréis que después que él oyó a Priscila y Aquila hablar de la iglesia en Corinto, donde ellos se habían convertido a la fe cristiana, él decidió ir y predicar allí. Mandado por los hermanos en Efeso, con cartas recomendándolo a los discípulos en Corinto y a las demás iglesias en Acaya, Apolos fué una bendición para ellos, convenciendo a muchos judíos de que Jesús era el Cristo. Después que Pablo obtuvo la información de Apolos acerca de lo que sucedía, escribió una carta a los corintios que se ha perdido. (Véase 1 Corintios 5.9.) Esta carta parece que trataba de un escándalo sucedido allí por la inmoralidad de un miembro prominénte de la iglesia.

Después de mandar esta carta, Pablo recibió más información del estado de cosas allí. Era muy desalentadora la situación. Además, algunos parientes de la familia de Cloe, miembros prominentes de la iglesia en Corinto, llegaron a Efeso, y Pablo pudo obtener de ellos otras informaciones acerca de la condición de la iglesia en Corinto. (Véase 1 Corintios 1.11.) Los creyentes se estaban dividiendo en partidos. Recordaréis que Apolos era joven, elocuente y tenía una presencia atractiva; así que algunos de los discípulos en Corinto estaban diciendo: "Nosotros queremos a Apolos." Otros, recordando el gran ministerio de Pablo, decían: "Vosotros podéis tener a Apolos, pero nosotros seremos leales a Pablo." Algunos de los judíos cristianos habían visitado a Jerusalén y habían oído del maravilloso trabajo de Pedro en Judea; ellos y sus amigos decían: "Pedro es el primer gran predicador de la Iglesia y es un apóstol de Jesús; nosotros somos de Pedro." Otros pretendían ser indiferentes a los maestros humanos y declaraban que sólo pertenecían a Cristo. (1 Corintios 1.12.) Así argüían, y pronto empezaron los celos y las contiendas.

También estaban haciendo comparaciones entre los sermones sencillos de Pablo y los más elocuentes y filosóficos de Apolos. (Léase 1 Corintios 3.1–5.) A Pablo le causaba gran dolor estas parcialidades en la iglesia porque sabía que ellos estaban perdiendo la significación fundamental del evangelio y que estaban interpretando mal el verdadero oficio del predicador. Pablo dedica los primeros cuatro capítulos a la discusión de estas materias. ¡Qué claramente les explica que el evangelio no es una filosofía, sino una revelación divina! Que la cruz, no la lógica de la filosofía de las escuelas, es el plan y poder de Dios para redimir el mundo.

Otra cosa que puso a la iglesia en una situación muy difícil para con el mundo pagano a su alrededor era que un cristiano bautizado estaba viviendo con su madrastra, en vida de su padre, y la iglesia no lo había echado fuera, probablemente porque era rico y prominente; y esto a pesar del hecho de que Pablo les había escrito a ellos anteriormente que quitaran a hombre tan malvado de entre ellos. (Léase 1 Corintios 5.1, 2.) También en los asuntos de negocios estaban llevándolos ante los tribunales paganos para su decisión. (Véase 1 Corintios 6.1, 2.)

Todas estas noticias perturbaron grandemente a Pablo, cuando unos mensajeros de Corinto le entregaron a Pablo una carta de los hermanos de esa iglesia. Estos mensajeros probablemente eran Estéfanas, Fortunato y Acaico. (Véase 1 Corintios 16.17, 18.) La carta era en parte, quizás, una contestación a la breve carta que Pablo les había escrito; era una carta llena de vanidad y satisfechos de sí que le causó gran indignación a Pablo. En esta carta le hicieron gran número de preguntas; querían más luz sobre los problemas que les confrontaban en sus esfuerzos de aplicar las enseñanzas cristianas a la vida de la comunidad. La enseñanza cristiana para muchos de ellos era algo comparativamente nuevo, y no tenían el Nuevo Testamento para ayudarlos en sus perplejidades y su comportamiento. Parece que tenían mucho entusiasmo, pero su conducta diaria era muy lejos de ser ideal. Muchos de ellos antes de su conversión habían sido ladrones, borrachos o muy inmorales. No nos sorprende que aun después de su conversión su norma de conducta fuera algo baja. (Léanse 1 Corintios 7.1–7; 10.23–28.) Les faltaba aprender mucho de la moral cristiana acerca del matrimonio. ¿Hasta dónde podían aceptar la hospitalidad de sus amigos paganos? Quizás la carne que le servían en la mesa había sido ofrecida a ídolos. ¿Era lícito contraer segundas nupcias entre cristianos? ¿Debía un cristiano divorciar a su mujer si ella era pagana? ¿Debían casarse los hombres en vista de la vuelta de Cristo?

Como muchos de los cristianos primitivos experimentaban satisfacción en los "dones espirituales," hablando en lenguas extrañas, cada uno quería especial honor para su don; los que primero tomaban la palabra en las reuniones empleaban mucho tiempo, y a veces dos o tres personas querían hablar a la vez. Estos desórdenes casi estaban acabando con las reuniones. Véase la contestación de Pablo a todas estas preguntas en 1 Corintios 14.26–33. Aun la Santa Cena estaba causando desórdenes y resentimientos, y aun algunos hombres se habían emborrachado en la Cena del Señor. (1 Corintios 11.20–27.) Cuando nos reunimos para la santa comunión que Dios nos ayude a recordar que es un momento sagrado y santo y que debemos llegar a él con reverencia. Finalmente la enseñanza de Pablo acerca de la resurrección había causado dudas en las mentes griegas de los corintios, pues había muchos en Corinto que ridiculizaban la creencia cristiana de una vida después de la muerte donde los hombres serían castigados o premiados en conformidad con sus obras aquí en la tierra. Algunos de los cristianos habían sido influenciados por estos burladores.

Esta carta que Estéfanas y sus compañeros le trajeron a Pablo se ha perdido, pero podemos saber algo de lo que contenía por la contestación a ella que llamamos 1 Corintios. ¡Qué condición más triste la de esta iglesia! Pablo estaba horrorizado. Cualquier otro hombre que no fuera Pablo los hubiera abandonado en desesperación, pero Pablo era de otro temple; era la obra de Cristo, y él confiaba en el Señor. Si Cristo podía amar a esta gente que acababan de salir del paganismo y tener paciencia con ellos, él también tenía que demostrarles amor y paciencia. Podéis estar seguros de que hubo mucha oración y comunión íntima con Dios antes de que Pablo dictara a Sóstenes esta interesante epístola. En ella podemos ver las luchas de esta iglesia apostólica; sus peligros, perplejidades, sus errores y la corrupción que los amenazaba, estando rodeados, como estaban, por el paganismo más negro. ¡Cuán maravillosamente Pablo contesta todas sus preguntas! ¡Con qué detenimiento entra en todos los asuntos que necesitaban instrucción! Al leer los principios que Pablo aplica a sus problemas locales y personales, nos maravilla la sagacidad y la ternura y paciencia en ayudar a estos corintios; y al meditar en los principios encontramos que son universales y dan mucha luz sobre nuestros problemas presentes.

Esta carta debe haber causado mucha sensación. Estaba cargada con electricidad espiritual y moral. Dos grandes propósitos encierra la carta: primero, elevar a los corintios a un nivel moral más alto; segundo, inspirarlos con el espíritu del amor cristiano. Era una gran bendición en estos primeros tiempos, cuando habían tantas sugestiones locas y opiniones tontas entre los conversos, que este hombre, con su visión clara, práctica y juiciosa y su pureza en la sabiduría, perteneciera a la Iglesia. Al ver los cambios producidos por la religión cristiana en la vida diaria y en las costumbres, y las dificultades que experimentaban en comprender lo que demandaba de ellos estos nuevos principios, vemos también los principios sobre los cuales tenemos nosotros que proceder en la solución de nuestras dificultades sociales, eclesiásticas y personales. Es en esta epístola donde el apóstol nos enseña la aplicabilidad de la religión cristiana al mundo gentil y su poder para satisfacer sus necesidades despertando sus conciencias, disipando su obscuridad y también llenando las aspiraciones y los anhelos de los judíos.

II. *Dominio Propio.*

En una corta lección sólo podemos presentaros esta bella carta. Sin embargo, esperamos que leeréis el capítulo 9.19–27, dándoos cuenta de la gran enseñanza de Pablo sobre el dominio propio. Como notaréis en el versículo 27, el gran apóstol veía la posibilidad y el peligro, aun en su propia vida, si no dominaba su propio cuerpo. Esto debe ser una advertencia solemne a todos nosotros. Es terrible la idea que aun después de haber ayudado a otros en enseñanza, predicación, o trabajo personal podemos perder nuestras vidas por apetitos o pasiones carnales.

Si tenéis el libro por Stalker llamado "La Vida de San Pablo," leed el capítulo VIII.

Preguntas.

1. ¿Por qué escribió Pablo su primera carta a los corintios?

2. ¿Cuándo fué Pablo por primera vez a Corinto? ¿Cuánto tiempo se quedó allí?

3. ¿Las dificultades que surgieron en Corinto fueron el resultado de obras de los de afuera o del ambiente social local y sus ideales?

4. Descríbase dos de sus dificultades.

5. ¿Qué dijo Pablo acerca de las divisiones en la iglesia? ¿Nuestra lealtad a la iglesia es porque nos agrada el pastor?

6. ¿Habéis considerado seriamente la significación de la Santa Cena?

7. ¿Os encontráis deseando los puestos conspicuos en el servicio cristiano, o donde podáis servir mejor?

8. ¿Os ha impresionado algún, o algunos, pensamientos en esta carta? ¿Cuáles?

9. Esta carta está escrita para ayudar a alguna iglesia con sus propios problemas. ¿Por qué sirve de tanta ayuda a los cristianos en todas partes?

10. ¿Qué sabéis de la ciudad de Corinto?

Para Vuestra Consideración Personal.

1. Léase 1 Corintios 8.9–13. ¿Creéis que habéis cumplido con vuestro deber cuando estáis seguros que ciertas cosas no os causan daño alguno? ¿Hacéis algo en vuestras vidas que al hacerlo no os lastima a vosotros mismos, pero que pudiera ser ocasión de tropiezo de vuestro amigo y que vuestro ejemplo pudiera hacer que él trate de imitarlo? ¿Es vuestra influencia la de ayudar o la de destruir lo que Cristo vino a hacer?

2. "Si alguno no ama al Señor, sea anatema" (1 Corintios 16.22). Cuando Cristo se acerca a un hombre, la pregunta fundamental de este hombre es su relación a él. Si este hombre se confronta con el Señor de toda pureza, paz y amor, sin responder, y persiste en no hacerlo, su propia actitud lo condena y maldice. ¿No atrae a vuestros corazones la amistad de Jesús?

LECCIÓN XXXI.

"LO MÁS GRANDE EN EL MUNDO."

ESTUDIAMOS en nuestra lección anterior porqué Pablo escribió la Primera Epístola a los Corintios. En una corta lección era imposible estudiar esa maravillosa carta, y no podemos en estos estudios dedicar mucho tiempo a los escritos de Pablo. Pero cuando leemos el capítulo trece de esta epístola pensamos que no se ha escrito un salmo mejor; es joya de religión y literatura. Hoy trataremos de comprender esta parte de la carta de Pablo. Hemos visto la razón por la cual Pablo escribió esta epístola, pero ¿por qué escribió este bello salmo en esta carta?

I. *Un Culto Cristiano en Corinto.*

Cuando todos se reunían para el culto de adoración, ¿cómo procedían? Hoy nuestros pastores dirigen el culto y predican; en aquella época todos los hombres presentes podían tomar parte. Parece que no tenían orden fijo para las diferentes partes del servicio. Estos primeros cristianos eran bendecidos con dones extraordinarios. Algunos tenían el poder de hacer milagros, así como curar los enfermos o echar fuera los demonios; otros tenían un don extraño, el de "lenguas." Esto parece que era un estado de éxtasis, en que el orador estaba lleno de gran gozo y expresaba este gozo por medio de palabras no comprensibles a sus oyentes, y a veces ni ellos mismos sabían lo que decían; este don parece que era milagroso y tenía la simpatía de la Iglesia; otros tenían el don de profecía o de gran elocuencia; otros la de enseñar; también había el don de gran habilidad en los negocios.

Era natural que a estos dones se le atribuyeran demasiado importancia, y se consideraran como la bendición mayor que el cristiano podía recibir. Dado de parte de Dios a distintos individuos, para que fueran usados para

211

el bien de la comunidad, llegaron a ser considerados como distinciones de la cual un individuo se podía enorgullecer; entonces vino la vanidad, la envidia y divisiones en vez de bendiciones. Aquellos que podían obrar milagros y hablar en "lenguas" estaban deseosos de exhibir estos dones y hacían alarde de ello. Esto trajo confusión; a veces dos o tres que hablaban en estas lenguas hablaban sus palabras confusas a la vez. Pablo les dijo que si un extranjero llegara a sus cultos creería que eran unos locos. Al comparar sus dones, el que era de más utilidad y servicio era estimado menos que el que era milagroso. Pablo insiste en que todos estos dones—y hace mención de nueve en 1 Corintios 12—eran necesarios para el bienestar de la Iglesia. Todos eran igualmente honorables; todos debieran desear aquellos dones en que pudieran servir mejor a sus semejantes. Es bueno anhelar el más grande de estos dones, pero Pablo quiere mostrarles "un camino sobremanera excelente."

II. "Lo Más Grande en el Mundo."

¿Es posible que haya "un camino sobremanera excelente" para ayudar a los hombres o para que la Iglesia crezca en el uso de los dones apostólicos? Pablo insiste en que lo hay, y es el camino del amor. Seguramente, cuando estudiamos nuestra lección anterior y leímos el capítulo 12 como preparación para ésta, pudimos notar que los corintios no conocían el amor. Así pues Pablo dedica uno de los capítulos más exquisitos y maravillosos de todas sus cartas a la alabanza de esta virtud que él llama "ágape" y que primeramente fué traducido caridad; pero todas las versiones modernas del Nuevo Testamento prefieren la traducción "amor." Es la virtud a que Jesús se refería cuando dijo: "Amad a vuestro prójimo como a ti mismo." No es egoísta y desarrolla esa parte de nuestra naturaleza que pueda llegarse más cerca a Dios; es lo que en nuestra naturaleza más se asemeja a lo que Dios siente por los hombres.

¿Cuántos de nosotros sabemos lo que significa el amor? Antes de seguir, poned en palabras la mejor definición del "amor" que podéis. Suplicamos que no sigáis con esta lección sin hacer esto para poder tener una definición sobre la cual podemos seguir el desarrollo de ella. Queremos decir aquí que la palabra amor se usa aún tan ligeramente que cuando leemos pasajes como este del capítulo trece de 1 Corintios nos perpleja su verdadero significado. Oimos muy a menudo frases como éstas: "Amo a mi padre," "Amo a mi madre," "Amo a mi hijo," "Amo a mi novia," "Amo a mi patria." Ninguna de estas emociones son exactamente iguales.

No es fácil decirles a las personas que deben ser más amantes, más afectuosas sin ofenderlos: Pablo demostró gran tacto aquí. En su alabanza del amor él no cayó en el error de criticar a otros; ni aún critica a estos corintios; ni hace alusión al hecho de que ellos les falta este don. Sólo sugiere que pudiera ser que él fuere hallado falto de este don. Toda alusión a falta alguna es puesta en la primera persona de singular; el no quiere sugerir la idea de que él posee esta virtud. El pasaje es un ejemplo perfecto de la humildad y generosidad que él alaba. ¿Habéis leído el capítulo 13? Leedlo y haced nota de sus tres divisiones.

En la primera parte del capítulo, versículos 1-3, Pablo describe un hombre que pudiera ser considerado como bueno. Leed estas descripciones y considerad lo que nosotros, o el mundo en general, creeríamos de un hombre que reuniera estas cualidades. Es un orador elocuente y convincente, tan elocuente como un ángel. Tiene el don de profecía, puede hablar por Dios y revelar la voluntad de Dios a los hombres. Conoce las verdades ocultas de Dios y la naturaleza. Su fe es siempre tan fuerte que puede vencer todas las dificultades y obrar milagros. Es maravillosamente generoso; ha dado prácticamente todo lo que tiene a los pobres. Es tan leal a sus convicciones que al fin de su propia vida muere como un mártir. Leed la lista otra vez y determinad lo que las personas creerían de tal hombre.

Sin embargo, Pablo dice que si falta el amor todas estas cualidades y acciones admirables no valen nada. Supongamos que lo tomáis como un problema en restar: Elocuencia—Amor = Bulla. ¿Cómo combinarías los versículos 2 y 3 en una forma similar? ¡Qué fácil es juzgarnos a nosotros mismos por lo que *hacemos* en vez de por lo que *somos*. Así es que, aunque alcancemos el primer puesto en nuestra clase en historia, o en ciencia, o matemáticas; aunque sepamos todas las lenguas, las muertas y las vivas, y no tenemos amor, no somos nada. Si alcanzamos el primer puesto en nuestro negocio, o en nuestro *team*, o nos llevamos el premio en todo, y somos ásperos, injustos o faltos de lealtad, no somos nada, no valemos nada. Esto es difícil entender. Nos parece que un peso dado a un hombre le haría bien, no importa como lo damos. Pero no olvidemos que el corazón tiene tanta hambre como puede tener el cuerpo; muchas veces el amor vale mucho más que el dinero. Pablo nos dice lo que cree Dios acerca de esto. Si trabajamos por egoísmo, o simplemente para calmar nuestras conciencias, o con la esperanza de recibir una recompensa, no nos vale de nada, y no somos nada. ¿Cuántos de nosotros desearíamos que una persona nos ofreciera dinero para dejarlo pertenecer a nuestro *team* o nuestro *club*? Todo lo que hacemos parece como un cohecho a Dios si no nace del amor.

III. *¿Qué Es Este Amor? ¿Cómo Puede Ser Reconocido?*

Pablo discute esto en su segunda división de este capítulo, versículos 4–7. No define el amor, no puede; lo describe para que lo podamos reconocer por sus cualidades y sus obras. Nos ha dicho lo que no es el amor; que no es elocuencia, ni profecía, ni fe, ni caridad, ni aun el martirio. Entonces Dios por medio de Pablo nos da diez y seis elementos del amor. Procurad mencionarlos. ¡Qué familiares son estas características! Nos dice lo que perfecciona.

Vamos a comparar nuestras vidas con estos versículos. Leedlos otra vez, usando "yo" en vez de amor. Leed: "Yo sufro y soy benigno, yo no tengo envidia," etc. Ha sido indicado que una manera de enseñar lo que es el amor es sustituir por la palabra amor "un caballero" o "una señora" y entonces leer estos versículos. Seguramente la única palabra que puede sustituirse por la palabra amor es "Cristo." ¿Cuántas de estas declaraciones de Pablo en los versículos 4–7 podéis ilustrar? Por ejemplo, ¿cómo es que el amor es sufrido? En este ideal de lo que debe ser un cristiano, ¿hay algo que creéis innecesario o de que se pueda prescindir?

Además, Pablo nos dice que el amor es eterno, lo único que nunca se acaba. Todo lo demás, por bueno que sea, es temporal. El profeta puede perder el don de profecía; el sabio filósofo puede dejar de ser grande, y su intelecto marchitarse; pero el amor nunca falta ni se puede perder jamás. En nuestra naturaleza humana con sus imperfecciones, sólo pudiendo ver en parte y obscuramente, como los antiguos en sus espejos de metal, sólo podemos alcanzar el nivel de lo divino y eterno en una sola cosa—en el verdadero amor. Nunca llegará la época cuando el amor tenga que ceder su lugar en el alma del hombre a algo mayor, ni puede llegar tampoco el tiempo cuando no sea de importancia si un hombre conoce el amor o no. En el cielo Dios no necesitará a los profetas para que hablen por él; él hablará directamente, cara a cara, con nosotros. "Las lenguas fué Dios traspasando las limitaciones por causa de nuestros cuerpos"; esto no será necesario cuando las limitaciones del cuerpo cesaren. Sí; nuestros conocimientos, incompletos e imperfectos, serán echados a un lado como nuestros primeros libros "cuando conoceré como también soy conocido."

Entonces, en conclusión, Pablo da como la corona de su testimonio del amor: "Y ahora permanecen la fe, la esperanza y el amor, estos tres; mas el mayor de ellos es el amor." Es importante recordar que la fe, la esperanza y el amor, los tres, han de permanecer para siempre y no se limitan a esta vida. Sí; necesitaremos la fe aún en el cielo, y tendremos esperanzas para mayores y mejores cosas hasta que seamos como él es. Si la fe, la esperanza y el amor todos permanecen, ¿por qué es que el amor es el más grande? Contestad vosotros esta pregunta.

IV. ¿Qué Tiene Esto que Ver con Nuestras Vidas?

Si el amor es lo más grande en la vida, lo queremos. La mayor parte de la vida nos queda por delante; no tenemos más que una vida.—Pablo, ¿cuál es el don supremo, la manera más noble de emplear la vida? Sin titubear él contesta: "Lo más grande es el . . . amor."—Pedro, ¿qué decís vos? En seguida nos contesta: "Ante todo, tened entre vosotros amor ferviente."—Juan, vos que conocéis íntimamente al Maestro y sabíais lo íntimo de su corazón, ¿qué decís vos?—"Pablo y Pedro tienen razón, porque Dios es amor." Y si llegamos al Maestro mismo, oímos de su boca: "Un nuevo mandamiento os doy, que os améis los unos a los otros, como yo os he amado."

Seguramente este amor que describe Pablo no es sólo una emoción, o sentimiento, o pasión. El amor puede poseer todo esto, pero también significa una actitud de la voluntad, un propósito definido. El propósito de nuestras vidas es alcanzar estas virtudes que Pablo describe y que sean parte de nuestro ser. La única esperanza de alcanzar esta vida es determinar vivirla; entregando nuestras vidas llenas de pecado sin esperanza y sin amor a Cristo, y orar para que él nos tome y nos haga tal cual él es.

Antes de dejar esta lección imaginad la diferencia que vuestros amigos y las personas que os rodean hallarían en vos si sinceramente lucharíais con la ayuda de Dios para ser lo que Pablo dice que es el *amor.*

Preguntas.

Quizás las mejores preguntas de esta lección son las que se hallan en el transcurso de ella. Sin embargo, sugerimos las siguientes:

1. Aprended de memoria 1 Corintios 13.
2. Encontrad cuatro versículos sobre el amor en el Nuevo Testamento.
3. ¿Cómo demostró Dios su amor hacia el mundo?
4. Citad ocho características del amor.
5. ¿Qué fases del trabajo cristiano turbaban a los corintios?

216

6. Dad un ejemplo de la fe sin el amor.

7. ¿Puede un hombre amar o cuidar de sus intereses y vivir como indica este capítulo?

8. En Romanos 13.9 Pablo dice: "Amarás a tu prójimo como a ti mismo." ¿Cómo me amo yo a mí mismo?

9. ¿Cuántos diferentes dones espirituales se mencionan en el capítulo 12.4–11? ¿Son todos de una misma categoría?

10. El cristianismo es una religión de amor. ¿En las demás religiones se enseña el amor?

11. Un joven dijo una vez: "¿Cómo puedo yo amar a una persona que no me gusta?" ¿Cómo contestaríais su **pregunta?**

LECCIÓN XXXII.

EL TUMULTO EN ÉFESO.

I. *El Plan de Pablo para el Futuro.* Léanse Hechos 19.21,
22; 1 Corintios 16.3–11; 1 Corintios 4.17; 2 Corintios 1.15–23.

EL gran éxito de la misión gentil en la provincia de Asia
hacía sugerir a la mente inquieta de Pablo la conveniencia
de mayores y más extensos planes. Deseaba llevar el
evangelio a regiones donde nunca se había predicado
antes. Con el detenimiento que le era característico,
trazó el plan de viaje. Sus ojos se dirigían hacia Roma
como un lugar de importancia para el trabajo. Pero antes
tenía que mandar, o llevar en persona, la colecta que a su
indicación habían hecho las iglesias gentiles para los
hermanos necesitados de Jerusalén. Las iglesias de Asia,
Galacia, Macedonia y Acaya, todas estaban interesadas
en este movimiento. En parte por causa de la colecta,
y también por causa del descontento en la iglesia en Corinto, Pablo esperaba visitar a Corinto por vía de Macedonia,
y probablemente visitaría a Filipos, Tesalónica y Berea;
después hacia el sur hasta Grecia, visitando a Atenas y
Corinto. De Corinto iría a Jerusalén y después a Roma.

Pablo no pudo salir de Efeso tan pronto como esperaba.
Tuvo que mandar a sus ayudantes Timoteo y Erasto,
mientras él se quedaba algún tiempo más en Efeso.
Léase otra vez 1 Corintios 16.8, 9. Notad las dos razones
que Pablo da para quedarse más tiempo en Efeso. La
primera era la oportunidad para el trabajo religioso en
dicha ciudad, la segunda, el hecho de que había gran
oposición, y él sentía que se debía quedar y hacerle frente
en vez de irse y dejar la lucha a sus hermanos cristianos
más débiles.

II. *Ganando Conversos en Éfeso.*

Recordaréis la hoguera de libros mágicos valuados en cincuenta mil piezas de plata. El éxito extraordinario de la predicación de Pablo y la extensión de su palabra por toda la provincia causó otros efectos también. El pueblo estaba abandonando de tal manera sus antiguas creencias que peligraba la adoración tradicional que era el orgullo de Efeso. El evangelio estaba dejando sentir su influencia modificando el carácter y las costumbres del pueblo.

El templo de Efeso tenía gran fama. Se decía que el sol en su curso no veía nada más grande ni magnífico que este Templo de Diana. Diana, o Artemis, era reverenciada por visitantes de todas las provincias de Asia tanto como de parte de los ciudadanos de Efeso. Sus oradores, ya fueran de la ciudad o de otros lugares, compraban y dedicaban al templo o llevaban a sus casas imágenes de la diosa en su altar. Habían imágenes de todos precios y de todas clases, de plata, de mármol, de piedra o de "terra-cota," más o menos adornadas y costosas. Parece que las usaban como adornos o como hechizos.

III. *El Gremio de los Artífices Hace la Guerra a Pablo.*

El mes de mayo era el mes de gran esplendor y santidad en Efeso. Se llamaba el mes de "Artemisión" o el mes de Diana; se hacía todo para que este mes fuera uno de gozo y placer a la par que uno de especial adoración a la diosa. Grandes multitudes venían de todas las ciudades de Asia a Efeso para presenciar los espectáculos y participar en la adoración con los cuales éstos tenían relación. Este mes era de gran venta para los artífices, y debe haber sido interesante ver las gentes viniendo de todas partes con sus trajes típicos nacionales.

En este año hubo gran decaimiento en la venta de reliquias e imágenes. Los cristianos habían estado predicando que el Dios Todopoderoso no se asemeja a plata, ni oro, grabado por el arte humano. La hoguera en la plaza había hecho a muchos pensar. La ganancia de los artífices se desvanecía. El pueblo estaba oyendo a Pablo en vez de comprar y dedicar imágenes.

Así pues, en medio de las festividades, Demetrio el platero reunió a los artífices. Estos artífices, como otros muchos en Asia, estaban organizados en gremios, y probablemente tenían su salón donde celebraban sus reuniones para tratar sobre los asuntos pertenecientes a su industria. El discurso de Demetrio fué hábil. Apela primeramente a sus intereses. Todos se ocupaban en hacer reliquias e imágenes, y sus medios de vida dependían de la prosperidad del negocio. Después apela a la religión y al patriotismo. El les dijo que Pablo y los cristianos enseñaban que no habían dioses hechos por manos de los hombres y que el pueblo lo creía. Dejar que esto continuara significaría "que el templo de la gran aiosa Diana no tendría valor y que aun Diana, la diosa de toda Asia y que el mundo adoraba, sería despojada de su magnificencia." Parece que a Demetrio le preocupaba mucho que no se perjudicara la religión cuando le tocaba el bolsillo; esto es muy humano. Cuando el tráfico de licores embriagantes sufre por causa de la prohibición, oímos discursos muy elocuentes abogando por la libertad individual. El evangelio no está en conflicto con el negocio, al menos que el negocio sea uno de índole mala. Si el negocio es bueno, podemos servir a Dios tan aceptablemente el lunes en nuestro trabajo como el domingo en nuestro culto religioso. (Léase Hechos 19.23–27.)

IV. *Los Artífices Causan un Molote.*

En la reunión de estos artífices empezó la gritería y el bullicio, y muchos se paraban para ver lo que pasaba. La cuestión religiosa apela a la multitud. Pronto el molote con un grito religioso se dirige al barrio judaico hacia la casa del hacedor de tiendas de campaña; van en busca de Pablo. Si lo hubieran hallado, su obra y su vida habrían terminado allí. Pero Pablo no estaba en su casa. Quizás Priscila y Aquila hicieron prontamente planes hábiles. "Pusieron sus cuellos por mi vida," dice Pablo en su Epístola a los Romanos. (Véase Romanos 16.3–5.)

220

De todos modos el molote no lo cogió. No encontrando a Pablo, cogieron a Gayo y Aristarco, que sabían que eran sus amigos y compañeros, y los llevaron al teatro. Como la mayor parte de las ciudades greco-romanas, Efeso estaba dividida por una ancha calle pavimentada y con una columna de pilares a cada lado. Había un lugar para carrozas en el centro y para transeuntes a cada lado. Esta calle atravesaba el centro de la ciudad, llegando al muelle del canal del río al otro lado de la ciudad, donde se levantaba el Anfiteatro sin techo y con sus filas de asientos de mármol. Este teatro, construído para exhibiciones gladiatoriales y representaciones dramáticas, era el lugar favorito para las asambleas públicas de todo género. En este teatro cabían unas veinticinco mil personas. El molote quería un lugar donde cupieran todos y donde fueran oídas las palabras de los oradores.

Cuando Pablo supo lo que pasaba, él trató de confrontarse con el molote para que sus amigos no sufrieran por su causa; pero los hermanos, ansiosos por su vida, no se lo permitieron. También algunos asiarcas que presidían los juegos le enviaron un recado diciendo que su presencia sólo agitaría la muchedumbre. Estos asiarcas eran magistrados provinciales, cuyos deberes eran en parte religiosos y en parte políticos. El hecho de que estos hombres importantes eran amigos del apóstol nos muestra su gran influencia. Mientras tanto la asamblea estaba en gran confusión, muchos no sabiendo la causa porqué estaban allí. Como continuaba el tumulto los judíos, temiendo que por ser Pablo judío se les acusara a ellos de ser los causantes de todo, llevaron a cierto hombre llamado Alejandro para que hablara en su defensa. Es posible que éste sea el Alejandro a que Pablo se refiere en 2 Timoteo 4.14. Al darse cuenta la muchedumbre de que él era judío rehusaron oirle. Con más furia que nunca gritaron por unas dos horas: "Grande es Diana de los Efesios."

Naturalmente el molote no podía perdurar, y así es que cuando estaban físicamente agotados el secretario del ayuntamiento, que tenía gran autoridad, hizo acto de presencia. Evidentemente era un hombre de gran habilidad, sagacidad y dignidad. Si Demetrio supo hacer uso de la religión y codicia para influenciar el entusiasmo del pueblo, este hombre supo traer ante el pueblo su gran responsabilidad y hacerles ver el gran riesgo que corrían. Su discurso es una joya de fuerza y concisión. El discurso es el siguiente: "Varones efesios, ¿quién hay entre los hombres que ignore que la ciudad de los efesios es guardadora del templo de la gran Diana y de la imagen que cayó del cielo? Siendo, pues, esto indiscutible, debéis estar tranquilos y no hacer nada precipitadamente. Porque habéis traído a estos hombres, que ni son sacrílegos ni blasfemadores de nuestra diosa. Por tanto, si Demetrio y sus compañeros los artífices tienen queja contra alguien, audiencias se celebran, y procónsules hay; acúsense los unos a los otros. Y si demandáis alguna cosa más, se resolverá en asamblea legal. Porque hasta corremos peligro de ser acusados de sedición por lo que sin motivo ha pasado hoy, no pudiendo justificar este concurso." Habiendo hablado así, despidió la asamblea, y el molote se disolvió en silencio.

Lucas no hace énfasis en los peligros, o más bien el verdadero peligro en que estaba Pablo en este tiempo. Quizás tenemos una indicación de ello en 1 Corintios 15.31, 32 y en 2 Corintios 1.8, 9. Evidentemente era una época de gran ansiedad. (Léase ahora Hechos 19.29–40.) Poco después del molote, Pablo se despidió de los hermanos en Efeso y salió de la ciudad, terminando así su largo y próspero ministerio en Asia.

V. *La Despedida de Pablo.* Léase Hechos 20.1.

Imaginaos la escena al despedirse Pablo de estos hermanos en Efeso. ¿No creéis que esta reunión tuvo lugar en algún sitio retirado fuera de la ciudad? ¿Qué creéis que él les diría? Pablo había trabajado mucho entre ellos, pero realizaba que la responsabilidad final de la propagación del movimiento cristiano descansaba sobre ellos— estos sencillos discípulos de Cristo Jesús. ¿No creéis que él haría hincapié sobre esto? De su fidelidad dependía el éxito final del gran movimiento en Efeso. Más tarde Timoteo fué dejado encargado de la obra. Juan, el apóstol amado, en sus últimos años fué el obispo en Efeso y permaneció allí. En la Revelación, o Apocalipsis, de Juan, él escribió de parte de Cristo "al ángel de la iglesia en Efeso." Muchos creen que más tarde Juan escribió su evangelio en esta ciudad.

VI. *Las Ruinas de Éfeso.*

En el año 26 el Templo de Diana fué quemado. Había perdido de tal manera su influencia que no fué reconstruído. Efeso se convirtió en una ciudad cristiana, y en el año 341 un concilio de la Iglesia Cristiana fué celebrado allí. Pero la ciudad perdió en importancia y populación. Las magníficas esculturas de piedra de los grandes edificios que estaban en desuso sufrían deterioración, y algunas fueron llevadas a Italia y muchas a Constantinopla para ser usadas en la construcción de la Iglesia de Santa Sofía. En 1308 el "terrible turco" tomó posesión de lo poco que quedaba, deportando o matando a los habitantes. El rio Caístro, desbordándose gradualmente, cubrió con su fango el lugar donde una vez se levantaba el Templo a Diana, y por último hasta el lugar donde se hallaba ha sido olvidado.

Preguntas.

1. ¿Qué más se sabe de Aristarco? (Hechos 20.4; 27.2; Colosenses 4.10; Filemón 24.)

2. ¿Qué cargos hizo Demetrio?

3. ¿A quiénes llevaron presos en el molote? ¿Adónde los llevaron?

4. Algunos hablan de Demetrio como un hombre religioso de negocios; ¿lo creéis así? ¿Por qué?

5. ¿Quién era Alejandro?

6. ¿Cuándo es el dinero una bendición y cuándo una maldición?

7. ¿Por qué deseaba Pablo ir al Anfiteatro?

8. ¿Qué consejo dió el secretario de la ciudad?

9. ¿Qué sabéis de los últimos años históricos de Efeso?

10. Relatad el molote en Efeso.

Un Pensamiento para Hoy.

¿Existen hombres hoy que se oponen al cristianismo porque, si sus enseñanzas fueran llevadas a la práctica, afectaría sus negocios? ¿Podéis citar algún negocio en que un cristiano no debiera participar? ¿Por qué?

Una Oración.

Señor Jesús, te damos gracias que tu espíritu ha movido de tal manera a los corazones de tus siervos que muchos de ellos han hecho tu voluntad, no importándoles la oposición o la persecución que les sobreviniera. Te rogamos que nos des la fuerza para ser como ellos fueron. Quita de nosotros el ser temerosos o tímidos. Danos la conciencia de tu presencia y tu dirección, para que nuestras palabras y hechos puedan estar llenos de poder. Quita de nuestras vidas todo egoísmo. No permitas que nadie se interponga entre nuestra aceptación de tu palabra y la rendición de nuestras vidas a ti hoy y para siempre jamás. Amén.

LECCIÓN XXXIII.

PABLO VUELVE A MACEDONIA Y ESCRIBE LA SEGUNDA
EPÍSTOLA A LOS CORINTIOS. "DE FUERA LUCHAS;
DE DENTRO TEMORES." (Pablo. 2 Corintios 7.5.)

I. *La Partida de Pablo hacia Macedonia.* Léase Hechos
20.1.

El molote en Efeso había creado una situación en que
la presencia de Pablo en la ciudad podía causar más daño
que bien. Pablo muchas veces se había confrontado con
grandes peligros; pero aquí él tenía amigos entre los hombres del gobierno en la ciudad, y también había muchos
cristianos en Efeso, así que no era probable que sus enemigos lo atacaran personalmente. El había demostrado
que estaba dispuesto a morir por la causa que tanto amaba,
pero también estaba dispuesto a partir si esto fuera lo
mejor para la causa. Así que, después de meditar sobre
el asunto, decidió que lo mejor era salir. Hacía mucho
tiempo que él deseaba visitar las iglesias que había establecido en Macedonia y en Grecia, y ahora había llegado
la hora para llevar a cabo estos planes.

Recordemos (Hechos 19.21, 22) que Pablo tenía un
plan definido antes que el molote en Efeso lo confundió
todo. Además de la visita a Macedonia, Acaya o Grecia,
él pensaba ir a Jerusalén y de allí hasta la misma Roma
y más tarde a España. (Romanos 15.22–24.) Cuando el
molote agitado por Demetrio hizo que Pablo saliera de
Efeso mucho antes de lo que él pensaba, él decidió emprender su viaje a Europa inmediatamente—a Macedonia
y Acaya. Después que el molote se disolvió y la gente se
había ido a sus casas, Pablo reunió a sus hermanos cristianos y les dijo que había determinado salir de la ciudad
en seguida. Después de exhortarlos a que fueran fieles a
la causa de Cristo, les dijo adiós. Al salir de Efeso él
no se dirigió a Corinto atravesando el Mar Egeo, como

225

era su intención antes, sino se dirige a las ciudades más remotas de Macedonia. "Estamos seguros que Pablo tomó un buque costero desde Efeso; y como generalmente se hacía, tuvo que trasbordarse en Tróade" (Ramsay).

II. *La Colecta para los Santos Pobres en Jerusalén.*

Pensando anticipadamente de este viaje a través de Macedonia, Pablo había mandado a Timoteo y Erasto por delante, probablemente para hacer colectas entre los cristianos de Macedonia. En Acaya ya habían empezado la campaña para la colecta (2 Corintios 9.2), y Pablo había dado órdenes acerca de esto a las iglesias de Galacia. (1 Corintios 16.1.) Así uno de los grandes propósitos de la visita de Pablo a Europa en esta época fué terminar la colecta y llevarla como ofrenda a Jerusalén. Recordaréis el deseo de los apóstoles expresado en la conferencia en Jerusalén. (Véase Gálatas 2.10.) Pablo estaba deseoso de una buena ofrenda de parte de sus iglesias gentiles para que se empleara en aliviar las necesidades de los cristianos pobres en Jerusalén. Además de la petición de parte de los apóstoles y de su amor cristiano, Pablo deseaba que esta ofrenda ayudara a guardar la paz entre las iglesias judaicas y gentiles. El nos dice que cree justo que el pueblo pagano, que había llegado a conocer a Cristo por medio de los maestros judaicos, debieran dar una ofrenda en prueba de gratitud a la iglesia madre de los judíos. Y además, ¿qué prueba podían dar estos cristianos gentiles más bella de su sinceridad, fe y amor que una ofrenda generosa para los cristianos judíos de Jerusalén? (Léase lo que Pablo dice acerca de esto en 2 Corintios 9.12–15.)

Pablo con su acostumbrada independencia dispone todo de manera que nada de esta ofrenda pasase por sus manos, para que nadie pudiera imaginar que él gastara un solo centavo en su persona. No se sabe de una sola solicitud personal que él hiciera para esta ofrenda; sólo lo hizo por cartas. Su plan era que cada iglesia asignara un representante que fuera con él a Jerusalén y fuese responsable por la ofrenda de su propia congregación. Tampoco era el plan de Pablo hacer él, o sus mensajeros, una apelación sentimental a favor de los pobres en Jerusalén y tener por ese medio una ofrenda que fuera el resultado de un impulso del momento. Más bien él quiso que esta ofrenda se hiciera de las ofrendas semanales, que cuando se reuniera la iglesia para el culto de adoración el primer día de cada semana cada miembro pusiera su ofrenda aparte según Dios le había prosperado. También él deseaba que esta ofrenda fuera voluntaria. (Léase su plan sencillo y definido en 1 Corintios 16.1–4.) Este pasaje de los escritos de Pablo es la base más segura para un sostenimiento sistemático de la obra de Dios en todas partes. ¡Que cada cristiano aprenda a hacer así! (Léase Romanos 15.25–27, 30, 31.) Del hecho de que esta colecta procedía de todas las iglesias gentiles, y que habían estado trabajando para esto por unos dos años, y que un grupo de unos siete hombres fueron designados para ir con Pablo a Jerusalén, la ofrenda debe haber sido muy grande. (Véanse 2 Corintios 8.10 y Hechos 20.4.) Pablo nos dice que las iglesias de Macedonia dieron más allá de lo que podían.

III. *Más Correspondencia con la Iglesia en Corinto.*

Antes de salir de Efeso Pablo tuvo más noticias de Corinto, y parece que volvió a escribir a los cristianos allí. (Véanse 2 Corintios 2.3, 4; 7.8.) Esta carta llena de dolor que Pablo mandó a estos corintios no podemos creer que se refiera a nuestra Epístola de 1 Corintios, y probablemente se refiere a una carta escrita después de esta Primera Epístola y anterior a nuestra Segunda Epístola a los Corintios. Las referencias en 2 Corintios 3.5–8, 10, 11; 7.12 parece que hacen alusión a un individuo que era jefe de un partido opuesto a Pablo en Corinto, y también reflejan una situación diferente a la que podemos ver en 1 Corintios. Parece que después de la llegada de la primera epístola a los corintios las cosas se empeoraron y que los enemigos de Pablo formaron un partido guiados por un hombre violento y hablador, enemigo de Pablo. Oyendo de estas condiciones, Pablo escribe una carta severa y llena de dolor y que se arrepiente de haberla escrito tan pronto como fué mandada. Esta carta probablemente se ha perdido, aunque algunos creen que tenemos parte de ella en los últimos cuatro capítulos de 2 Corintios.

Esta carta fué llevada a Corinto probablemente por Tito, que era ahora uno de los ayudantes más eficaces de Pablo. Mientras que él fuera, Pablo esperaba con gran ansiedad el resultado. El tenía la esperanza que Tito ayudase grandemente a la iglesia en Corinto. El le había dicho a Tito que se reuniera con él en Tróade. Pero con gran contrariedad para Pablo Tito no se reunió con él allí, y aunque la ciudad ofrecía grandes oportunidades para trabajos evangelísticos, Pablo estaba tan preocupado que no pudo utilizarlo. (Véase 2 Corintios 2.12, 13.) Lleno de temores y presentimientos, Pablo atraviesa el Mar Egeo, yendo a Macedonia, donde tenía amigos en quienes siempre podía confiar. Pero aun allí está triste, y aun más porque se enferma otra vez con su viejo y humillante padecimiento: "un aguijón en la carne," como él lo llama. Aunque él oró a Dios que lo sanara, la contestación fué ésta: "Bástate mi gracia; pues la potencia en la flaqueza se perfecciona." Mientras él espera a Tito y sufre, le vienen a la mente ciertas interrogaciones. ¿Habría escrito demasiado severamente? ¿Volvería Tito? Al fin en Filipos o en Tesalónica Tito se reune con él. Fíjense en el alivio que Pablo expresa que él sentía en 2 Corintios 7.5–12.

Entonces tenemos las preguntas ansiosas de Pablo.— ¿Dime, Tito, cómo están en Corinto?—¿Cómo recibieron mi carta? Ansioso y gozoso Tito le da todas las noticias. Le dice que la mayoría le son leales a Pablo.—"La mayoría tomaron vuestras amonestaciones con bondad. Están reformando todos los abusos. Están enérgicamente procediendo contra este jefe que los guiaba, y los miembros fieles van a salvar la iglesia." Así hablaba Tito. ¡Qué alivio para Pablo! Y Tito añade—"La cuestión sobre guardar la ley y sobre algunas de las doctrinas es todavía seria. La minoría está todavia fuerte y amargada. El grupo de Jerusalén son los causantes de todo esto. Están haciendo allí lo que hicieron en las iglesias de Galacia." —"¿Qué dicen, Tito?"—"Lo mismo que decían antes, aunque nos están atacando con más odio que nunca.

Como es natural, algunos que tuvisteis que reprender les han dado oído. Están diciendo que nadie sabe quien sois vos; que los apóstoles de Jerusalén no os dieron cartas de recomendación; que no sois un verdadero apóstol, porque Jesús no os comisionó cuando estaba en el mundo; que ni aun habéis visto al Señor Jesús, que sois vanidoso y buscáis vuestra propia gloria; que escribís cartas atrevidas y amenazantes, pero que sois un cobarde, porque no venís a llevar a cabo vuestras amenazas; que vuestra presencia física es débil y vuestro hablar despreciable. La verdad es que están tomando ventaja de vuestra ausencia. Aun están haciendo insinuaciones acerca del dinero, esta colecta vuestra para los pobres de Jerusalén."

¡Pensad en el efecto que le causaría esto a un hombre triste y enfermo! Estas eran las gracias que recibía por todo lo que había sufrido en Corinto. No os olvidéis de esto cuando os agradezcan poco vuestro interés sincero.

Pablo se daba cuenta exacta de la gravedad de la situación; porque en su atentado desesperado para manchar el carácter de Pablo estos judaizantes parece que habían hecho referencia a una enfermedad crónica que Pablo sufría y que le causaba a veces mucha molestia. Le dijeron a los corintios que este mal le había sido mandado a Pablo como castigo—por sus obras malas. Pero al ser leída la tercera carta de Pablo fué directamente al corazón de todos, y la congregación prorrumpió en lágrimas. Muchos se avergonzaron de lo que habían dicho y hecho. ¡Pensar que en vez de amarle y serle leales a este gran hombre ellos lo habían tratado con desprecio y aun sus sufrimientos físicos, que debieran haber despertado en ellos grandes simpatías!

Así que, en un estado de ánimo ansioso y lleno de indignación, él se sienta y les escribe a estos corintios la cuarta y última carta de esta extraordinaria correspondencia. En esta carta podemos ver el verdadero corazón del apóstol, pues en ninguno de sus escritos, ni aun en la Epístola a los Gálatas se nos presenta tan claro el genio, el verdadero ánimo del apóstol. ¡Qué rico el material autobiográfico! Revela los altos motivos que lo inspiraban.

Es la prueba convincente de su absoluta sinceridad y su hondo sentir personal hacia los hombres cuyas vidas él estaba tratando de reformar.

IV. La Segunda Epístola a los Corintios.

Esta carta, probablemente la cuarta, como indicábamos anteriormente, se divide claramente en tres partes. La primera división abarca los primeros siete capítulos; en estos capítulos el apóstol trata, de todos los modos posibles, de quitar cualquier sentimiento que pudiera permanecer en las mentes y corazones de estos corintios por su trato severo hacia un ofensor en particular. Habla de él mismo y su ministerio con relación a Corinto: trata de Pablo el apóstol—su ministerio, sus sufrimientos, su vida. En la segunda división es una exhortación para que terminen la colecta para los pobres de la iglesia en Jerusalén. Esta colecta era de suma importancia en la mente de Pablo en esta época. Esta división incluye los capítulos ocho y nueve. Estos capítulos demuestran un conocimiento profundo de la naturaleza humana y los motivos a los cuales responden. Si alguna vez en el futuro tenéis ocasión de hacer una apelación para reunir fondos, leed estos capítulos para obtener ideas. La tercera parte consiste en los capítulos diez al trece. Están escritos teniendo presente su próxima visita a los corintios y es una defensa contra el ataque de los judaizantes cristianos. Pablo ataca duro aquí, pero ataca como un caballero, con la dignidad tranquila de un cristiano. Al leer los capítulos once y doce no podemos creer que estos visitantes de Jerusalén pudieran sentirse satisfechos al ser leída esta carta en público ante la iglesia. Muchos de nosotros nos alegramos al verlos recibir lo que merecían. Pero Pablo no gozaba con esto. Es un hombre demasiado grande. Leed la bondadosa nota de los últimos tres versículos de esta epístola.

V. Pablo Habla de sus Trabajos y Sufrimientos por la Causa de Cristo. Léase 2 Corintios 11.23-28.

Pablo menciona aquí muchos hechos no mencionados por Lucas en el libro de los Hechos. (1) Versículo 23.

230

Lucas sólo menciona un encarcelamiento. ¿Dónde tuvo lugar? (2) Versículo 24. Lucas no dice nada de estos azotamientos. (3) Versiculo 25. Lucas sólo menciona una ocasión cuando Pablo fué azotado con varas. ¿Dónde fué? Pablo dice que naufragó tres veces y que pasó un día y una noche en el mar. Donde y cuando no sabemos. Es evidente que tenemos en estos versículos muchos capítulos de la vida de Pablo que no han sido escritos y de que nada sabemos. Algunos de estos hechos pueden haber tenido lugar en su larga permanencia en Efeso mientras se ocupaba en predicar en distintos lugares afuera de la ciudad. ¡Qué precio más grande estaba Pablo dispuesto a pagar por el privilegio de predicar a Cristo! Pablo cita veintisiete diferentes clases de aflicciones, persecuciones y pruebas.

Preguntas.

1. ¿Dónde y cuándo se escribió 2 Corintios?
2. ¿Cuáles son las últimas palabras de esta carta?
3. ¿Cuáles fueron las razones principales que motivaron esta segunda carta a los corintios?
4. ¿Para qué era esta colecta mencionada en esta carta?
5. Cuando Pablo salió de Efeso, ¿a qué país pensaba ir?
6. ¿Dónde se detuvo en su camino?
7. ¿Quién esperaba él que se reuniese con él allí? ¿De dónde venía el mensajero, y por qué estaba Pablo ansioso de verlo?
8. ¿Dónde se reunió este mensajero con él? ¿Qué noticias le trajo?
9. ¿Cuándo es una colecta, y cuándo una ofrenda? ¿Siempre honramos a Dios al dar?
10. De todas las persecuciones que menciona Pablo, ¿cuál creéis que le fué más duro sobrellevar?

Una Meditación.

Los sufrimientos y penas de Pablo fueron muy reales; él conocía mejor que muchos hombres el dolor de la angustia mental, pero nos da un catálogo de sufrimientos físicos que sería difícil igualar. ¡Qué héroe la gracia de Dios había hecho de este hombre! Puede hacer lo mismo con nosotros. Tratad de pensar sobre el problema del sufrimiento; ¿cuándo es una bendición el sufrimiento y cuándo una maldición?

231

LECCIÓN XXXIV.

PABLO VUELVE A CORINTO Y ESCRIBE A LOS CRISTIANOS EN ROMA.

I. *Pablo Visita las Iglesias de Macedonia.* Léanse Hechos 20.1-3; Romanos 15.19, 26. Compárense 2 Corintios 8.1-6, 16-19; 9.1-5.

La visita de Pablo a Macedonia incluía probablemente Filipos, Tesalónica y Berea, donde el trabajo, interrumpido tan bruscamente unos cuantos años antes, fué empezado otra vez y continuado. Notad en las primeras dos referencias con qué celo y eficacia el apóstol emprende la obra de fortalecer estos centros cristianos. Debe haber sido en esta época que Pablo llegó a Ilírico, o a sus confines, al noroeste de Macedonia. Puede ser que Pablo sentía que evangelizando a Macedonia había en verdad llevado el evangelio hasta Ilírico, aunque no hubiese entrado en este distrito. En Romanos 15.26 y los pasajes en Corintios citados arriba, notad: (1) El deseo vivo de Pablo de que los cristianos gentiles ayudasen a sus hermanos pobres de Judea. (2) Los argumentos que usaba haciendo presión sobre la oportunidad y obligación de estos discípulos europeos. (3) Los hombres que ayudaban a reunir estos fondos. (4) La generosidad y voluntad con que estas ofrendas fueron dadas. Lucas hace el resumen de la visita de Pablo a las iglesias en Macedonia con esta declaración concisa: "Exhortaba a los hermanos con abundancia de palabras."

II. *Tres Meses en Grecia.* Hechos 20.3.

La situación en Corinto había mejorado de tal manera que Pablo pudo visitarlos sin causarle dolor; en verdad, insistieron fuertemente que viniera. Recordando todo lo que había sucedido desde la primera visita de Pablo a Corinto, tratad de imaginaros con qué gozo lo recibieron esta vez y con qué gozo él consintió en prolongar su estancia entre ellos. ¡Qué paz deben haber traído a esta iglesia aturdida sus enseñanzas y su presencia! Vemos que había surgido una iglesia en Cencrea, uno de los alrededores de Corinto: puede ser que otras iglesias surgieron del trabajo de la iglesia en Corinto. Sin duda la mayor parte de estos tres meses Pablo pasó en Corinto, pues estaba muy deseoso de corregir los errores y las divisiones que habían entrado en la iglesia. El había escrito a los corintios que tuvieran su colecta lista cuando él llegara allí. No sabemos si lo hicieron o no, pero es de esperar que a su llegada ellos tenían el dinero

El hecho de que los judíos estaban conspirando para matarlo es una prueba evidente de que los tres meses que Pablo pasó allí fueron meses de gran actividad y que su influencia se hacía sentir en gran manera. Recordaréis que durante la primera visita de Pablo a Corinto sus enemigos lo habían llevado ante el procónsul Galión. El atentado para desacreditarlo y hacerle daño redundó en su propio perjuicio, pues fueron echados de la corte y atacados por la muchedumbre gentil, y su jefe fué severamente azotado. No nos extrañe que en esta ocasión sus enemigos no tratan de traerlo ante el procónsul romano para su enjuiciamiento, sino tratan de asesinarlo secretamente. Enterándose del plan de Pablo para salir de Corinto, dirigiéndose a Jerusalén, ellos se prepararon para llevar a cabo el complot abordo del buque que llevara a Pablo a Siria. Sus planes fueron esta vez de matar a Pablo fuera de la jurisdicción de Galión y en alta mar. Enterándose de su plan, Pablo burló a sus enemigos, como lo veremos más tarde.

III. *Pablo Escribe a los Cristianos en Roma.*

Es muy natural que al permanecer tranquilamente por mas semanas en Corinto Pablo volviera sus ojos al gran mundo occidental de Roma y el más lejano Mediterráneo como campo para sus actividades misioneras. Por unos doce o quince años había estado sembrando la palabra del evangelio con gran celo y entusiasmo en la provincia del Asia Menor y de esa parte de Grecia que está al margen del Mediterráneo. El trabajo de explorador misionero le era muy grato; parecía especialmente dotado para este trabajo. Así que, tranquilamente estudiando la situación de sus iglesias, y satisfecho que el evangelio estaba firmemente arraigado en el oriente, Pablo hace sus planes definitivos para llevar el mensaje al lejano occidente.

Hacía tiempo que anticipaba la visita a la metrópoli del mundo. Ningún apóstol había fundado una iglesia en Roma. Es cierto que el cristianismo había llegado a Roma, pero es posible que en esta época solamente había un grupo de cristianos; éstos habían venido de distintas partes a la ciudad. Pablo deseaba visitar a estos cristianos en su capacidad de apóstol a los gentiles; pero además tenía otra razón por la cual deseaba visitarlos ahora. Más allá de Roma estaba España, ya considerablemente romanizada, en lenguaje, arquitectura y civilización; y hacia España dirigía Pablo su vista como el próximo campo misionero. (Romanos 15.23, 24.) Como él tenía que darle cuenta a su Señor que él había predicado el evangelio a los gentiles de todo el imperio, tenía que ir al extremo occidental del mundo. Quizás él creyó que podía mandar algunos de sus ayudantes a la Bretaña. Hizo sus planes para visitar a Roma en este viaje para poder tomar parte en amoldar la vida y el pensamiento de esa comunidad cristiana, que por su situación y sus condiciones era llamada a tener un lugar de singular influencia en la historia cristiana. Es probable que esperara que este grupo de cristianos en Roma le ayudasen con sus oraciones, sus simpatías y con algún dinero, que fuera una base de consuelo para él en este trabajo. (Romanos 15.24, 28-32.)

Aunque Pablo deseaba dirigirse al occidente, no se sentía con libertad de hacerlo hasta que la colecta no fuera entregada a los cristianos de Jerusalén para su debida distribución entre los pobres. Sabemos que Pablo había unido a todas las iglesias en las cuatro provincias romanas de Galacia, Asia, Macedonia y Acaya en esta empresa. El todavía tenía la esperanza de que esta prueba de afecto de parte de las iglesias gentiles reconciliaría a los hermanos en Jerusalén hacia el esparcimiento del evangelio entre los gentiles, así que su plan de viaje tuvo que ser pospuesto hasta que los representantes de cada iglesia pudieran llevar su ofrenda a Jerusalén y hacer todo lo que pudieran para interpretar su significado al grupo crítico de judíos allí.

Mientras hacía los preparativos para este viaje, uno de sus conversos se dirigía a Roma en negocios particulares; ésta era Febe, una señora cristiana, que vivía en Cencrea, el puerto oriental de Corinto. Era una viuda de holgada posición y una de las diaconisas de la iglesia. (Romanos 16.1.)

Como era necesario que los cristianos en Roma lo ayudasen en sus esfuerzos de llevar el evangelio a España, y no deseando esperar más tiempo para hablarles del evangelio, aprovecha esta oportunidad y les manda una carta con Febe.

IV. *La Fecha y la Ocasión de Esta Carta.*

Al parecer, fué casi a la terminación de los tres meses de invierno que pasó en Corinto que Pablo escribió esta carta, la más famosa de todos sus productos literarios. (Romanos 15.23-26.) Ramsay dice que su estancia en Corinto fué desde diciembre del año 56 a febrero del 57. Otros creen que fué en el año 58. Pablo estaba en un cuarto de la casa de Gayo (Romanos 16.23; 1 Corintios 1.14), un cristiano de Corinto, rico, y a su lado estaba Tercio su secretario. (Romanos 16.22.) El mundo romano continuaba su marcha; Nerón estaba en el trono e influenciado grandemente por Popea. Durante unas cuantas semanas en la primavera un impostor egipcio trata de influenciar a Jerusalén con sus pretensiones de Mesías y lleva unos cuatro mil fanáticos al desierto y vuelva más tarde con treinta mil hombres para ser derrotado por los legionarios de Félix. Pablo, sin temor y sin perturbación por estas influencias, está pensando en Roma. Unos cuantos meses antes había dicho: "Me es necesario ver también a Roma" (Hechos 19.21). Parece que había un creciente interés en la mente del apóstol con relación a las personas y los hechos en el círculo cristiano allí.

Sus queridos amigos Priscila y Aquila habían vuelto a Roma. Otros cristianos que Pablo conocía personalmente (el menciona veintiseis) estaban allí, atraídos por circunstancias que nosotros ignoramos. (Romanos 16.3-16.) Además, él sabía las condiciones de este grupo importante. (Romanos 1.8, 9.) Las largas noches pasadas en la compañía de Priscila y Aquila en Efeso y Corinto le habían dado oportunidad para conocer los problemas de los cristianos en Roma. El no sabía lo que le esperaba en Jerusalén. (Romanos 15.30, 31.) Quién sabe si la ira cruel de los desobedientes allí resultaría en su muerte. El ruega a estos hermanos romanos diciendo: "Luchéis juntamente conmigo orando a Dios por mí." El sentía físicamente los efectos de sus trabajos y sufrimientos. Esto, añadido al presentimiento de su peligro en Jerusalén, puede haberle influenciado a mandar esta carta interpretándoles el verdadero evangelio cristiano porque tal vez nunca llegaría a Roma. Además, quizás, estos judaizantes que él había echado de la iglesia en Corinto irían a Roma cuando supieran de su pretendido viaje a España, para influenciar a la iglesia en Roma contra él. El sabía por dura experiencia en Galacia y en Corinto los puntos en los cuales estos opositores teológicos podían mal interpretarlo. Así él escribiría una declaración cabal de las convicciones que él creía fundamentales y de aquellos de que sería más probable que les dieran una falsa interpretación. Al desear Febe una recomendación para los hermanos en Roma, él decide escribirles esta carta. La situación trae a relucir sus maduras convicciones y los principios que lo habían inspirado en su trabajo; es su gran confesión de fe. Así nos atrevemos describir las posibles condiciones exteriores e interiores en las cuales Pablo concibió y escribió su carta a los Romanos.

Léanse ahora Romanos 16.21-24; Hechos 20.4. ¡Qué poder más maravilloso de atracción tenía Pablo! ¡Cómo le amaban sus amigos! ¡Cómo debe haber gozado el compañerismo de estos amigos! A esta lista debemos añadir a Tito, su compañero y colaborador, y probablemente Lucas el médico amado. ¡Qué gozo haber podido oir a Pablo discutir con sus amigos algunas de las cosas que más tarde escribe en cartas! Estas conversaciones, muchas veces continuadas hasta avanzadas horas de la noche, deben haber sido discusiones profundas. Y al mirar su cara, con gozo y recogimiento, recordaríamos que con esos mismos cansados y pensativos ojos había visto al Señor hacía veinte años. Los trabajos de Pablo, sus sufrimientos, su espíritu de sensatez moral y mental, unido a un amor y una paz sobrenatural, todo hace de sus convicciones verdades absolutas. Y ahora podemos oir a Pablo dictar, y ver a Tercio escribir, el mensaje de Cristo, que, habiendo penetrado en el corazón y la vida del apóstol, él está interpretando por medio de esta carta. Escogiendo el más sublime tema y desarrollándolo de una manera magistral, envió el producto de su mente y corazón a Roma, y por medio de esta epístola, una de las composiciones más grandes en toda literatura, Cristo y Pablo han influenciado al mundo desde aquel entonces. A esta carta le deben Agustín, Lutero y Wesley su poder y su transformación, y muchos hoy le dan gracias a Dios por esta fuente de enseñanza espiritual.

Preguntas.

1. ¿Cuál fué el propósito general de la visita de Pablo a las iglesias al salir de Efeso?

2. ¿Qué carta importante escribió Pablo durante su última estancia en Corinto?

3. ¿Qué país marcaba el lindero occidental del mundo civilizado en la época de Pablo?

4. ¿Por qué no pudo visitar en seguida los países occidentales?

5. ¿Qué indujo a Pablo a escribir la carta a los romanos?

6. Mencionad cinco amigos que estuvieron con Pablo.

7. ¿Por quién fué enviada la carta a Roma? ¿Por qué?

8. ¿Quién fué el hospedador de Pablo en Corinto? ¿Sabéis algo más de él?

9. ¿Por qué creéis que Pablo deseaba hacer este viaje al occidente?

10. Dígase algo del complot contra la vida de Pablo en Corinto.

Dos Pensamientos Personales.

1. Léase Romanos 1.13. La experiencia dolorosa que tuvo Pablo con los corintios y sus temores acerca de la próxima visita a Jerusalén no pudieron menguar su interés en la expansión del evangelio. Dirige su vista hacia el occidente con la visión apostólica de predicar el completo evangelio. Es bueno recordarlo cuando circunstancias desalentadoras nos rodean.

2. Léase Romanos 1.14. Pablo sentía que todos los hombres tenían el derecho de saber de Jesús y su salvación. Que las buenas nuevas de Dios, para todos los hombres, hubiesen venido al mundo y que algunos no la supieran era un pensamiento intolerable para él. ¿Sentís vosotros alguna responsabilidad acerca de esto?

LECCIÓN XXXV.

Un Estudio Especial de la Carta a los Romanos.

Algunas Opiniones sobre Esta Carta.

"La catedral de la fe cristiana." (Godet.)

"El libro más profundo que existe." (Coleridge.)

"La parte principal del Nuevo Testamento y el evangelio perfecto." (Lutero.)

"De todas las cartas apostólicas de San Pablo, es la más grande en todos sentidos." (Obispo Moule.)

Sabemos por nuestra última lección que esta epístola fué escrita por el gran apóstol de los gentiles desde Corinto, cerca de la terminación de su tercer viaje misionero. Sabemos también que aún no había ido a Roma y que aprovecha la visita de Febe a esa ciudad para mandar esta carta con ella.

I. *La Carta a los Romanos.*

Como en esta lección habéis de hacer un estudio especial de esta epístola, leedla toda de una vez y sin permitir interrupción alguna. Lo encontraréis de gran valor, y se puede hacer en unos treinta minutos. En esta primera lectura no tratéis de aprender ningún pasaje de memoria, ni tratéis de entenderla; no os preocupéis por las cosas que no entendéis. A veces se manda a un muchacho a una diligencia, diciéndole que no se detenga por el camino para ver ni oir y que vaya al lugar indicado lo más pronto posible, regresando en seguida. Quizás algún día este mismo muchacho tenga que volver a ese lugar, esta vez con más holgura, y puede tomar el tiempo para ver lo que no pudo la primer vez. En esta lectura rápida de esta Epístola a los Romanos vamos hacer nosotros como este muchacho.

En esta lectura rápida no podréis descubrir el plan general del autor. El principio es fácil; su introducción,

239

abarcando la salutación y hacimiento de gracias, se encuentran en los primeros quince versículos; después os encontraréis algo perplejos.

II. *Buscando un Tema.*

Muchos autores dicen que esta epístola, de todas las que Pablo ha escrito, es más una disertación que una carta. Forzosamente como disertación tiene que tener un tema, y si lo encontramos podremos entender mejor esta carta. Teniendo esto presente, vamos a hojear los primeros capítulos otra vez, y notaréis una palabra que el apóstol repite muchas veces, y algunas veces de una manera muy singular; notad su uso en los capítulos 1.17; 3.21, 22; 4.3; 5.17. ¿Tendremos un indicio aquí? El tema de Pablo no era solamente la "justicia" ni aun "la justicia de Dios"; más bien era "el don de la justicia de Dios." En el primer capítulo, en los versículos 16 y 17, encontraréis el tema mencionado por primera vez. Pablo asegura que el evangelio declara las buenas nuevas de que todo hombre, por el ejercicio de la fe, puede poseer la justicia de Dios que lo salva, haciendo su vida aceptable a Dios.

III. *El Primer Paso en el Argumento de Pablo.*

¿Cuál sería el primer paso en el desarrollo de un tema semejante? ¿No os parece que debiera ser tratar de mostrar la injusticia del hombre? Pablo hace esto, mostrando claramente que ni judío ni gentil puede tener la justicia si no la recibe directamente de Dios; que los gentiles no lo han alcanzado, ni los judíos lo han obtenido. Esta primera división comprende desde el capítulo 1.18 al 3.20. Vamos a denominar esta división "La Necesidad de este Don."

IV. *Encontrando una Clara División.*

Si todos los hombres son reos en su injusticia, ¿dónde pueden obtener la justicia que satisfaga a Dios? En otras palabras, si solamente hay una manera en que podemos satisfacer las demandas de Dios y de la conciencia, ¿cuál es esa manera? La contestación la empezamos a encontrar en el capítulo 3.21, donde el don de la justicia de Dios es primeramente explicado y definido (21-31) y entonces ilustrado en el capítulo 4. Esta es la segunda gran división en el desarrollo de su tema, y la llamaremos "La Naturaleza de este Don." (3.21-4.25.)

V. Con las palabras "justificados pues" en el primer versículo del capítulo 5 tenemos otra división; estas palabras expresan una consecuencia. ¿Cuál es esa consecuencia? Leyendo 5.1, 2 vemos que es el efecto de este don de justicia sobre el hombre que lo acepta por la fe. Esta división incluye los capítulos 5.1-8.30, y es algo difícil, pero con repetidas lecturas las subdivisiones se distinguen fácilmente. Por ejemplo, en el capítulo 5 tenemos las bendiciones de la justificación y la excelencia de la salvación; el cambio de relación de los "justificados" al pecado, capítulo 6, a la ley, capítulo 7, y a la muerte, capítulo 8.1-30; después sigue un resumen de las bendiciones de los hijos de Dios, 8.31-39. Todo aquel que por la fe entra en una relación filial con Dios es libertado del pecado, emancipado de la tiranía de la ley y librado de la muerte. Vamos a llamar a esta tercera división en el desarrollo del tema de Pablo "El Efecto de este Don sobre el Hombre."

VI. El destino religioso de los judíos era un problema difícil para los primeros pensadores cristianos. Las palabras de los profetas les hicieron suponer que la nación judaica sería glorificada y elevada por el advenimiento del Mesías. Los cristianos creían que Jesús era el Mesías; sin embargo, no parecía que había probabilidades de ver esta esperanza realizada por medio de él, puesto que los judíos, como nación, lo rechazaba así como su mensaje. Pablo se daba cuenta de la dificultad que estas condiciones ofrecían. Ahora, al leer los capítulos 9-11, recordad que el apóstol sostiene en esta carta que hay solamente un camino de salvación para judíos y gentiles. Esto haría surgir más tarde la pregunta ¿qué vamos a hacer con la promesa especial de Dios a los judíos en el Antiguo Testamento? En sus cartas anteriores Pablo no ha contestado esta pregunta, pero en ésta él trata el asunto con todo el detenimiento necesario. No os olvidéis que es un asunto

241

nacional el que él trata aquí y que tiene que aclarar este
dilema, pues o el evangelio es falso, o las promesas de
Dios son falsas. Vamos a llamar estos tres capítulos "La
Relación de Israel al Evangelio."

VII. Así termina la parte doctrinal de esta gran epístola, y ahora empieza la parte práctica y su aplicación.
Aquí tenemos instrucción moral, con exhortaciones com-
prensivas y sistemáticas de la relación del cristiano hacia
Dios, la Iglesia, el estado y la sociedad en general. Empezando con el capítulo 12, encontramos que esta parte
aplicable termina con el capítulo 15.14 o 15.22, porque
aquí empiezan algunas alusiones personales y mandamientos finales, con lo cual termina esta epístola, excepción
hecha de la bendición y atribución final. Sería de gran
provecho notar en la "Aplicación Práctica" lo que Pablo
consideraba los deberes de un cristiano como miembro de
la sociedad donde vive; porque en la Epístola a los Romanos tenemos las declaraciones más claras y detalladas de
lo que Pablo creía era el valor de Jesús y su salvación para
las necesidades religiosas de los hombres en todas partes.

Al leer y estudiar esta carta pensad en la impresión que
debe haber causado en los varios grupos de cristianos
romanos. ¿No creéis que deben haber esperado su visita
con gran ansia, habiendo oído hablar de su fama y su
devoción a la causa a la cual ellos también habían dedicado sus vidas? Y al leer el capítulo 16 leedlo viendo en
él el interés personal de Pablo en sus compañeros cristianos.
¡Qué ejemplo de carácter y espíritu!

Repasemos nuestro bosquejo, poniendo nuestras divisiones en orden.

1. La Salutación 1.1–7
2. Hacimiento de Gracias 1.8–15
3. El Tema: La Justificación por la Fe 1.16, 17
4. La Necesidad de este Don 1.18–3.20
5. La Naturaleza de este Don 3.21–4.25
6. El Efecto de este Don sobre el Hombre 5.1–8.39
7. La Relación de Israel al Evangelio 9–11
8. La Aplicación Práctica 12–15.21
9. Asuntos Personales 15.22–16.23
10. Bendición y Atribución 16.24–27

Esperamos que vosotros tomaréis en otra ocasión el tiempo para estudiar estas divisiones en sus varias partes.

Lo siguiente es un bosquejo de esta epístola de Pablo por Dr. W. H. Griffith-Thomas. Compárese con el anterior.

Pudiera ser de valor notar los tres puntos fundamentales que indican las palabras: "justificados pues" en el capítulo 5.1, "por tanto" en el capítulo 8.1, "por tanto" en el capítulo 12.1. Primero, el "justificado pues" con relación a la salvación, después el "por tanto" con relación a la santificación y en seguida el "por tanto" con relación al servicio. Estos tres suman la concepción de Pablo acerca de la vida cristiana. Podemos decir en verdad que este es el evangelio según San Pablo.

Preguntas.

1. ¿Cuál es el tema principal de la Epístola a los Romanos?

2. Dad tres argumentos que Pablo usa en los primeros ocho capítulos.

3. Israel rechaza a Dios; ¿sería esto la causa por la cual Dios rechaza a Israel? ¿Es aplicable esto hoy al individuo?

4. En Romanos 3.24, la palabra "redención." ¿Redención de qué? ¿Tiene Cristo más compasión del pecador que Dios?

5. En el capítulo 3.26 ¿creéis que Pablo nos dice cómo la muerte de Cristo hace posible que Dios pueda obrar con justicia al declarar que el hombre de fe es justificado?

6. En la larga lista de sus amigos en Roma, Pablo no hace alusión a Pedro y su trabajo, influencia o autoridad en Roma. ¿Qué haremos de la leyenda del largo episcopado de Pedro en Roma?

7. ¿Es de importancia que nuestras creencias religiosas sean sanas y claras, o sólo basta que sean sinceras?

8. ¿Tiene el libro de Romanos algún mensaje para nosotros? ¿Cuál es?

9. Dígase en que manera, según Pablo, Cristo salva a los hombres.

10. Léase 8.14–17. ¿Qué quiere decir ser "guiados por el Espíritu"? ¿Qué significa para vos ser "un hijo de Dios"?

Meditad Sobre Esto.

1. "Es el poder de Dios para la salvación." El evangelio es una declaración de la manera en que Dios ejercita su poder para salvar al hombre de una vida egoísta, que al fin sólo le trae miseria, a una vida de creciente amor y servicio. Sólo un Dios grande hace esto. Ninguno de nosotros que hemos experimentado el poder de Dios en nuestras vidas podemos pensar o creer que estamos haciéndole un favor a Dios aceptando su salvación.

2. "El pecado no se enseñoreará sobre vosotros." Esta declaración de Dios es la carta real de nuestra verdadera libertad. Es la promesa de una vida victoriosa. Léase capítulo 6.12–14. Tenemos poder para hacer lo que se nos manda a hacer en el versículo 13, porque el dominio del pecado ha terminado. Cuando nosotros nos hemos entregado a Dios para ser sus siervos y obedecerle en verdad, ya la obra de la santificación ha empezado en nuestras vidas, y pronto sus frutos se verán. Hacedlo.

244

LECCIÓN XXXVI.

LA VIDA CRISTIANA. Romanos 12.

EN nuestras dos lecciones anteriores hemos estudiado al autor, la ocasión y la época de la Epístola de los Romanos, y hemos tratado de hacer un estudio especial de dicha epístola. Pusimos como tema de esta disertación "El Don de la Justicia de Dios." En un bosquejo que copiamos del Dr. Griffith Thomas vemos que el don como tema de Romanos es "justicia." El clasifica los capítulos 12–15.13 como "La Justicia Manifestada." Otros han hablado sobre esta división como las "Enseñanzas Sociales de Pablo." Nos parece que Pablo, después de terminar con la parte doctrinal, la parte filosófica, y la parte mística, hace una pausa. Es como si una persona le dijera: "Pablo, ¿qué significa esta justicia de la cual estás hablando? ¿Qué clase de vida vivirá un hombre justificado por la fe?" En nuestra imaginación podemos verlo pensar. Entonces se oye su voz dictándole a Tercio. El les escribe a estos cristianos romanos que ellos como cristianos, personas a quienes Dios ha dado el don de justicia, deben cada uno cumplir con fidelidad el trabajo que le ha sido encomendado; y sigue con lo que debe ser su conducta cristiana en sus relaciones sociales hacia los cristianos y todos los hombres. Ellos vivían en Roma, la capital del mundo, bajo un gobierno organizado. Pablo les da su concepto del deber a la autoridad civil—al estado. Recordando algunas de las dificultades en sus iglesias, él añade algunos párrafos muy bellos sobre el deber del cristiano de mostrar tolerancia hacia otros; ser considerados de los escrúpulos morales de otros; tener conciencia de nuestra obligación hacia los más débiles. Para Pablo "la justicia" significaba tener una relación justa para con Dios y para con los hombres. ¡Qué bueno si tuviésemos el tiempo de estudiar en detalle todas estas fases del deber y la conducta cristiana! No podemos hacerlo en una lección corta; pero seguramente sería de gran valor para nosotros que cada uno por sí estudiase cuidadosamente este cuadro que con su pluma Pablo nos describe en el capítulo 12 de Romanos, versículos 9–21, de lo que es un verdadero cristiano, su espíritu y su vida. Leed ahora este párrafo con detenimiento, tratando de comprender lo que Pablo quería decir en cada frase. Al leer este párrafo, recordáis que Pablo se dirigía, no a las personas que vivían en la Utopia, sino a las personas que vivían en Roma y bajo el dominio de Nerón. No dirigió estas palabras a unos cuantos escogidos, sino "a todos los amados de Dios que estáis en Roma, llamados a ser santos."

I. *Un Grupo de Deberes.*

Quizás nos serviría de apoyo para comprender estas máximas si tratásemos de ilustrar a cada una con un caso concreto. Os ayudaremos con unas cuantas preguntas. ¿Cuál sería un caso de amor con "fingimiento"? (Versículo 9.) Notad la fuerza de las palabras "aborreced" y "adheríos" en el mismo versículo. Nos es fácil llegar a tener cierta familiaridad con ciertas formas del pecado. Pablo nos dice, "Adheríos a lo bueno," para que nada os pueda separar de él. ¿Habéis alguna vez sinceramente tratado de poner en práctica en vuestra vida el mandato del versículo 10? No es fácil. Deseamos siempre reclamar el primer puesto para nosotros. ¿Qué entendéis que significa la palabra "fervientes" del versículo 11? Después, ¡Qué bella lista de palabras las siguientes: "esperanza," "aflicción," "oración," "compartiendo," "hospitalidad"! ¿Qué quiere decir "bendecid" en el versículo 14? ¿Cuál sería hoy un caso de persecución? Esta es una lección dura para cada uno de nosotros. Deseamos pagar con la misma moneda que hemos recibido, y si no, pues queremos dejarlo y no hacer nada. La mayoría de nosotros, cuando una persona nos hace daño, no deseamos tener más nada que ver con ella, pero aquí en este plan dice que no debemos devolver mal por mal; ni tampoco debemos dejar de devolver algo y que la deuda es devolver amor y bendiciones.

246

Debemos hacer los servicios más humildes que están a nuestro alcance, sin esperar hasta poder hacer los servicios más conspicuos, y estar siempre dispuestos para aprender. ¿No os parece que eso es lo que Pablo quiere decir en el versículo 16? ¿Hay alguien con quien no estáis en paz? Pablo escribió el versículo 18 a las personas que vivían en la hostil y pagana Roma. Compárese Proverbios 25.21, 22 con el versículo 20.

II. *Problemas de un Joven.*

Una vez un joven hizo una lista de estos deberes, pues comprendía que vivir y cumplir con ellos constituía la verdadera vida cristiana; pero al meditar sobre todos estos detalles se sintió casi sin esperanzas y decidió leer otra vez este capítulo desde su principio. En los primeros dos versículos encontró el principio fundamental, el secreto sencillo, la fuente de todas las virtudes mencionadas en el resto del capítulo. Muchas veces usamos la palabra "consagración" como la descripción de lo que significa el versículo primero. Ruego leáis el versículo primero dos veces y con detenimiento y entonces tratad de definir lo que es "consagración." La índole de la consagración se indica aquí por un número de palabras y frases. (1) Tiene que ser voluntario: "Presentéis"—hacer un presente, entregar; debemos entregar nuestros cuerpos a Dios. Léase Romanos 6.13–16. Si hacemos esto verdaderamente, ¿a quién pertenecen nuestros cuerpos? ¿Por qué quiere Dios nuestros cuerpos? Con nuestros cuerpos trabajamos, pecamos y hacemos todo. Así pues podemos decir (2) que nuestra consagración ha de ser completa, porque "nuestros cuerpos" significa nuestro ser, todo nuestro ser; pues por medio de nuestro cuerpo miramos, hablamos, oimos, escribimos, viajamos. Sin nuestro cuerpo, ¿qué significaríamos para los demás hombres? (3) Notad ahora que la consagración tiene un elemento de sacrificio. En el Antiguo Testamento Dios aceptaba el sacrificio de animales; ahora él no quiere nuestros animales ni posesiones: él nos quiere a nosotros mismos, ni nos quiere muertos, sino seres racionales con cuerpos, llenos de vida.

¡Racional! no hemos de atrofiar o hacer morir estos poderes corporales, pero sí hemos de entregárselos a Dios para la obediencia, para su servicio y su uso. El "cuerpo," que era el fuerte del pecado (véase 7.23, 24), es ahora colocado en el altar de Dios como un sacrificio santo.

Algunos jóvenes dicen que cuando sean viejos se entregarán a Dios y serán verdaderos cristianos. Dios es bueno y nunca rehusa a nadie que viniere a él, pero ¿en qué podemos servir a Dios cuando ya seamos viejos y gastados? Dios necesita hoy hombres. El tiene una obra grandiosa. ¿Por qué no entregarle vuestros cuerpos para un servicio completo? Hudson Taylor oyó a Dios decir: "Voy a evangelizar a China, y lo haré por medio tuyo si tú me dejas." ¡Y de qué manera tan maravillosa Dios lo usó en China! El Dr. John Timothy Stone nos cuenta de su encuentro con Frank Higgins, misionero a los hacheros en los bosques noroeste de Norte América, poco después de haber sufrido un serio accidente ferroviario. "No quiero que se lo digan a nadie," le decía a Dr. Stone, "pero voy a Rochester mañana para operarme." Con el Dr. Stone estaba un hombre llamado Jack Sornberger, que había sido convertido por Higgins; había sido pugilista por años y había peleado ciento veintisiete veces, ganando todas las peleas. Este hombre amaba mucho a Higgins, que lo había llevado a los pies de Cristo, y acostumbraba llamarlo "jefe." Tocando a Higgins en el hombro, le dijo: "Jefe, tú conoces a Sornberger; ahora yo voy para mi casa y he de esperar junto al teléfono; tú conoces bien mi izquierda, toda ella te pertenece; quizás necesiten allí algún hueso, pues la derecha también es tuya, y todo este cuerpo es tuyo: también, ya lo sabes, yo estaré al lado del teléfono listo para darte todo lo que necesites; al llamar, volaré." "Esto, dice Dr. Stone, es la clase de sumisión a Dios que deseamos." (Tomado del *Sunday School Times* de 1916.) ¡Qué ilustración más preciosa de la verdadera consagración!

III. *La Cura para la Mundanalidad.*

Léase el versículo 2. Negativamente la consagración se manifiesta en la ausencia de la conformidad a este mundo. Pero ¿qué es vuestra idea de la mundanalidad? ¿Es el deseo de ser como las personas que pertenecen al mundo? Habéis notado que los jóvenes hacen una de dos cosas: o conforman sus vidas a lo mundanal, o las entregan a Cristo, dejándolo a él que las transforme. La cura de la mundanalidad es una consagración tan verdadera de nuestras vidas a Dios que él pueda transformar nuestras mentes y corazones de manera que no deseemos ser como las personas del mundo, pero sí deseamos, sobre todas las cosas, ser como Jesús. Cuando en verdad entregamos nuestros cuerpos a Cristo él en seguida toma posesión e inmediatamente empieza en nosotros una vida de pensamiento y servicio para otros. Algunas veces oimos a los jóvenes decir: "Me cuesta mucho ser aún medianamente bueno: ¡qué no sería tratar de serlo completamente!" Pero algunos de nosotros hemos encontrado que la vida más difícil y desagradable es la del cristiano a medias, tratando de servir a Dios, pero deseando hacer su propia voluntad al mismo tiempo. La verdadera satisfacción viene cuando en nuestra vida demostramos "cual sea la voluntad de Dios, buena, agradable y perfecta."

Pablo habla de sí mismo como el esclavo de Dios. El esclavo puede rebelarse contra los mandatos de su amo y obedecer solamente porque tiene que hacerlo, o puede llegar a amar de tal modo a su amo que en vez de desear su libertad puede voluntariamente entregar su servicio por toda la vida, creyéndose más feliz trabajando por su buen y sabio amo que saliendo a luchar en el mundo. ¿Cuál de estos dos tipos de esclavos sería más feliz?

No sólo el cristiano romano, sino vos y yo y todos los seres humanos, somos llamados a tener un determinado arreglo con nuestro Señor. Somos llamados una vez y para siempre a mirar a nuestro Señor cara a cara y poner en sus manos nuestro ser, con todos los dones que él nos ha dado, para su servicio perpetuo. Entonces creceremos y seremos transfigurados.

David Livingstone en su diario con fech mayo 22, 1853: escribió: "No estimaré nada que poseo o pueda llegar a poseer sino en relación al reino de Cristo; cualquier cosa que pueda hacer para ganar el reino lo daré o retendré si el dar o retener sea para extender la gloria de Aquel a quien debo todas mis esperanzas ahora y para la eternidad. Que Dios me dé la gracia para adherirme siempre a esto." Estos hechos y estas decisiones sobre las cuales Pablo escribe son experiencias verdaderas, y pueden ser vuestras. Empezad hoy.

Preguntas.

1. ¿Qué es un sacrificio?

2. ¿Por qué quiere Dios nuestros cuerpos?

3. ¿Cómo podemos presentar nuestros cuerpos a Dios como sacrificios vivos?

4. ¿Cómo sabemos que Dios nos acepta?

5. ¿Cuál es la diferencia entre el respeto propio y la vanidad?

6. ¿Tiene cada uno algún don que puede ser de utilidad en el servicio de Dios? Defienda vuestra respuesta.

7. ¿Cómo es posible "aborreced lo malo" si nos agrada?

8. ¿Qué quiere decir "ser conformes a este mundo"?

9. ¿Cómo podemos evitar ser mundanos?

10. ¿Cuál es la diferencia entre ser transformados y ser reformados?

11. ¿Es posible amar a un enemigo?

12. ¿Cuál es la limitación implicada en el versículo 18, "en cuanto dependa de vosotros"?

Para Vuestra Meditación.

1. "Presentéis vuestros cuerpos en sacrificio vivo, santo, agradable a Dios." ¿Habéis presentado vuestro cuerpo a Dios? Si lo habéis hecho, ¿estáis cuidando de él como debiera cuidarse un sacrificio santo a Dios? ¿Lo estáis usando como algo que pertenece a Dios y por medio del cual él pueda manifestar su amor? ¿Encuentra él la posibilidad de manifestarse por medio de vuestro cuerpo?

2. "Aborreced lo malo." Algunas veces hay quien le agrada jugar con la tentación; no piensa ceder a ella, pero gusta de estar cerca y sentir su poder. Al hacer esto nuestro concepto del pecado cesa de ser claro; el pecado no nos es tan repulsivo como antes. Meditad sobre algunos de los pecados más comunes. Sed honrados con vosotros mismos y decid si los aborrecéis. Muchos de nosotros somos demasiado tolerantes con la maldad, especialmente si se encuentra en nosotros mismos. Dios odia todo lo malo, y si queremos ser cual él es, tenemos que hacer lo que él quiere. Tenemos que abominar la maldad, no sólo lamentar o deplorarlo.

Una Oración.

Nuestro Señor Jesús, perdona que hayamos tenido miedo de entregarte nuestros cuerpos con todo lo que esto significa para nosotros. Perdona el descuido con que hemos tratado nuestros cuerpos y perdona también los pensamientos y los deseos que nos han hecho obrar mal. Ayúdanos ver el gran privilegio nuestro si guardamos y cuidamos nuestros cuerpos para hacer la obra que nos has encomendado. Que podamos dedicar hoy nuestros cuerpos a ti, listos para responder a tu llamada. Esto pedimos en tu nombre. Amén.

LECCIÓN XXXVII.

Viajando Hacia Jerusalén.

I. *Pablo Sale para Jerusalén.*

Según Ramsay, estamos ahora probablemente en la primera semana de marzo del año 57. Pablo ha estado unos nueve meses en Europa, los últimos tres en Corinto. Ha llevado a cabo durante estos meses grandes cosas. Ha visitado y exhortado las iglesias de Macedonia y Acaya y ha escrito cartas maravillosas, algunas de las cuales están en nuestro Nuevo Testamento—2 Corintios y Romanos; también había llegado a un acuerdo amistoso con los cristianos en Corinto y había recibido de ellos la ofrenda para la iglesia en Jerusalén; había escrito a los cristianos romanos preparándolos para su visita, e incidentalmente había provisto para su propuesta misión española, estableciendo así la base para la Iglesia Cristiana del Oeste. Deseoso de llegar a Jerusalén con la ofrenda antes de la fiesta anual de la Pascua, tomó pasaje para Palestina.

Creeríamos que Pablo descansaría algo ahora. Su vida había sido dura, y había hecho una gran obra. El ya envejecía, y la época de su gran entusiasmo nos parece que debiera haber pasado. Pero los corazones de algunos hombres nunca envejecen. A Pablo, el de corazón ardiente, todo lo que había hecho le parece sólo el principio; sueña con mayores cosas en el futuro; el deber y la necesidad lo llaman a los confines del Imperio Romano, a las costas de España y a los Pilares de Hércules, donde el mundo tiene su fin.

Ahora, en estos últimos días del mes de marzo del año 52 él sale para Roma por vía de Jerusalén. Su plan era reunirse con los apóstoles y ancianos de la iglesia en Jerusalén y entregarles la colecta para los pobres. El joven Timoteo está con él, y también Lucas y Trófimo el efesio y cuatro más, probablemente delegados de las iglesias de Asia y Galacia, que traían la ofrenda de sus respectivas iglesias.

Pablo nos dice que quiere llegar a Jerusalén para la Pascua. No es fácil conseguir pasaje en esta época, porque por todo el país caravanas están en marcha; los peregrinos de la Pascua se están congregando. En el muelle él encontró un gran número de ellos esperando un buque.

Al mezclarse con ellos encontró un ánimo hostil y malo. Maldiciones y miradas temibles le seguían el paso. En ningún otro puerto era mejor conocido y odiado que aquí en Corinto. Lo señalan como el apóstata que blasfema contra Moisés y la ley. Pero ellos aguardan su hora. El lugar propicio para asesinar a un hombre y tirarlo al mar es abordo de un buque lleno de gente y en una noche obscura; pero de alguna manera Pablo o sus amigos se enteran del plan traidor y a última hora cambiaron sus planes y decidieron salir dirigiéndose hacia el norte por tierra, a Macedonia. El éxito de Pablo estribaba en ganar otra vez a la iglesia en Corinto, pero sus grandes ambiciones para la obra en Roma y España y el esfuerzo titánico para ganar el elemento conservador en Jerusalén llegaron a exasperar a sus enemigos e influenciaron en el cambio de ruta. ¡Qué comienzo más desalentador para su gran expedición! Les sería imposible ahora llegar a Jerusalén para la Pascua, pero en cambio viajaba con verdaderos amigos y colaboradores, no con enemigos. Pasó por ciudades y pueblos donde otros amigos le dieron la bienvenida. Este viaje por tierra le hizo posible a Pablo volver a visitar las iglesias en Macedonia que había visitado algunos meses antes. Al llegar a Filipos Pablo mandó a sus compañeros a Tróade, mientras él pasó la semana de Pascua con Lucas, Lidia, el carcelero, y los demás conversos de Filipos. La mención de "los días de los Azimos" muestra lo ligado que Pablo estaba a los ritos de su pueblo que él podía guardar sin comprometer ni sacrificar sus principios cristianos.

Ese año (el 57) la Pascua caía en el día 7 de abril, y los judíos cristianos, al guardar la fiesta, le dieron una significación cristiana. "Cristo sacrificado por nosotros es nuestra Pascua; por lo tanto guardaremos la fiesta."

Tales celebraciones fueron el comienzo de la celebración del Viernes Santo y Pascua de Resurrección.

La celebración de la Pascua, o los días de los Azimos, duraba una semana; así pues Lucas nos dice: "Pasados los días de los Azimos, navegamos desde Filipos, y cinco días después nos reunimos con ellos en Tróade" (20.6). Esto quiere decir que salieron de Filipos el viernes, abril 15, y llegaron a Tróade al quinto día, o sea martes 19. Deben haber tenido mal tiempo, pues el viaje duró cinco días, y en el primer viaje de Pablo a Europa se hizo en dos días. En Tróade Pablo y Lucas se unieron a sus compañeros que habían ido por delante, y todos se detuvieron en Tróade siete días, aunque les corría prisa llegar a Jerusalén. Léase 2 Corintios 2.12, 13 para tener una idea de porqué Pablo deseaba detenerse, predicando, enseñando y ayudando a estos cristianos a mejor organizar la pequeña iglesia que había allí. (Léase Hechos 20.1–6.)

II. *Un Culto en Tróade que Dura Toda una Noche.*

Lucas nos da en su relato un incidente muy interesante de esta semana en Tróade. Es interesante no sólo por los hechos descritos, sino porque nos da una idea de los métodos empleados por los misioneros y las condiciones bajo las cuales tenían que trabajar. El domingo parece que hubo una reunión de despedida, porque Pablo y sus compañeros pensaban salir temprano el lunes. El domingo, el primer día de la semana, parece que ya había empezado a ser el día del descanso, en vez del sábado según la costumbre judaica. (Compárese 1 Corintios 16.2.) Al leer el relato de Lucas nos damos cuenta de que el que lo escribió fué un testigo presencial. Es fácil imaginarnos la escena: el grupo ansioso, el cuarto en el tercer piso, las muchas luces, las ventanas abiertas por ser una noche calurosa; podemos ver a Pablo mirando constantemente a este muchacho Eutico, soñoliento, sentado en una ventana, y que al fin se quedó dormido mientras él platicaba en altas horas de la noche; de pronto se oye un grito, y, antes de que nadie pueda llegar a él, el muchacho cae desde la ventana del tercer piso hasta abajo. Pablo con los otros se apresura a bajar, y cogen a Eutico, ya sin conocimiento. Lucas, que era médico, lo creía muerto; pero Pablo animó a todos diciendo que el muchacho aun tenía vida; la creencia de Lucas era que el espíritu fué detenido en su marcha y su vida continuada por el poder de Pablo. Hechos 20.10 nos indica que ya la gente iba a empezar sus acostumbradas lamentaciones por Eutico.

La congregación volvió al aposento alto, y la reunión prosiguió. Participaron de la cena del Señor y después Pablo les siguió hablando hasta el romper del alba. Fué una noche de recuerdos grandes para los presentes. Parece que, para satisfacer a todos, el muchacho fué llevado al aposento alto, y al verlo muchos fueron consolados. (Léase Hechos 20.7-12.)

III. *Desde Tróade a Mileto.* Léase Hechos 20.13-16.

Pablo debe haber sido un hombre de gran resistencia física. Después de haber predicado toda la noche les dijo a sus compañeros que se embarcaran en el buque que se dirigía al sur por las costas y que él seguiría a pie y los alcanzaría en Asón, treintidos kilómetros más allá. El calculaba que podría llegar allí al mismo tiempo que el buque, porque el camino por tierra era recto, mientras que el buque tendría que navegar alrededor del cabo "Lactum," necesitando más tiempo para llegar a Asón. Además, Pablo quería estar seguro del restablecimiento de Eutico y deseaba esta larga caminata por estar solo para poder meditar y tener comunión con Dios. Había muchas cosas en que tenía que pensar, pues tenía presentimientos. Parece que sentía que los mejores días de su obra ya habían pasado y que en el futuro sólo le aguardaban tiempos malos. Así empieza su viaje de treintidos kilómetros solo. "Toma el camino que pasa por el cementerio, los manantiales y los bosques de Tróade," caminando y meditando profundamente durante el día, y al anochecer alcanza el buque.

Habiendo embarcado Pablo en Asón, el buque siguió viaje a Mitilene, una ciudad de importancia en la isla de Lesbos. Saliendo de Mitilene al día siguiente, nuestros viajeros se encontraron frente a Quío, que quedaba al oeste. Sin desembarcar en esta isla, siguieron hacia el sur durante la noche, y al día siguiente amarraron en un puerto de la isla de Samos. Una noche más de viaje los trae al puerto de Mileto. No llegaron a Efeso, porque Pablo estaba ansioso de llegar a Jerusalén el día de Pentecostés y temía que una visita a Efeso le llevaría mucho tiempo, pues tenía allí muchos amigos. Y además, tenía que hacer sus cálculos, contando con demoras por mal tiempo y por no poder hacer buenas conexiones.

La palabra "Pentecostés" es una palabra griega que significa cincuenta. El día de Pentecostés cae cincuenta días después de la Pascua y era la segunda fiesta grande de los judíos. Era una fiesta de cosecha y se celebraba al terminar la cosecha de granos a principios de mayo. En adición a su significado judaico, ¿qué hecho especial asociaban los cristianos con la Pascua y el día de la resurrección?

Mileto estaba a unos cincuenta y seis kilómetros al sur de Efeso y a la boca del río Meandro. Esta era la metrópoli de Jonia. Había sido una ciudad de importancia, pero había decaído en esta época.

IV. *Un Tierno Adiós a los Ancianos de Éfeso.* Léase Hechos 20.17–38.

Pablo, sabiendo que el buque se demoraría en Mileto para descargar o tomar carga, mandó a llamar a los ancianos de la iglesia en Efeso, que vinieran a Mileto a verlo. Al llegar ellos, él les habla, y Lucas, que estaba presente, nos lo describe de una manera muy gráfica. Pablo nunca habló más elocuentemente que en este discurso de despedida en la costa de Mileto. Es como si se levantase un velo que nos permitiera mirar lo íntimo de su corazón. Lo vemos tal cual él era.

Primeramente Pablo les recuerda su vida y su obra. No todos los hombres pueden señalar su trabajo como Pablo hace aquí; porque no son todos los hombres cuyo trabajo puede resistir tal escudriñamiento. Veamos ahora lo que él dice. El está interesado por las cosas espirituales y no materiales. "Arrepentimiento para con

Dios y la fe en el Señor nuestro, Jesús"; y "del evangelio de la gracia de Dios"; y "la Iglesia de Dios que él adquirió con su propia sangre"—estos son los temas principales de Pablo y su mayor bien. Su ministerio le es más caro que nada que el mundo le pudiera ofrecer, y no estima su vida preciosa con tal de poder acabar su carrera con gozo. Sin embargo, Pablo no es un fanático ni un soñador. Ha trabajado duramente para ganarse su vida y mantener también a otros. "Trabajando así, se debe ayudar a los necesitados." ¡Qué interés tan intenso sentía él por estos conversos en Efeso! Por espacio de tres años los había amonestado día y noche, con lágrimas, y al fin ahora los deja; él sabe que lobos dañinos han de atacar a esta pequeña grey. Pero Dios es su recurso inagotable, y arrodillándose los encomienda al Señor y a la palabra de su gracia a aquellos que no verá más en este mundo. ¿No podéis casi oir el llanto en medio de la oración? "Doliéndose principalmente por la palabra que había dicho de que no verían más su rostro."

Fué una despedida muy tierna; hombres fuertes lloraban, y echándose sobre el cuello de su adorado jefe lo besaron. Pocas escenas se ven en el mundo como esa en la playa de Mileto ese día. Pablo, un judío y un exfariseo, con sus compañeros de viaje de Macedonia y otras varias partes de Asia; uno de ellos, Timoteo, medio griego y medio judío; el grupo de ancianos de Efeso que unos pocos años antes habían sido paganos adorando ídolos; de distintas razas y distintas provincias, estas personas eran una hermandad en Cristo Jesús. Pablo y su evangelio ganaban los corazones tanto como las mentes de los hombres. Ningún hombre, con excepción de David, inspiró en tantos corazones amor más intenso—¡aquel que había sido el terror de los cristianos! "Y lo fueron acompañando hasta el barco." Seguramente ninguno de estos ancianos dejaron la playa hasta que el buque saliera. Entonces con corazones tristes se dirigieron a Efeso.

Preguntas.

1. ¿Qué sucedió en Tróade?
2. ¿Por qué no se llegó Pablo a Efeso?
3. ¿Qué eran las fiestas de la Pascua y el Pentecostés?
4. ¿En qué manera afectó el plan de Pablo el complot en Corinto?
5. ¿Qué quiere decir Pablo con lo que dice en el capítulo 20.26?
6. Aprended de memoria el versículo 24.
7. Dígase algo de Aristarco. (Véanse Hechos 19.29; 27.2; Colosenses 4.10.)
8. Mencionad cinco de los compañeros de Pablo en este viaje.
9. ¿Quién era Tíquico? (Véanse Tito 3.12; 2 Timoteo 4.12; Efesios 6.21, 22; Colosenses 4.7, 8.)
10. ¿Qué concepto tenía Pablo del trabajo al cual estaba dedicada su vida? ¿Cómo llegó él a hacer esto el trabajo de su vida?

Pensamientos para Hoy.

1. Pablo expresa en una palabra el espíritu de la cristiandad. "Ayudar" "Debéis ayudar a los débiles." Ayudarlos a ser fuertes y que puedan ser ayudadores de otros.

2. Leed Hechos 26.16–18. ¿Habéis tomado seriamente vuestra misión de Jesús? ¿Servís de ayuda a alguien? ¿Tenéis algo que vale de lo cual podéis "testificar" como "testigos."

3. Si verdaderamente deseáis ser felices, poned en práctica la receta de Pablo en el versículo 35. Leedlo otra vez.

258

LECCIÓN XXXVIII.

EL ÚLTIMO VIAJE DE PABLO A JERUSALÉN.

I. *Desde Mileto a Tiro.* Hechos 21.1-6.

DE Mileto el buque se dirigió directamente al sur, llegando a la isla de Cos. Al día siguiente nuestros viajeros se encontraron en Rodas. Saliendo de allí, navegaron hacia el este, anclando en la bahía de Pátara, una ciudad de considerable importancia colocada en medio de las movedizas dunas de las costas de Lisia. Aquí los misioneros se trasbordaron a un buque más grande, que se dirigía a Fenicia. Por corto tiempo navegaron cerca de las costas de Lisia, después se dirigieron hacia el mar, las costas fueron desapareciendo y el barco, con las olas batiendo sus lados, pronto se encontró en alta mar. Más tarde, al sureste, divisaron las cumbres de algunas montañas; era la costa de Chipre. Dejándola a la izquierda, siguieron navegando, llegando a Tiro, donde desembarcaron.

¿Podemos trazar este viaje desde Tróade hasta Tiro? Tratad de hacerlo antes de seguir este estudio. ¿Qué sabéis de los distintos lugares que mencionamos: Rodas, Chipre, Fenicia, Tiro?

II. *Pablo en Tiro.*

Tiro era una ciudad famosa y extremadamente interesante. Además de ser una ciudad poderosa, era la madre de ciudades más grandes que ella misma. Volviendo la vista hacia el pasado, vemos que se enlaza su historia con la de Asiria, Babilonia y Egipto; también estaba muy ligada a la historia de Israel en la época de Salomón y Acab. Desde su conquista por Alejandro el Grande su grandeza desapareció. Seguros estamos que este grupo apostólico tiene que haber recordado las profecías de algunos de los profetas al andar por sus calles. Recordaréis la visita corta de Cristo a los confines de Tiro y Sidón y su conversación con la mujer sirofenisa.

259

Había cristianos en Tiro y una iglesia cristiana fundada desde la muerte de Esteban. (Léanse Hechos 11.19 y 15.1–3.) Pablo y sus compañeros fueron en busca de estos cristianos y se quedaron siete días allí. Probablemente los cristianos de esta ciudad nunca habían visto a Pablo, aunque pudiera haber sido que Pablo y Bernabé visitaran a Tiro, ocho años antes, al dirigirse al concilio de Jerusalén. Es fácil imaginarnos lo que Pablo les diría a estos cristianos en Tiro y la natural ansiedad de ellos al saber su determinación de ir a Jerusalén. Ellos sabían bien el sentimiento de los judíos y los judaizantes contra él, así como lo atrevido, poco escrupulosos y astutos que eran los judíos; sabían que nada impediría a esta gente procurar matar al apóstol. Esto lo sabían por los medios naturales de información. Pero también obtuvieron su información por un medio más alto. El Espíritu mostró a sus amigos en Tiro que Pablo tenía que sufrir muchas cosas de parte de sus compatriotas, y el Espíritu había mostrado a Pablo también que en todas las ciudades "le esperan cadenas y tribulaciones." Por esto la iglesia en Tiro infiere que Pablo no debiera ir a Jerusalén. Viendo claramente lo que sucedería bajo estas circunstancias y llenos de ansiedad, le prohibieron a Pablo ir a Jerusalén. Pablo comprendía que esa no era la intención del mensaje; el Espíritu no le prohibía que fuera, sino que sólo lo estaba probando; era necesario que él supiera lo que le esperaba; era además necesario para el éxito de la obra que todas las iglesias de las otras partes del mundo vieran claramente el peligro que él confrontaba en el cumplimiento del deber. He aquí el porqué de las varias amonestaciones. En Tiro los discípulos creyeron que la amonestación significaba una prohibición, pero Pablo no fué desviado. Recordamos un conflicto igual entre Lutero y sus amigos acerca del peligro que le sobrevendría si se presentase ante el emperador. Pablo sabía que tenía que ir a sufrir, si fuese necesario, por Cristo y su evangelio.

¿Qué creéis les contestó Pablo a estos cristianos en Tiro? ¿Qué argumentos emplearían ellos para persuadirle que no fuese? En la semana que pasó entre ellos se hizo muy querido. Cuando llegó el día que él y sus compañeros partieron, toda la comunidad cristiana los acompañó hasta fuera de la ciudad. Los familiares de la congregación, los hombres, sus mujeres e hijos acompañaron al grupo apostólico, "y puestos de rodillas en la playa, oramos. Luego, después de despedirnos mutuamente, entramos en el barco, y ellos se volvieron a sus casas."

Los siete días de demora en Tiro habían sido necesarios para que el barco descargase. El cargamento era probablemente grano, carbón o lana. Lo tenían que poner en cestas o sacos y llevarlos a tierra en hombros, así que los marineros consideraban que habían trabajado bien si en siete días terminaban su trabajo y podían continuar la marcha. Las palabras que Lucas emplea, "mas cuando cumplimos aquellos días," nos hace pensar que la demora fué algo cansada, a pesar del trato bondadoso del pequeño bando de cristianos allí. Pablo estaba deseoso de llegar a Cesarea, desde donde comenzaba el camino hacia Jerusalén.

III. *Desde Tiro a Cesarea.* Hechos 21.7-14.

Después de salir de Tiro, arribaron por un solo día a Tolemaida, una ciudad que hoy lleva el nombre de Acre. Pablo y sus compañeros se encontraban ahora a la vista de la Tierra Santa. Al este se veían las montañas del Líbano y la cumbre cubierta de nieve del Monte Hermón. Doce kilómetros al sur de Tolemaida se levantaba la cordillera del Monte Carmelo. Había cristianos en Tolemaida, y Pablo aprovechó la oportunidad para conocerlos. De Tolemaida el buque siguió a Cesarea; pero nuestros misioneros terminaron en Tolemaida su navegación y prosiguieron su viaje por tierra a Jerusalén.

Cesarea, la capital romana de esa provincia, y donde se encontraba el gobierno, estaba solamente a una distancia de unos tres días de viaje de Jerusalén. Quedaban catorce días antes del Pentecostés; y a Pablo le pareció mejor pasar el tiempo aquí con sus amigos que en Jerusalén, donde su acogida era dudosa. Hacía mucho tiempo que Pablo conocía a Cesarea, y evidentemente esperaba con gozo el poder pasar un tiempo con Felipe el evangelista. Así que, al llegar a Cesarea, él y sus compañeros se dirigieron a la casa de Felipe. Naturalmente había una gran simpatía entre Pablo y este hombre que primeramente había roto los lazos de la raza y abiertamente había predicado a los odiados samaritanos. Recordaréis que Felipe era cristiano antes que Pablo; era diácono y evangelista cuando Pablo era perseguidor de la Iglesia. Se nombra a Felipe después de Esteban en la narración de la ordenación de los siete diáconos. Fué además el primero en recibir un gentil en la Iglesia de Cristo. ¡Qué acto de fe y valor fué el bautismo del eunuco etíope! Solamente lo podemos comprender cuando recordamos la agitación y la larga y amarga controversia que surgió acerca de la conversión de los gentiles y su recepción en la Iglesia Cristiana. Hacía veinte años de esto, y estaba aquí en Cesarea con sus cuatro hijas vírgenes, que profetizaban.

¡Qué recuerdos vendrían a su mente mientras él y Pablo pasaron la tarde juntos conversando sobre las cosas pasadas—el día del apedreamiento de Esteban, la vez que Pablo lo había perseguido a él y sus compañeros de Jerusalén, y cómo el Señor había hecho que todo redundara en bien! Seguramente, al hablar ellos, Lucas oía y hacía notas para su libro. Lucas además nos da ejemplos notables de la actividad de la mujer cristiana. Vuélvase a leer estos incidentes en Hechos 6.1–6; 8.1–8, 26–40. Lucas no atribuye la demora aquí a causas externas como en Tiro; aquí su demora fué porque deseaban pasar los días gozando de la hospitalidad de Felipe hasta que llegara la hora de salir para Jerusalén. Fué beneficioso para Pablo el que hubiera podido tener estos días de descanso y gozo en Cesarea—los últimos que tendría por muchos años.

La casa de Felipe era un lugar donde iban a parar muchos que salían de Jerusalén dirigiéndose a otras ciudades en Siria, Asia Menor o Europa. Vemos esto por la visita de Agabo, que llegó de Judea mientras Pablo y sus compañeros estaban allí. Este fué el mismo profeta que profetizó el hambre unos cuantos años antes y cuyas profecías fueron cumplidas. Pablo había expresado ciertos temores que sentía cuando estaba en Mileto; había oído las amonestaciones de los hermanos en Tiro; sin duda Felipe y sus hijas habían dicho algo acerca de su viaje a Jerusalén. Pero con Agabo era diferente; su profecía se basaba sobre experiencia personal; porque él acababa de venir de Judea, y la palidez de su rostro y el temblor de su cuerpo eran evidencias de la horrible furia de los enemigos del apóstol. Pablo había visto con sus propios ojos cumplirse la profecía de este hombre acerca del hambre, porque él y Bernabé habían ido a Jerusalén desde Antioquía con una ofrenda, y él había tratado con sus propias manos aliviar a los que sufrían. Agabo era judío e imitaba las acciones simbólicas de los antiguos profetas de Israel. Era la costumbre de los antiguos declarar la sustancia de su mensaje por medio de un símbolo. Por consiguiente, Agabo, haciendo el papel de un Jeremías, tomando el ceñidor de Pablo atóse los pies y las manos; todos los corazones de los presentes se llenaron de temor y los ojos de lágrimas antes de que pronunciara una sola palabra. Al fin cuando terminó su acción el cuadro es interpretado; "Así atarán en Jerusalén los judíos al varón cuyo es este ceñidor y le entregarán en manos de los gentiles." Con estas últimas palabras parece que quería significar una sentencia de muerte. Compárense las palabras de Jesús en Lucas 18.32, 33. Esta profecía intensificó la impresión hecha ya sobre Pablo y sus amigos en Tiro. En seguida los cristianos en Cesarea y los compañeros de Pablo, incluyendo su amigo leal y médico, Lucas, le rogaron que no fuese a Jerusalén; se lo rogaron con los ojos llenos de lágrimas. Es una escena conmovedora; el profeta atado con el ceñidor de Pablo, los amigos del apóstol con lágrimas en los ojos y ruegos en sus labios, y Pablo, grandemente conmovido con ellos, pero no compartiendo con ellos su desesperación.

¡Cómo apelarían a él! No era demasiado tarde para volver atrás. La comisión podía entregar el dinero a la iglesia. Pablo conocía bien el temperamento fanático de la ciudad, especialmente en esta época sagrada del año religioso. Quizás aquellos cuyo complot fué frustrado en Corinto estarían esperándole en Jerusalén. El sabía que muchos de los profetas de Dios habían sido asesinados allí; pues uno de los lugares de interés en la ciudad eran las tumbas de los grandes hombres de Dios que habían sido matados. Y ahora la ciudad lo esperaba con odio vengativo. Cogerían a Pablo y le harían su víctima. Lucas, con orgullo en su héroe, nos da su respuesta decisiva. Su contestación es la culminación de su consagración sincera. (Léanse los versículos 13 y 14.) Pablo está dispuesto, no sólo a sufrir todo lo que habían profetizado, sino también está dispuesto a sufrir todo lo que ellos pudieran imaginarse.

Hay ocasiones en la vida de todo hombre concienzudo en que él solo tiene que ser el juez de lo que debe hacer. En estas ocasiones a veces sus peores consejeros son los que más le aman. Porque le aman quieren resguardarlo del peligro y el daño. Pablo está persuadido de que el Maestro lo había llamado a Jerusalén. Prisiones, aflicciones y aun la muerte misma pueden ser sufridas cuando Pablo está persuadido de que es el camino por donde el Señor quiere que vaya. Así él puede persuadir a otros. "Desistimos, diciendo: Hágase la voluntad del Señor." Una vez que la voluntad del Señor es conocida, toda lucha cesa y toda duda termina.

IV. *Desde Cesarea a Jerusalén.* Léase Hechos 21.15–17.

Todo resuelto, Pablo y sus compañeros salen para Jerusalén. El grupo es mayor porque algunos de los discípulos en Cesarea lo acompañan. Parece que les preocupaba el riesgo que Pablo corría, y estaban ansiosos de encontrarle un alojamiento bueno, especialmente bajo las condiciones en que se encontraban. Uno que era de Chipre, pero que ahora vivía en Jerusalén, fué con ellos y determinó que Pablo se alojara con él. Era necesario que se tuviera alojamiento antes de llegar, porque grandes multitudes acudían a Jerusalén para esta fiesta. La bondad de Mnasón quitó esta preocupación de Pablo y sus amigos, y ellos pudieron atender a otras cosas. Pronto el grupo llegó a Jerusalén y recibieron una acogida cariñosa por parte de algunos cristianos allí. La llegada de Pablo a Jerusalén puede considerarse como la terminación del tercer viaje misionero. En este viaje él había andado más de cuatro mil ochocientos kilómetros, y había estado ausente de Antioquía por unos cuatro años. Llegó a Jerusalén el día antes de la Pascua, mayo 28 del año 57. (Ramsay.)

Preguntas.

1. ¿Qué sabéis de Tiro?
2. ¿Qué sabéis de Cesarea?
3. ¿Qué dijeron los discípulos de Tiro acerca de Pablo?
4. ¿Dónde se hospedó Pablo en Cesarea? ¿Qué sabéis acerca de ese hombre?
5. ¿Quién era Agabo? ¿Qué profetizó?
6. ¿Tuvo razón Pablo en rehusar seguir las amonestaciones recibidas en Tiro? ¿Por qué?
7. Aprended de memoria el versículo 13.
8. Cuando sabemos la voluntad de Dios, ¿qué sucede? ¿Y si esta voluntad es dura?
9. ¿Cómo fué que Lucas, siendo gentil, obtuvo los datos para el libro de los Hechos?
10. Hay cosas peores que la muerte. ¿Lo creéis? ¿Por qué?

Un Ejemplo de la Lección.

Casi todos los misioneros y muchos cristianos están obligados a confrontarse no sólo con las dificultades que encuentran en el camino del deber, sino también con la oposición y la tentación que vienen de parte de sus amigos y de los que les aman.

Cuando Juan G. Paton declaró sus propósitos de ir a predicar a las islas antropófagas del Mar del Sur (Pacífico), un ministro de edad trató de hacerle desistir diciéndole: "¿Por qué váis a botar vuestra vida? Sólo iréis allí para ser comido por los antropófagos." "Bueno," respondió Paton; "en unos cuantos años tú morirás, y tu cuerpo será comido por los gusanos. El mío puede ser que se lo coman los antropófagos, pero si los dos estamos cumpliendo con la voluntad de Dios, mientras tenemos vida, no me parece que importa donde morimos."

LECCIÓN XXXIX.

Repaso.

I. Pasajes de las Escrituras usados en las doce lecciones anteriores: Hechos 18.23–21.17, Gálatas, 1 Corintios, 2 Corintios, Romanos. En las Epístolas: 1 Corintios 13; Romanos 12.

Para poder tener una idea más comprensiva de la época que estudiamos en estas lecciones, léase la referencia en Hechos arriba mencionada.

II. Estamos seguros que no se puede tener una idea clara del tercer viaje misionero, con todos los incidentes ocurridos durante este viaje, ni se puede fijar en la memoria, sin trazar con cuidado en el mapa los lugares y notar la relación de un lugar a otro. Hay una gran ventaja si confrontamos estos lugares en un mapa moderno. Esto hará que las actividades de Pablo sean para nosotros más reales y más relacionadas al mundo de hoy. Desearíamos que cada clase que use estos estudios tenga un buen mapa de los viajes de Pablo. Si no sabéis bien este tercer viaje, aprendedlo ahora. En este repaso dedicad un tiempo determinado a este viaje.

III. Podéis añadir a vuestra tabla cronológica de la vida de Pablo las siguientes notas. Son tomadas del libro del profesor Ramsay titulado *"St. Paul, the Traveler and the Roman Citizen."*

Conversión..33
Primer viaje misionero...........................47-49
Segundo viaje misionero.........................50-53
Tercer viaje misionero empieza en junio 53
En Galacia, julio y agosto...........................53
En Efeso..................... octubre, 53-Enero, 56
Escribió 1 Corintios, octubre.......................55
En Tróade, febrero...................................56
En Macedonia hasta el otoño.......................56
Escribió 2 Corintios en el verano de...............56

IV. En nuestra última lección Pablo había llegado a Jerusalén. Esta fué su última visita a esa ciudad y la quinta visita después de su conversión. Hechos 9.26 nos relata su primera visita después de ser cristiano. Recordéis que fué una visita que le causó desilusión, porque los hermanos tenían sospechas de su sinceridad, y Bernabé fué el que, ante los hermanos, respondió por su sinceridad. En Hechos 11.30 tenemos una referencia a su segunda visita a la capital. Bernabé está con el, y llevaban a los cristianos de Jerusalén la ofrenda de la iglesia en Antioquía para aliviar el sufrimiento causado por el hambre. Hechos 15 nos relata el famoso concilio de Jerusalén; Pablo y Bernabé con Tito estaban presentes. Esta fué la tercera visita de Pablo. En Hechos 18.22, la frase "después de subir a Jerusalén y saludar a la iglesia allí" es lo único que sabemos de su cuarta visita. Y en esta última lección acababa él de llegar a Jerusalén, terminando así su tercer viaje misionero. (Hechos 21.17.)

V. En esta época, dos pensamientos cristianos se desarrollaron. Las necesidades de la iglesia en Corinto hizo que Pablo formulara con gran sabiduría la aplicación de los principios cristianos a los problemas de nuestra vida diaria y a nuestra conducta. Sus experiencias y controversias con los judaizantes hizo que en sus cartas a los gálatas y a la iglesia en Roma él diera una declaración definida del evangelio y la salvación por la fe. Lo hizo de una manera tan perfecta que tenemos para siempre una norma de experiencia cristiana.

VI. *Preguntas para Vuestro Repaso Personal de Estas Lecciones.*

1. ¿Qué lugares visitó Pablo en este tercer viaje misionero?

2. ¿En qué lugares estableció Pablo iglesias en este viaje?

3. Citad algo que Pablo llevó a cabo en este viaje.

4. De los viajes de Pablo, ¿cuál creéis el más interesante? ¿Por qué?

5. ¿Qué palabras creéis sean las más grandes que él pronunció durante este viaje?

6. ¿En qué manera demostraron los mágicos de Efeso que creían en las enseñanzas de Pablo?

7. Decid lo que sabéis del molote de Efeso?

8. ¿Cuáles son algunas cosas que el verdadero amor hace?

9. ¿Cuántes veces encontramos en este tercer viaje que la vida de Pablo corría peligro? ¿Dónde?

10. ¿Quién calmó el molote en Efeso? ¿Qué dijo?

11. ¿En qué lugar se hallaba el muchacho que se quedó dormido cuando Pablo predicaba?

12. Además de Pablo, ¿cuáles otros personajes encontramos en este tercer viaje que fueron testigos leales de Cristo?

13. ¿Cuáles fueron los del lado contrario?

14. Tratad de hacer una lista de los obreros cristianos más honorables de este viaje.

15. ¿Cuál fué el mensaje de despedida de Pablo a los efesios?

16. ¿En qué época fué este tercer viaje?

17. ¿Por qué escribió Pablo la Primera Epístola a los Corintios? ¿Desde qué ciudad fué escrita?

18. ¿Qué otras cartas escribió Pablo durante estos años?

19. ¿Quién era Felipe? ¿Quién era Agabo?

20. ¿Qué significa en Romanos 12.1 "Presentéis vuestros cuerpos en sacrificio vivo"?

21. ¿Cuántas visitas hizo Pablo a Jerusalén después de su conversión? Dígase el propósito de cada una.

22. ¿Qué amonestaciones tuvo Pablo en su último viaje a Jerusalén? ¿Por qué no las acató?

23. ¿Dónde fué escrita la carta a los romanos? ¿Cuál fué el propósito de Pablo en escribirla? ¿Cuáles son sus divisiones principales?

24. Si Pablo se sentía llamado a llevar el evangelio a Roma y a España, ¿por qué fué a Jerusalén en esta época?

25. ¿Cuál fué y dónde fué la oposición gentil o pagana más seria que tuvo Pablo durante este viaje?

26. ¿Habéis aprendido de memoria 1 Corintios 13? Si no lo habéis hecho, hacedlo ahora.

VII. Las doce preguntas que siguen son para un examen por escrito sobre este tercer viaje. Son las que han escogido los jóvenes que han estado estudiando estas lecciones con el autor. Diez de estas preguntas tienen que ser contestadas.

1. ¿Con qué fin escribió Pablo la Epístola a los Gálatas?
2. ¿Quién era Apolos? ¿Cuál era su contribución a la Iglesia Apostólica?
3. ¿Cuál debe ser la actitud de un verdadero cristiano con respecto a la superstición?
4. ¿Por qué escribió Pablo la Primera Epístola a los Corintios?
5. ¿Qué significa "Amar a tu prójimo como a ti mismo"?
6. ¿Cuál fué la causa del motín en Efeso? ¿Cómo terminó?
7. ¿Qué ocasionó la Segunda Epístola a los Corintios?
8. ¿Por qué quería Pablo visitar a Roma?
9. ¿Cuántas y cuáles son las divisiones principales de la Epístola a los Romanos?
10. ¿De cuántas maneras podemos servir a Dios con nuestros cuerpos?
11. ¿Sentía Pablo temor al cambiar su ruta en Corinto?
12. ¿Por qué persistía Pablo en ir a Jerusalén? ¿Era esto un error?

LECCIÓN XL.

PABLO PRISIONERO.   EL ARRESTO.

I. *La Conferencia de Pablo con los Ancianos de Jerusalén.*
Léase Hechos 21.15–17.

RECORDARÉIS que cuando Pablo y sus amigos llegaron
a Jerusalén desde Cesarea—una distancia de unos ciento
veinte kilómetros—Pablo se hospedó con Mnasón de
Chipre, un "antiguo discípulo" que tenía una casa en
Jerusalén. Al llegar la comitiva, unos cuantos cristianos
de Jerusalén les dieron una bienvenida, no oficial, sino
privada. Esta es la última visita de Pablo a la Ciudad
Santa y la más triste de su vida. Por la ventana podía
ver la muchedumbre del Pentecostés en la calle, una
escena muy familiar para él desde su época estudiantil
en Jerusalén, "partos, medos, elamitas y los que habita-
mos en Mesopotamia, en el Ponto y en el Asia." No le
agradan las miradas del grupo de Asia. Al mirarlos los
distingue por sus trajes nacionales de colores vivos que
conocía bien por su larga estancia en Efeso. El recordaba
cómo ellos lo odiaban y habían causado molotes contra él
dondequiera que iba.

Al día siguiente Pablo y los delegados fueron recibidos
oficialmente por Santiago y los ancianos. Lo primero
que hizo Pablo fué entregar la colecta que sus iglesias
misioneras mandaban para los pobres de Jerusalén;
además, les habló del éxito de su trabajo entre los gentiles.
Algunos de ellos estaban de completo acuerdo con Pablo
y su gran obra; pero él sabía que muchos de sus oyentes
no estaban de acuerdo con sus ideas amplias acerca de los
gentiles. Había transcurrido siete años desde el famoso
concilio de Jerusalén, y aún habían muchos que no admitían
que fueran recibidos los odiados gentiles en la Iglesia bajo
las mismas condiciones que el pueblo de Dios.

Parece que no habían hecho ninguna preparación para

270

la estancia de Pablo entre ellos. El les traía una gran
ofrenda para los pobres y había dedicado a esta ofrenda
años de pensamiento y trabajo. No se menciona nada de
la gratitud de ellos por esta ofrenda. Parece que Lucas
se sintió desilusionado por la actitud de ellos. Es verdad
que "glorificaban a Dios," pero tenían que hacer esto.
(Léase Hechos 21.18–20.)

Después enfrían el entusiasmo de Pablo, dándole consejos cautelosos. Le dicen que les preocupan mucho sus
enseñanzas; que circulaban rumores de que no quería
saber nada de Moisés y todo lo judaico. Le aconsejaban
que hiciese algo que demostrara que era un judío leal a la
vez que un cristiano. Para que se disipara toda sospecha,
le propusieron que él tomara parte en una ceremonia
pública con cuatro judíos pobres, con obligación de cumplir voto. Es probable que la ceremonia sería la del voto
nazareo. (Véase Números 6.1–21.) Querían que él fuera
su padrino, yendo con ellos diariamente al templo, cos-
teándoles la ofrenda, probando de esta manera que era
un judío leal, guardando la ley y alentando a otros a que la
cumpliesen.

Podemos imaginarnos la desilusión que Pablo sintió al
ver después de su apasionado discurso acerca de la gloria
de Cristo y su evangelio, y del sinnúmero de conversiones
paganas, que lo principal con estos hermanos era el apa-
ciguar el prejuicio popular por medio de una ceremonia
que para él era de valor insignificante. Debe haberle
parecido muy innecesario y muy tonto; pero viendo que
de ningún modo esta ceremonia comprometía un principio,
puesto que la ceremonia no tenía nada que ver con la
salvación, consintió en seguir sus consejos. Si en hacer
esto podía mejorar la situación, estaba dispuesto a ceder
sus deseos personales. Pero parece que Pablo y sus
consejeros se olvidaron que esta ceremonia haría prominente a Pablo entre este grupo de judíos fanáticos que a
diario invadían el templo. (Léase ahora Hechos 21.21–
26.)

271

II. *Preso por un Molote.*

Los siete días en que el nazareo tenía que evitar todo contacto con personas y lugares que pudieran ocasionarle contaminación ceremonial habían casi terminado cuando vinieron judíos de Asia y conocieron a Pablo sentado tranquilamente en un lugar aparte con sus cuatro compañeros. Quizás serían algunos de los que le hicieron la guerra a Pablo en Efeso, porque sabían que Trófimo, que había venido con él, era un efesio y un gentil. Alrededor del templo había un muro de piedra o un baluarte con una inscripción en latín y griego que decía: "Ningún extranjero puede entrar dentro de la barandilla o terraplén de este lugar sagrado. Pagará con su vida el que fuere hallado dentro." Así pues, estos judíos de Asia, encontrando a Pablo dentro del templo, y habiéndolo visto unos días antes en la ciudad con Trófimo, y recordando que él trataba a los gentiles igual que a los judíos, llegaron a la conclusión de que Pablo había traído a Trófimo dentro del templo. El no había hecho semejante cosa, pero las personas maliciosas llegan a creer cualquier cosa que desean creer. Con ojos que destellaban odio, y gritos llenos de furor, los hombres de Asia se le tiran encima. (Léase Hechos 21.27-30 para ver lo que sucedió.)

La profanación del templo era el crimen por excelencia. No tardó el rumor en propagarse entre la muchedumbre, y se lanzaron contra él. Tirándolo al suelo, lo arrastraron violentamente por las escaleras fuera de la puerta llamada "La Hermosa." Inmediatamente cerraron las puertas, para que el templo no fuera profanado por un crimen. ¡Este es el celo de un pueblo santo!

Es preciso que tengamos presente que ésta era la fiesta del Pentecostés y que judíos de todas partes se encontraban en Jerusalén. Recordad que en casi todos los lugares donde Pablo había predicado fueron los judíos los que le hicieron la oposición. Muchos de estos mismos judíos estaban ahora en Jerusalén, y acogerían cualquier cosa que pudiera condenarle. Guardaban esta fiesta en adoración a Dios; sin embargo, sus corazones estaban

272

llenos de odio. ¿Sería su adoración aceptable a Dios? (Véanse Mateo 5.23, 24 y 1 Juan 3.14, 15.) ¿Qué puede pensar Dios de una persona que no le habla a un compañero de clase? ¿O de una persona que está esperando la oportunidad para vengarse de un antiguo amigo?

En una de las grandes torres del fuerte de Antonia, que los romanos habían construído en la esquina, afuera de la corte del templo, había una guarnición de soldados romanos que hacían la guardia. Ellos estaban adiestrados en sofocar molotes. La furia de la muchedumbre era tan grande que no esperaron un enjuiciamiento; pues, con un odio que sólo anhela la sangre de su víctima, determinaron matar a Pablo en seguida. Pero el capitán Claudio Lisias, oyendo la gritería del molote, bajó corriendo con sus soldados por las escaleras del fuerte, entraron en la corte y levantaron a Pablo en sus brazos, mientras los soldados hacían retroceder a la gente. Solamente los brazos musculosos y las espadas de acero de estos hombres armados evitaron que la muchedumbre subiera las escaleras del fuerte.

Detrás de estas filas de soldados armados Claudio Lisias se confrontó con su prisionero, todo ensangrentado, pero lleno de calma y sin temor. Pablo había confrontado la muerte muchas veces, y no cabía en él el temor ahora. El tribuno romano, creyendo que Pablo era un criminal, ordenó a sus soldados que lo ataran con dos cadenas. Entonces se volvió al pueblo, preguntándole quién era Pablo y qué había hecho. Unos decían una cosa y otros otra, y hubo tal confusión que no pudo saber lo cierto del caso. Entonces ordenó que Pablo fuese llevado dentro del castillo de Antonia, donde él pudiera interrogarle sin interrupción. Parece que el molote no quiso permitir esto; pues no querían ser burlados. Por lo tanto se lanzaron gritando "muera." La escena fue tremenda, y Lucas tuvo que haber sido testigo de ella. Una cosa le impresionó mucho, y esto fué que tuvieron que levantar a Pablo por encima de las cabezas de los soldados como si fuera un pedazo de madera para no ser destrozado por el gentío. Así lo llevaron a las escaleras del castillo.

273

¡Qué calma más hermosa la de Pablo durante todo esto! Con su cuerpo adolorido por todas partes, se vuelve y mira a esta masa humana con sus rostros desfigurados por el furor y recuerda que son ellos el pueblo escogido de Dios. Dirigiéndose al tribuno con una fuerza y compostura que le sorprendieron, dijo, "¿Se me permite decirte una palabra?" "¿Sabes griego?" respondió el capitán. "¿No eres tú acaso el egipcio que hace algún tiempo sublevó aquellos cuatro mil sicarios y los sacó al desierto?" "Yo soy judío de Tarso," respondió Pablo con tranquilidad y orgullo, "ciudadano de una población de Cilicia no sin importancia. Ruégote, pues, que me permitas hablar al pueblo." Seguramente Claudio Lisias no esperaba esta petición, y es evidente que esto lo impresionó. Un hombre valiente está pronto en reconocer la valentía de otro. Quizás este discurso dispersaría la muchedumbre. Ordenó que conservaran las filas de soldados para resguardar la entrada al castillo y le concede la petición a Pablo. (Léase Hechos 21.31–40.)

III. *El Discurso de Pablo desde las Gradas del Castillo.*
Hechos 22.1–21.

Pablo, de pie en las gradas del castillo, tiene al fin la oportunidad de dirigirse a miles de sus compatriotas en la ciudad de Jerusalén. La multitud está delante de él y lo suficientemente cerca para oir sus palabras. Los soldados romanos, un poco más abajo al pie de las escaleras contienen la multitud. Pablo, de pie al lado del capitán, hizo una señal con la mano al pueblo. Su personalidad dominante, y la sorpresa que les causara que él deseara hablarles, y que lo hiciese en su lengua nativa, causó impresión, y hubo "gran silencio."

"Varones hermanos y padres," dijo, dirigiéndose cortésmente a la multitud que sólo deseaba su sangre, "oid mi defensa que hago ahora ante vosotros." Fué una apelación o defensa fuerte y elocuente contra los cargos que él sabía que privadamente se hacían contra él. Primeramente hace una bosquejo de su vida como judío, nacido en Tarso, educado en Jerusalén, alumno de Gamaliel, instruído en la ley, celoso de Dios, perseguidor de los cristianos. Termina esta parte de su discurso apelando a algunos presentes como testigos de estos hechos y diciendo que los registros en las cortes de la ciudad confirmarían sus palabras.

Entonces describe su repentina conversión; cómo Ananías, un judío devoto y un cristiano leal, le devolvió la vista y lo bautizó, y cómo este hermano, que todos los judíos estimaban, le había dicho que Dios lo había escogido para ser testigo especial por Cristo Jesús.

Pablo les habla de su regreso a Jerusalén y de una escena en el mismo templo. Porque fué en este lugar sagrado que tuvo una visión de Cristo dándole su comisión. El nc tenía ningún deseo de dejar sus hermanos judaicos; pero mientras oraba el Señor mismo le mandó diciendo: "Ve, porque yo te enviaré lejos a los gentiles."

Al oir estas palabras parecía que el mismo infierno se desataba. ¡El gentil en lugar del judío! Ciegos de ira, se rasgaron sus túnicas y gritando, lanzaban polvo al aire. Vemos aquí celo y fervor a Dios, pero no un celo y fervor con entendimiento y verdadera sabiduría.

IV. *Salvado de Azotes por su Ciudadanía Romana.*

El capitán romano no podía comprender porqué la multitud estaba tan violenta en su determinación de matar a Pablo. Creía que Pablo había cometido un gran crimen y ordenó que fuera metido en la fortaleza y sometido al tormento de azotes para poder saber la causa por la cual tramaban contra él. Debe haber sido un cuarto obscuro y manchado con la sangre de los azotes romanos adonde llevaron a Pablo. Con la destreza que con la práctica viene, los soldados llevaron a cabo la orden del capitán. Estrecharon las manos de Pablo para atarlo con correas al pilar en el centro del cuarto, estirando su cuerpo para poder azotarle. Un oficial se acercó probablemente para oir la confesión de Pablo, y él tranquilamente le preguntó: "¿Os es lícito azotar a un ciudadano romano y sin haber sido condenado?" "¿Qué?" ¡Un ciudadano romano!

Era muy raro que un hombre reclamara la ciudadanía

275

romana sin tenerla; por consiguiente el oficial se apresuró en ir al capitán para decirle lo que Pablo decía. Unos minutos más tarde el capitán entró en el cuarto con una mirada llena de preocupación. (Léase otra vez Hechos 22.27, 28.) Así, con respeto hacia su prisionero y temor por haber maltratado a un ciudadano romano, libró a Pablo de la tortura y lo trató con toda cortesía. Pero el tribuno romano tenía que tratar de saber el caso de Pablo. Al día siguiente invitó al Sanedrín judaico y trajo a Pablo ante ellos para poder ver cuál era la acusación de los judíos contra el prisionero.

Preguntas.

1. ¿A quién se presentó Pablo al llegar a Jerusalén?
2. ¿Qué proposición le hicieron los judíos?
3. ¿Fué Pablo desleal a sus principios cuando consintió en tomar parte en las ceremonias en el templo?
4. ¿Cuáles fueron los cuatro cargos que los judíos hicieron contra Pablo?
5. ¿Cuál fué la causa de su arresto?
6. ¿Quién vino a rescatar a Pablo?
7. ¿Qué petición hizo Pablo al capitán romano?
8. Dad un resumen del discurso de Pablo ante la multitud.
9. ¿Qué parte del discurso le causó furor a la multitud?
10. ¿Por qué le dijo Pablo al centurión romano que era ciudadano romano?

Pensamiento para Hoy.

1. Hechos 21.29. ¡Cuántas veces hemos sido culpables nosotros de "imaginarnos algo" y formar repentinas conclusiones! Una sospecha, y formulamos una suposición y declaramos una verdad. Es increíble cómo nuestras suposiciones se magnifican al contarlas a otros. ¿Cuántas veces hemos sido culpables de ser testigos falsos? ¿No creéis que muchas de las calumnias que circulan son basadas en suposiciones? Ha sido sugerido que antes de contar algo que se nos ha dicho lo dejemos pasar por tres puertas: ¿Es verdad? ¿Es bondadoso? ¿Es necesario? ¡Cuántos escándalos crueles cesarían si cada uno de nosotros nos hiciéramos estas tres preguntas! A veces aun las mejores intenciones son mal interpretadas.

2. Vosotros que leéis y estudiáis estas lecciones, ¿qué clases de hombres seréis mañana? Algunos tendrán la esperanza de tener la fuerza de Pablo, pero esperan empezar más tarde, no ahora. Otros están creciendo ahora y serán hombres y mujeres fuertes; tendrán calma cuando en medio de las tempestades de la vida. Esto sólo viene con el dominio de nuestro ser. Pablo no tenía deseos egoístas, porque el deseo de servir a Cristo llenaba su ser. Antes de poder ser un hombre grande y fuerte, hay que dominarse a sí mismo. De aquí a diez años habréis pasado por tormentos intelectuales y otros de otra índole. ¿Os dejarán entre dudas y temores? Si conocéis a Cristo, él os dará la tranquilidad y la paz.

LECCIÓN XLI.

PABLO PRISIONERO: UN COMPLOT QUE FRACASÓ.

EL que tiene confianza verdaderamente en Dios, ¿debe dejar que Dios lo haga todo, o debe poner algo de su parte también? Como hemos podido ver en estas lecciones, Pablo tuvo que hacerle frente a muchas situaciones difíciles, y ¡qué horrible hubiera sido si él no hubiese podido confiar en Dios! ¿Podría decirse que Pablo era un hombre que creía que no debía hacer nada él mismo? En nuestra lección de hoy Pablo se encuentra en un trance desesperado. Vamos a ver cómo él lo resuelve.

Recordáis el esfuerzo que hizo para calmar la multitud desde las gradas del fuerte y fracasó; pero no fracasó su esfuerzo en evitar el azotamiento.

I. *Pablo ante los Jefes Judaicos.*

El capitán no entendía los asuntos discutidos entre Pablo y los judíos. No habiendo azotado a Pablo, no pudo obtener la confesión por parte del apóstol que él esperaba. Como parecían ser asuntos religiosos, y siendo él un oficial civil, determinó llamar al Sanedrín judaico para ayudarlo en sus investigaciones. Estos asuntos eran de gran perplejidad para los oficiales paganos.

El Sanedrín judaico, ante el cual fué llevado Pablo, era el cuerpo judicial más alto y más importante; tenía que ver especialmente con los asuntos religiosos y se componía de setenta miembros. No tenía jurisdicción sobre Pablo como ciudadano romano, pero se le consultaba por las acusaciones que se hacían contra él. Probablemente fué abierta la sesión con una declaración del tribunal romano explicando porqué él había pedido la reunión del Sanedrín. Esta reunión fué celebrada el día después del ataque a Pablo en el templo.

Léase ahora Hechos 23.1–10, recordando que quizás

Pablo en alguna ocasión fué miembro del Sanedrín, y si no, por lo menos como estudiante rabínico asistió muchas veces a sus sesiones. Fijaos en las primeras palabras de Pablo ante ellos. Es una sencilla declaración de que había obrado con toda conciencia al seguir a Cristo Jesús y al predicar el evangelio a los gentiles. Estas declaraciones llenaron al sumo sacerdote de ira. Mandó a los que se encontraban cerca de Pablo que le hiriesen en la boca. Esto mismo le hicieron a Jesús. Pablo se indignó ante un tratamiento semejante. Léase lo que él les dijo en el versículo 3. Sus palabras acaloradas causaron una exclamación de horror: "¿Al sumo sacerdote de Dios injurias?" Pablo al darse cuenta a quien había hablado, se disculpó sinceramente. Su explicación demostró su cortesía. La actitud de Pablo ante este concilio es admirable. No tenía temor ni vergüenza; con sinceridad se presentó ante sus enemigos.

Algo en el procedimiento judicial del concilio hizo que Pablo se diera cuenta de que habían fariseos y saduceos presentes. Sus palabras declarando que él era fariseo y que creía en la resurrección hizo que se disolviera la asamblea, pues se produjo tal vocerío que el oficial romano tuvo que proteger a Pablo mandándolo al castillo. El *chiliarch*, o el tribuno romano, vió que del Sanedrín no podría obtener datos ni luz sobre el caso.

II. *El Maestro de Pablo lo Visita.* Léase Hechos 23.11.

¡Qué triste y descorazonado se debe haber sentido Pablo esa noche en su prisión! Había sufrido dos días de gran tensión; cansado y con su cuerpo todo lastimado, espera la mañana sabiendo que significa o la muerte o la prisión. Lucas, Trófimo y Mnasón pasaron la noche muy ansiosos. La esperanza de Pablo de poder reconciliar los cristianos judíos y gentiles se desvaneció. Pero Pablo había aprendido a llevar todos sus desalientos a Dios en oración. ¿No creéis que él habló de todo esto con Dios antes de irse a dormir? Esa noche el Señor y Maestro de Pablo vino a su lado. Léase el versículo 11 otra vez para ver lo que Jesús le dijo. ¡Pensad lo que significaría esto a un hombre desalentado! Si todos los hombres os estuvieran tratando con desprecio, y la vida os pareciera muy triste y obscura, ¡cuánta fuerza y ánimo os daría si un amigo os dijera: "Estáis haciendo bien; yo estoy contigo"! ¡Imaginaos lo que supondría si este amigo fuese Cristo! Todo lo que Pablo estaba sufriendo Cristo lo sabía. La conciencia de la presencia de Cristo es el secreto de la vida de Pablo. (Compárense Hechos 18.9; 22.18–21.)

III. *Un Complot que Fracasó.*

La mañana siguiente mientras Pablo se halla sentado en su celda, brillando sus ojos con felicidad al recordar la visión de la noche anterior, oye de pronto pasos apresurados en el corredor, y de pronto la puerta de su celda se abre, y su sobrino, el hijo de su hermana en Jerusalén, entra apresurado y muy agitado. (Léase Hechos 23.12–17.) Parece inconcebible que los sumos sacerdotes y ancianos, la representación de personas religiosas, fueran cómplices de semejante infamia. Sin embargo, estos cuarenta o más judíos que odiaban a Pablo se juramentaron, bajo pena de maldición, no comer ni beber hasta que no lo hubiesen matado. Pidieron a los sacerdotes que les ayudasen a llevar a cabo su obra. En su plan no retrocedían ni aun en el ataque a los soldados romanos.

Nos es muy difícil comprender el motivo y la ira de estos cuarenta fanáticos. Evidentemente creían que su templo había sido profanado, su Dios desafiado, y su nación ultrajada. Esta mancha sobre su nación y religión sólo podía borrarse con sangre, y estaban dispuestos a acudir a la muerte en su forma más horrible para expiar el crimen que, según ellos, Pablo había cometido y que sólo con su sangre y su vida podía expiar.

Cuando Pablo se enteró de este complot, ¿qué hizo? (Léase Hechos 23.16–22.) ¡Qué sencillo y qué interesante es el relato de Lucas aquí! ¿Por qué no confió Pablo en que Dios lo librara de estos judíos? ¿Por qué no dejó que las cosas tomaran su curso, esperando que Dios, que le había asegurado que llegaría a Roma, lo salvara milagrosamente de estos asesinos? Cuando él mandó a su sobrino a que enterase a Lisias de este complot, ¿estaba él confiando en Dios? Léase ahora los versículos 22-25 para ver lo que sucedió.

Parece que este joven, sobrino de Pablo, era un joven valiente e ingenioso. Su pronta iniciativa probablemente salvó la vida de su tío. El sabía que arriesgaba su vida al llevar el mensaje al capitán romano, pues muchos ojos, llenos de odio, estaban vigilando la fortaleza. No sabemos nada más de este joven, pero él tuvo su pequeña parte en el gran plan de Dios, y su parte la hizo noblemente.

IV. *Huyendo Durante la Noche.* Hechos 23.26-35.

El capitán romano estaba preocupado y angustiado, pues la situación era peligrosa en extremo. El era responsable por Pablo como ciudadano romano. Había visto el molote, con odio feroz tratando de hacerle pedazos. Sacerdotes intrigantes y personas fanáticas, cuyas maquinaciones llegaban hasta el asesinato, tramaban contra Pablo, y él tenía que sacar a su prisionero de Jerusalén. Secretamente hace sus planes y manda a buscar a dos de sus centuriones para que con sus soldados acompañaran al prisionero. A setenta soldados de caballería y doscientos lanceros se les da la misma orden. Cerca de las nueve de la noche, y protegidos por la obscuridad, estos soldados romanos se ponen en marcha, llevando a Pablo a un lugar seguro.

Claudio Lisias le escribe una carta a Félix, el gobernador romano, que tenía su cuartel general en Cesarea, explicándole su apurada acción. Cuando el destacamento llegó a un pueblo llamado Antipátrida, unos cincuenta y seis kilómetros de Jerusalén, los soldados de caballería siguieron con el famoso prisionero. El gobernador recibió cortésmente a Pablo; le preguntó de qué provincia era y le prometió un juicio tan pronto como llegaran sus acusadores de Jerusalén. No mandó a Pablo a la prisión con los criminales de todas clases; mandó a que lo retuvieran en el palacio de Herodes. No sabemos lo que hicieron estos cuarenta fanáticos: probablemente encontraron algún casuísta entre los abogados que los sacara de su enredo.

Después de todo, ¿quién salvó a Pablo de las manos de sus enemigos? ¿Fué su sobrino, o el capitán romano? ¿O fué Dios? Es muy interesante notar en cuantas cosas aparentemente sin importancia dependía el rescate de Pablo: la presencia de su sobrino en la ciudad, el que este joven oyese de la celada, que lo admitiesen en la fortaleza, el que tuviera acceso a Lisias, el interés del capitán en el prisionero, su pronta acción cuando oyó del complot. Sí, Pablo tenía fe en que Dios lo salvaría, y Dios lo salvó. Pablo era un hombre de gran sentido común; él sabía que Dios esperaba que él pusiese todo de su parte para su rescate. Su confianza en Dios le dió la calma que necesitaba, pudiendo ver con claridad lo que sería mejor hacer y dándole ánimo para hacerlo. El fatalista cree que lo que va a suceder sucede, no importa lo que haga el hombre. El cristiano cree que es colaborador con Dios y que no sólo puede, sino que es su deber, hacer su parte en llevar a cabo la voluntad de Dios. Algunas veces las personas se olvidan de esto y le piden a Dios que él haga mientras ellos se sientan a esperar. Quizás habéis oído el cuento de la niña que se cayó en un charco de fango y le pidió a Dios que la sacara; se quedó allí esperando que él la sacase hasta que, hallándola la madre, le explicó que Dios le había dado a ella el poder para levantarse, y ella tenía que usar este poder. ¿Qué creeríais de un joven que deseara ser un gran atleta, y que orara verdaderamente por esto, pero que sólo practicara de vez en cuando o nunca? Todas las promesas de Dios son cumplidas por medio de la cooperación de lo humano y lo divino, y los dos son necesarios. Dios nos promete la victoria sobre la tentación, pero sólo cuando unimos esta promesa al mandato, "Pelea la buena lucha de la fe." ¡Cuánta gratitud debe haber llenado el corazón de Pablo durante el viaje de esa noche al oir el ruido de las patas de los caballos y el de las lanzas contra los escudos! Pablo hizo todo lo que él comprendió que era su deber hacer; no obstante todo esto, quedaba infinitamente mucho más para Dios hacer. ¡Y de qué manera más grandiosa obró Dios!

Félix, el gobernador, era probablemente un hombre de

mediana edad; había sido esclavo, pero él y su hermano mayor se introdujeron en la corte romana cuando había la facilidad de cometer crímenes y ayudar a hombres prominentes a satisfacer sus apetitos; éstos eran los requisitos primordiales para el éxito, y ganaron así su libertad. Pallas era el favorito del emperador, y Félix le fué dada esta plaza importante en el Este, haciéndolo gobernador el Emperador Claudio en el año 52. Era un hombre lujurioso y sanguinario. Enamorándose de una de las bellas jóvenes de la familia de Herodes que era casada con un príncipe nativo, él pagó a un mágico para que influyera con ella para que abandonara a su marido y se casara con él. Fué a este hombre a quien entregaron a Pablo en Cesarea.

Sólo hacía unos doce días que Pablo había salido de Cesarea para Jerusalén, a pesar de todas las amonestaciones de parte de sus amigos; y ¡qué vuelta más trágica! Cuando él salió era el huésped de honor de sus hermanos; ahora viene en cadenas, un prisionero en el Pretorio de Herodes. Así llega Pablo a Cesarea y comienza una nueva época de su vida.

Una Ilustración y una Indicación.

1. "Hace algunos años el rey de Abisinia cogió prisionero a un súbdito inglés. Lo llevaron al castillo de Magdala, y en las alturas de las montañas lo metieron en un calabozo sin causa justificada. La Gran Bretaña demandó su libertad inmediata. El rey Teodoro rehusó, y en menos de diez días diez mil soldados ingleses navegaban por las costas. Marcharon mil cien kilómetros, subiendo las montañas bajo un sol que quemaba, hasta llegar a la celda donde estaba el prisionero, y allí libraron batalla. Las puertas fueron derribadas, y pronto el prisionero, en hombros de los soldados, fué bajado de la montaña y puesto en un buque que lo condujo a su hogar. Le costó al gobierno inglés $25,000.000 salvar a un hombre. Yo pertenezco a un reino mejor. ¿Vosotros podéis creer que un poder humano protegiera a sus súbditos, y Dios no me

protegerá a mí? (Tomado de *The Sunday School Times*, 1916.)

2. Fijaos en que estos conspiradores mintieron para llevar a cabo sus fines. Cualquier plan o deseo que requiere una mentira para llevarlo a cabo no puede ser de Dios. Porque el diablo es el que origina toda mentira. (Véase Juan 8.44.) Dios no necesita el apoyo del diablo para llevar a cabo sus planes.

Preguntas.

1. Describid el juicio de Pablo ante el Sanedrín.
2. ¿Qué era el Sanedrín?
3. ¿Cuál era la tercera hora de la noche?
4. ¿Qué mensaje recibió Pablo durante la noche?
5. ¿Qué quiere decir "Nos hemos juramentado, so pena de maldición"?
6. ¿Cómo podía Pablo "tener ánimo" con todos sus planes derrotados?
7. ¿Qué complot fué tramado contra Pablo?
8. ¿Cómo fué frustrado?
9. ¿Quién era Félix?
10. ¿Por qué y bajo cuáles condiciones fué Pablo llevado a Cesarea?
11. Si Dios había asegurado a Pablo que él iría a Roma, ¿por qué mandó Pablo a su sobrino a Lisias?

LECCIÓN XLII.

PABLO PRISIONERO: ANTE FÉLIX.

LUCAS no nos dice lo que el capitán Lisias les dijo a los sumos sacerdotes cuando ellos pidieron que Pablo fuese llevado otra vez ante el Sanedrín en Jerusalén. ¿Creéis que se violentó él con ellos? ¿Les preguntaría cuál era su propósito? ¿Qué creéis dijeron e hicieron los cuarenta conspiradores cuando supieron que Pablo estaba en Cesarea?

Recordaréis que la conversión de Cornelio, el capitán romano, por la predicación de Pedro, fué en Cesarea. Mucho antes de esta época él fué ordenado a otra plaza. Podemos estar seguros de que Felipe, el evangelista, y sus hijas fueron a ver a Pablo tan pronto se enteraron de su llegada e hicieron todo lo que pudieron para ayudarlo.

Tened presente lo que estudiamos en nuestra lección anterior acerca de Félix. El historiador romano Tácito habla así de Félix: "Ejercía la prerrogativa de un rey en el espíritu de un esclavo, con suma crueldad y disolución." Su primera mujer se dice era hija de Marco Antonio y Cleopatra; Drusila, su tercera esposa, que vivía con él en esta época, era hija menor de Herodes Agripa I y nieta de Herodes el Grande; no podía tener más de diecisiete años de edad, y ya había sido la esposa de Azizos, rey de Emesa. Ella y su hijo único perecieron en la erupción del Vesuvio en el año 79.

I. *Los Cargos contra Pablo.*

Los acusadores judaicos siguieron inmediatamente a Pablo a Cesarea; pues cinco días después de su llegada a dicha ciudad el sumo sacerdote, Ananías, se presentó con algunos ancianos de Jerusalén. Ananías trajo con él a un abogado para que se hiciera cargo de las acusaciones contra el hombre que lo había llamado "pared blanqueada." La escena se llevó a cabo en el salón de audiencia en el

285

palacio. Félix, vestido con la túnica oficial, está sentado en el tribunal; traen a Pablo, el prisionero; también a algunas personas de la corte se les permitió entrar. Estas personas, con los judíos de Jerusalén fueron los que componían el grupo de enjuiciamiento. Parece que Lucas estaba presente. El tenía gran talento para hacer un resumen de los discursos públicos y aunque son breves, sus informes retienen los rasgos característicos de los originales. Era grande el contraste entre Pablo, el prisionero solitario en medio de sus guardias, los judíos y los oficiales romanos con sus trajes galonados y su manera ostentosa.

Tértulo, el abogado de Jerusalén, empezó su acusación haciendo grandes elogios de Félix como juez. (Léase ahora Hechos 24.1–9.) Tértulo sabía que Félix era el gobernador más odiado por los judíos. Los había intimidado y había matado a Jonatán, el sumo sacerdote, pero no podía decir esto en su discurso. Haciendo alarde de brevedad, procedió al asunto entre manos. Primeramente hace una acusación general contra Pablo diciendo que es una "plaga," después hace tres acusaciones específicas; primero, sedición; segundo herejía; tercero, sacrilegio. Dijo que estaba seguro que Félix mismo podría comprobar, sin ninguna dificultad, la veracidad de estos cargos. Según la acusación de Tértulo Pablo había cometido, primero, un crimen político; segundo, una ofensa religiosa, y tercero, una infracción de la ley. Los sumos sacerdotes y los demás judíos que habían venido de Jerusalén declararon que todo lo que decía Tértulo era verdad. La parte débil de la acusación de Tértulo era que no pudo presentar evidencias para sostener sus cargos.

¿Eran ciertos los cargos? ¿Era Pablo culpable o no? Sería de provecho si la clase pasase unos momentos examinando los cargos y discutiendo el asunto.

II. *La Defensa de Pablo ante Félix.*

Cuando terminaron de hablar los acusadores de Pablo, Félix le hizo una señal que era su turno; él mismo podía defenderse. El prisionero, con las manos encadenadas, se levanta y empieza a hablar; su manera así como sus

286

palabras convincentes en seguida atraen la atención de la corte, que oye su discurso con interés. Fijaos en el versículo 10, su veracidad y su tacto. ¿Hubiésemos nosotros podido contestar "con buen ánimo" como lo hizo Pablo? ¿Qué defensa tuvo para la primera acusación? (Versículos 11–13.) ¿Para la segunda? (Versículos 14–16.) ¿La tercera? (Versículos 17–21.) Es fácil hacer acusaciones, pero es muy difícil probarlas. Además de contestar a las acusaciones hechas contra él, Pablo llamó la atención a dos puntos muy débiles o deficientes en el proceso; primero, no tenían verdaderos testigos; los judíos de Asia estaban ausentes (versículos 13–19); el segundo punto débil era el hecho de que él había comparecido ante la corte superior de su nación y que ese cuerpo no trajo ninguna acusación contra él; el presidente de ese cuerpo, el sumo sacerdote, estaba presente y tenía que admitir o dar fe de esto. Esta declaración fué el punto culminante de Pablo en su propia defensa.

Félix debió haber resuelto el caso de Pablo desechando las acusaciones contra él, pero era como muchos políticos de su época, astuto y egoísta. No podía condenar a Pablo, pero era demasiado cobarde para arriesgarse a ofender a los judíos dejándolo en libertad. Así demoró resolver el asunto hasta que Lisias viniera a Cesarea, aunque Lisias ya había expresado su opinión y había declarado que Pablo era inocente. No hay ningún testimonio de que Lisias fuese a Cesarea, ni que Félix influyera para que él viniera. Pablo era custodiado, pero se le concedió bastante libertad. Permitían a sus amigos visitarlo; Lucas, Aristarco, Felipe, y algunos de los cristianos en Cesarea iban a verlo. (Léase Hechos 24.22 23.)

III. *Félix ante Pablo.*

La próxima escena es un cuadro extraño e inesperado. Pablo está otra vez ante Félix, o mejor dicho, Félix está ante Pablo, porque Pablo es aquí la personalidad dominante. No es a la audiencia, sino a un cuarto privado de la corte adonde llevan a Pablo, mandado a traer por Félix y su joven esposa Drusila, para oir al prisionero hablar sobre la fe, por la cual se hallaba en cadenas. ¡Qué llamada más extraordinaria! Debe haberle causado sorpresa a Pablo como también nos causa a nosotros.

¿Sería sólo curiosidad por parte de Félix, o sería que él quería saber más de esta religión que podía hacer a un hombre tan valiente y fuerte como él veía que Pablo era? ¿O sería que Drusila, siendo judía, quería oir las enseñanzas de su famoso compatriota? ¿Creéis que al hablar ellos sobre el caso de Pablo ella deseaba saber algo de la religión que podía hacer a un pobre prisionero feliz? Drusila no podía ser feliz, a pesar de ser joven y bella, como todas las mujeres de la casa de Herodes habían sido; mas esto no siempre trae la felicidad.

Pablo estaba enterado de la vida de Félix y Drusila, tan llenas de pecado, y al fijar su mirada en las de ellos ese día se olvidó de sí mismo y habló de—¿qué? (versículo 25). Atrajo la atención de los dos sin ser descortés a Drusila. Cuando Pablo acusaba era a los hombres, y él habló muy claro y muy terminantemente de los pecados de esa corte; atacaba directamente a Félix. ¿Qué sentiría y pensaría Drusila? (Versiculo 25.) Pablo era el apóstol aquí; habló como le hablaría a cualquier pecador, y el orgulloso gobernador romano temblaba al oirlo. (Léase Hechos 24.24–27.)

Félix mandó a buscar a Pablo muchas veces durante los dos años que estuvo prisionero. ¿Sobre qué asuntos creéis que un hombre como Félix querría saber la opinión de Pablo? Se supone que por esta época Pablo debe haber heredado algún dinero o propiedad. ¿Creéis que Pablo hubiera obrado bien si hubiese pagado dinero por obtener su libertad y de esa manera poder predicar y seguir su viaje a Roma? ¿Por qué hubiera sido malo que Pablo pagase dinero o hiciese un buen regalo para evitar una larga prisión, o quizás algo peor? ¿Puede un soborno ser honrado? ¿Deseaba Pablo justicia, o solamente escapar? Pablo creía que todo lo que hacemos para ayudar a Dios a llevar a cabo su obra debe ser honrado y puro. Leed otra vez el versículo 16. Es algo muy grande "tener siempre una conciencia sin ofensa," poder mirar vuestras propias vidas y saber que estáis tratando de hacer con todas vuestras fuerzas lo bueno, lo justo, lo recto, sin tratar de engañar a Dios ni a los hombres. ¿Habrá muchas personas que tratan de tener esta clase de conciencia? ¿Por qué no lo hacen? (Esperamos que la clase conteste esto con franqueza.) ¿Cuántos de nosotros tenemos en *training* a nuestras conciencias? Los hombres ponen a sus cuerpos en *training* para *football*, carreras, etc. Parece que Pablo creía que el *training* era bueno para la conciencia, pues él dijo: "Me esfuerzo en tener siempre una conciencia sin ofensa." Esforzarnos en oir la voz de nuestra conciencia y obedecerla es ser hombres como Pablo era.

IV. *El Tiempo Conveniente de Félix.*

Félix hizo lo que muchos de vosotros han hecho, han oído la verdad, han sentido su poder, quizás han tenido temores, pero han pospuesto la decisión. Félix traicionó sus mejores intereses ese día, no fué honrado consigo mismo, sabía lo que debía hacer, sin embargo, lo pospuso. Félix no dudaba la verdad de lo que Pablo decía, él no rechazó a Cristo ese día, solamente dejó para "otro día" actuar; trató de persuadirse a sí mismo que sería más fácil más tarde ajustar su vida a las justas condiciones. ¿Lo habéis hecho también vosotros? ¡Oh la tragedia de posponer para "otro día"! Otro día dominaremos nuestros malos hábitos y seremos buenos. Cada vez que una persona dice esto hace más imposible el hacerlo; cada vez que rehusamos endurecemos nuestros corazones. El tiempo conveniente nunca llegó para Félix; a los dos años fué llamado ante el emperador por cargos de mala administración. Su extremado egoísmo había hecho de él un hombre cobarde e injusto; él necesitaba amigos en su enjuiciamiento; creyó que podía ganar el apoyo de los judíos si dejaba a Pablo en prisión; así que cuando le sucedió Porcio Festo dejó a Pablo preso. A los pocos meses salió de su puesto de honra y desapareció de la historia sumido en la obscuridad y la vergüenza.

El señor Moody muchas veces habló de la gran equivocación que hizo cuando, un domingo en su iglesia en Chicago, él insistió en que sus oyentes se fueran a sus casas y pensaran seriamente sobre lo que él había dicho, volviendo el domingo siguiente decididos a aceptar a Cristo como su Salvador. Esa misma noche ocurrió el gran incendio de Chicago, y muchos de sus oyentes perecieron. Nunca más aconsejó a nadie que esperase por una ocasión mejor.

Quizás al principio Pablo le preocupó esta demora en sus planes, pero se le permitía las visitas de sus amigos y el uso de libros y todo lo necesario para escribir. Lucas estaba cerca, y probablemente le servía como mensajero y lo representaba en las iglesias de Judea. Sus últimas cartas sugieren la idea de que él continuaba su correspondencia con la iglesia en el Oeste y dirigía sus obreros. Estos dos años de comparativa tranquilidad le dió tiempo a Pablo para meditar, pues por algún tiempo su vida había sido un torbellino, mas ahora era suya la tranquilidad que viene siempre después de una tempestad, conducente a la tranquila meditación. Estas últimas cartas indican que su concepción de Jesús y su obra progresó mucho durante estos años de reclusión. El descanso también le fué muy provechoso, pues no era un hombre robusto, había trabajado mucho en sus viajes misioneros y había quedado extenuado y necesitaba reposo. ¿No creéis que muchas personas irían a él con sus necesidades, tentaciones y sufrimientos durante estos dos años? Lucas debe haber aprovechado bien su oportunidad para tomar datos de fuentes originales para su evangelio y el libro de los Hechos durante su estancia de dos años en Cesarea.

Preguntas.

1. ¿Quién era Tértulo?
2. ¿Qué cargos fueron hechos contra Pablo?
3. ¿Cuál fué la contestación de Pablo a Tértulo?
4. ¿Por qué no dejó Félix a Pablo en libertad?
5. ¿Hubiera hecho bien Pablo en darle dinero a Félix para dejarlo en libertad?
6. ¿Cómo pasó Pablo los dos años que permaneció preso?

7. ¿Cesó la responsabilidad de Felix cuando él dejó el caso de Pablo a su sucesor?

8. ¿Cuál fué la esperanza de Félix acerca de Pablo?

9. Aprended de memoria el versículo 16 de la lección de hoy.

10. ¿Por qué tembló Félix ante Pablo? ¿Creéis que Félix sufría por sus pecados? Dad una razón por vuestra respuesta.

Un Pensamiento para Hoy.

Fijaos en el contraste entre la introducción de Pablo y el prefacio de Tértulo. El cristianismo hace al hombre un caballero; la cristiandad produce la delicadeza, el refinamiento y la sutilidad de la excelencia espiritual. Cuando somos vulgares, ordinarios o despreciables no somos cristianos, y demuestra lo **mucho que** tiene Cristo que hacer para dominarnos.

LECCIÓN XLIII.

PABLO PRISIONERO: ANTE FESTO Y AGRIPA.

SERIA bueno aquí hacer un repaso de los incidentes que surgieron a causa del arresto de Pablo, pues es fácil que haya confusión si no hay cuidado.

Primero, el arresto, que tuvo lugar en Jerusalén; la acusación, que fué de profanación al templo, y los acusadores eran los jefes judaicos. Pablo fué atacado por un molote de judíos fanáticos, y el capitán romano lo salvó arrestándolo. Entonces tenemos el famoso discurso dirigido a esta muchedumbre excitada, con el permiso del capitán romano.

Después, el breve examen ante el capitán, el conflicto de opiniones entre los fariseos y saduceos—las dos facciones principales de los judíos—y el complot para matarlo en el trayecto al ir ante los sacerdotes. Recordaréis como fué que fracasó este complot y que el capitán romano mandó a Pablo, custodiado por una guardia fuerte, al gobernador Félix en Cesarea.

En nuestra lección anterior, Pablo está ante el gobernador, y el sumo sacerdote, Ananías, y un abogado conocido en Jerusalén, Tértulo, están pidiendo su sentencia de muerte. Aquí otra vez Pablo vuelve a hablar y defender su causa. Negó las acusaciones hechas contra él. No se llegó a ninguna conclusión, y Pablo quedó por lo menos dos años prisionero bajo Félix.

¿Dónde dejamos a Pablo en nuestra lección anterior? ¿Por qué no dejó Félix a Pablo en libertad? ¿Cómo creéis se sentirían los judíos por la manera en que se procedía en el caso de Pablo?

I. *Los Judíos Siguen Conspirando contra Pablo*. Léase Hechos 25.1–5.

Festo, el nuevo gobernador, parecía ser un hombre de principios. Es evidente que era uno de esos romanos

292

fuertes, con un alto concepto de la justicia. Hombres como él habían hecho posible que Roma conquistara al mundo y la gobernara por siglos. Festo tenía ante él una situación difícil: Al llegar a Cesarea, sólo permaneció allí tres días y siguió a Jerusalén. Esa ciudad era el centro de un descontento general, y Festo se apresuró allí para conocer los hechos y tratar de arreglar todo.

Tan pronto llegó a Jerusalén los hombres principales entre los judíos se llegaron a él para acusar a Pablo. Después de oirlos, Festo debe haber creído que Pablo era el prisionero más importante en esa jurisdicción. Estos judíos rogaron a Festo que trajera a Pablo a Jerusalén para un enjuiciamiento; mientras tanto tramaban para matarle por el camino antes que llegara a la ciudad. A medida que pasaba el tiempo, deseaban más la muerte de Pablo. Parece que creían que con su muerte acabarían con el cristianismo. Festo era un hombre de talento. El acababa de llegar a esta provincia, y no podía conocer sus asuntos y problemas. Así que, aunque los judíos le declararon que lo estimarían como un gran favor a ellos si él trajera a Pablo a Jerusalén, él cortésmente les informó que no era la costumbre de los romanos entregar ningún hombre a sus acusadores sin que el acusado y sus acusadores se afrontaran para poder examinar con detenimiento el asunto. El insistió que los acusadores se vieran con Pablo en Cesarea para que justificaran sus acusaciones.

Pronto se vuelven a reunir en el gran salón del palacio. Pero los acusadores judaicos se presentan tan débiles como antes. Hay las mismas discusiones sin pruebas. Pablo vuelve a negar sus acusaciones, declarando que no había quebrantado ninguna ley judaica, ni había profanado el templo, ni conspirado contra la autoridad del César. Pablo no negó que era cristiano, y proclamó con valor que Jesús había resucitado de los muertos.

Festo se dió cuenta de que Pablo no había quebrantado ninguna ley del imperio, y la cuestión era religiosa. Entonces le pregunta a Pablo si él estaba dispuesto a ir a Jerusalén para un enjuiciamiento. Quizás sería que el gobernador estaba a punto de ceder a los ruegos de los judíos; como Pablo era ciudadano romano, el gobernador estaría presente en el enjuiciamiento ante el Sanedrín.

Pablo sabía muy bien lo que significaba esto; estaba cansado de tanta demora, y se decidió a tomar este paso de tanta trascendencia. (Léase ahora Hechos 25.6-12.) Pablo, como ciudadano romano, tenía el derecho de pedir un enjuiciamiento ante el emperador romano. Había llegado la hora en que él creía que debía apelar a este derecho; Festo ahora no podía mandar a Pablo a Jerusalén, aunque él mismo quisiera mandarlo.

Démosle alabanza al valor y denuedo que tenía Pablo luchando a solas, no para sí, sino por la causa que tanto amaba. Festo vió su poder, y después de hablar con sus oficiales, dijo: "A César has apelado; a César irás." De esta manera terminó, por el momento, este caso notable, y los judíos tuvieron que volver a sus casas desconcertados y con sus planes frustrados. Se veían en la necesidad de mandar algunos de ellos a Roma para poder presentar los cargos contra Pablo ante la corte del emperador. ¿Habéis notado como Pablo no ha proferido ninguna palabra contra los jefes de su nación, aunque ellos trataban de matarlo? Léanse Romanos 10.1 y 9.3 para ver cómo sentía hacia ellos.

II. *La Visita del Rey Agripa II y su Hermana Berenice.*

Es interesante el hecho de que Festo, un hombre que atendía inmediatamente a los asuntos que tenía entre manos, no mandó a Pablo en seguida a Roma. Dos cosas fueron aparentemente la causa de esta demora. Una, la llegada del joven rey Herodes Agripa II, con su hermana y a la vez esposa, que había venido desde su pequeño reino en el interior a saludar al nuevo gobernador, Festo, que había sucedido a su cuñado, Félix. Agripa había vivido mucho tiempo en Roma, y probablemente le agradaría mucho poder visitar y conversar de las intrigas de la corte con una persona que acababa de llegar de ese lugar. El palacio donde Festo los hospedó era su antiguo hogar, el lugar donde su padre había encontrado su horrible muerte. (Hechos 12.19-23.) Berenice era la hija mayor de Agripa I y un año menor que su medio hermano Agripa II. Era una de las mujeres de más mala conducta de la familia de Herodes; fué la querida del emperador Vespasiano y después de Tito.

La segunda causa de la demora de Festo era que no quería mandar un prisionero a Roma sin ninguna acusación definida civil. Festo les habló a Herodes y Berenice de Pablo. Ellos manifestaron el deseo de oirle hablar, y Festo les prometió que traería a Pablo ante ellos el día siguiente. Tened presente que el bisabuelo de Agripa II era el hombre que mandó a matar a todos los niños en Belén para, de esa manera, destruir al niño Jesús; su tío Herodes mató a Juan el Bautista y escarneció y menospreció a Jesús vistiéndolo con ropa espléndida y mandándolo ante Pilato. Agripa II tenía motivos por que conocer la religión de Pablo.

La presentación de Pablo fué celebrada como una función de estado. Además de Agripa II y Berenice, todos los oficiales militares y civiles estaban presentes. Debe haber sido una reunión imponente. Imaginaos la escena. Festo con sus túnicas rojas, Agripa II con su traje real morado, Berenice resplandeciente en joyas: el séquito de soldados con sus yelmos, escudos y lanzas. Después que todos entraron y tomaron sus puestos se oye el rechinar de cadenas, y Pablo, encadenado a dos soldados, entra ante este auditorio. ¡Qué contraste entre la apariencia y el verdadero valor! Festo hizo una reseña de la causa y explicó su dificultad en poder dar una opinión sobre la culpabilidad o la inocencia del prisionero. (Léase Hechos 25.13–27.)

III. *El Gran Discurso de Pablo ante el Rey y la Corte.*

Pablo había predicado ante muchas diferentes congregaciones, pero es probable que jamás se había visto ante un auditorio como este que se encontraba en el palacio del gobernador Festo. Pero él dominó la situación; no hay en él vacilación ni represión. Su discurso, con los resultados, hacen de este capítulo uno de los más atractivos en el Nuevo Testamento.

La previa interrogatoria fué encomendada al rey Agripa, y él le concede a Pablo el permiso para hablar. En la personalidad de Pablo debe haber habido cierta solemnidad que impresionaba, y además tenía un ademán de manos que lo caracterizaba y con el cual había callado a una multitud frenética contra él. Pablo usó de este ademán ante el rey y su auditorio, y cuando hubo gran silencio, con su acostumbrada cortesía, empezó haciendo referencia al conocimiento íntimo de Agripa acerca de las costumbres judaicas. Prosiguió hablando de la manera estricta que había sido educado; su celo por la ley; su viaje hacia Damasco y su propósito contra los cristianos, y con voz reverente contó de la luz que había brillado en el camino y cómo él había entrado en esa vida que es la vida verdadera. Les dijo cómo había sido enviado a los gentiles, "a fin de que se vuelvan de las tinieblas a la luz y de la potestad de Satanás a Dios." Explicó cómo, al llevar a cabo esta obra, había provocado la enemistad de los judíos y había sido atropellado en Jerusalén. Declaró que en predicar la muerte y la resurrección de Jesús él no hacía nada más que lo que Moisés y los profetas habían profetizado. Festo y los demás habían creído que iban a oir a Pablo hablar de sí mismo: pero Cristo era lo más grande y lo más real en la vida de Pablo, y tenía que predicarles de Cristo.

En el medio de su apelación apasionada Festo le interrumpe. Esta declaración de un judío crucificado y resucitado de entre los muertos era tan extraña y nueva para él que creyó que Pablo era un fanático y que sus conocimientos lo estaban trastornando. A esto Pablo contesta inmediatamente, pero con una cortesía exquisita, diciendo que estaba muy lejos de ser "loco" y que profería palabras de verdad y cordura. Entonces virándose y con todo el poder de su gran personalidad se dirige al rey. Otra vez aquí Pablo hace que el juez sea al que se juzgue. "Esto no ha sido hecho en un rincón," dijo: "nada de esto le es desconocido." Al oir estas palabras el rey Agripa se mueve nerviosamente en su asiento, pero contestó con sarcasmo: "¡Con poco piensas hacerme cristiano!" Pero podemos imaginarnos cómo cesó su sonrisa sarcástica al oir la contestación de Pablo, una contestación que salía del corazón, "Pluguiese a Dios que con poco o con mucho, no sólo tú, sino también todos los que me escuchan viniesen a ser tal como yo, excepto"—mirando sus cadenas al extender las manos—"excepto estas cadenas."

Hubo un momento de silencio en la corte al mirar el gobernador, el rey y la reina la cara de este grande y noble hombre; entonces se oye el susurrar de la seda de los trajes al salir la comitiva real y sus acompañantes. Al entrar en los aposentos del gobernador murmuraban: "Ninguna cosa digna de muerte ni de prisión hace este hombre." ¿Os extraña que él les impresionó grandemente? No nos sorprende que el rey Agripa dijera a Festo: "Este hombre pudo haber sido puesto en libertad si no hubiera apelado a César." Pablo vuelve a su prisión a prepararse para su viaje, y el gobernador fué a su oficina para escribir un informe a Roma, que sin duda era favorable para Pablo.

Leed este capítulo, Hechos 26, para conocer el discurso entero de Pablo.

Preguntas.

1. ¿Qué acción tomaron los judíos tan pronto como Festo fué gobernador?

2. ¿Cuáles tres leyes declará Pablo que él no había infringido?

3. ¿Por qué rehusó Pablo volver a Jerusalén para su enjuiciamiento?

4. Explique lo que quería decir "A César apelo."

5. ¿Quién era Berenice? ¿Quién era Agripa?

6. Citad tres maneras que Pablo decía había perseguido a los cristianos.

7. ¿Cuál fué el propósito de la visión celestial? (26.16.)

8. ¿Cómo recibió Festo el discurso de Pablo?

9. ¿A qué decisión llegó Agripa?

10. Si todos declararon que Pablo era inocente, ¿por qué no lo dejaron en libertad?

Pensamiento Personal.

Si algún joven, hombre o mujer decidiera ganar fama en el mundo del arte, las letras, la ciencia, o el negocio, nadie creería que era loco; pero si este joven diera su tiempo, dinero, fuerza y su vida para ser usados por Cristo para ayudar a otros a conocerlo, entonces las personas dirían que él había perdido la cabeza y que estaba loco. En el principio del ministerio de Cristo dijeron: "Está fuera de sí."

"Por lo cual, oh rey Agripa, no fuí desobediente a la visión celestial." (Pablo.)

"Con poco piensas hacerme cristiano." (Agripa.)

¿No creéis que estas dos declaraciones explican la vida de estos dos hombres? ¿Estáis vosotros prestando atención a los llamamientos de la conciencia y Dios? Pablo aceptó a Cristo y su salvación, creyó su palabra, reconoció su poderío y cumplió su voluntad. Esto, y esto solo, es la verdadera cristiandad.

LECCIÓN XLIV.

PABLO PRISIONERO: EL NAUFRAGIO EN EL VIAJE HACIA ROMA.

ESTA lección (Hechos 27.1-44) está tan llena de aventuras que hay la tentación de leerla muy de prisa, perdiendo quizás su verdadero significado; la narración de este viaje y naufragio ha sido casi universalmente aceptada como el más verídico y descriptivo relato náutico de la antigüedad y uno que sólo puede haber sido escrito por un testigo y un fiel observador. Para que podáis retener ciertos datos haremos algunas indicaciones. Primero a la clase: dibujad el mapa de este viaje desde Cesarea a Bellos Puertos. Para ayudaros en este mapa estudiad Hechos 27.2-8. Leed Hechos 27.1-27.

Preguntas.

1. ¿Qué distancia había de Cesarea a Roma?
2. ¿Dónde cambió Pablo de buque?
3. ¿Quién llevó a Pablo a Roma?
4. ¿Por qué perdieron la esperanza cuando no salía ni el sol ni las estrellas en muchos días?
5. ¿Qué aconsejaron acerca de los prisioneros, y qué hicieron?

Trabajo que se Debe Asignar a Determinados Alumnos de la Clase.

1. Decid lo que sabéis de la isla de Creta.
2. ¿Qué es un tifón?
3. Explique lo que significa "Sirte" en el versículo 17.
4. Describid un buque en la época de Pablo.

Asignación para Dos Miembros de la Clase.

Escribid sobre la actitud, la manera de proceder de Pablo cuando todos en el buque perdieron las esperanzas de salvar el buque; empezad más o menos de esta manera: "Aunque era ya de mañana, no se veía el sol; grandes nubes cubrían el cielo; el viento soplaba furiosamente, y—"

Estudiad el capítulo 27.20–26 para ayudaros en esta composición.

I. *Pablo Parte para Roma.*

Era una mañana a fines de agosto del año 59, en la bahía de Cesarea; el sol brillaba y hacía resplandecer los yelmos de los soldados romanos, que pertenecían a una legión de Augusto y guardan a un grupo de prisioneros en cadenas. Pablo es uno de estos prisioneros. Siendo un ciudadano romano que apela al emperador, es por esta razón un hombre de alguna distinción entre el grupo de prisioneros, muchos de los cuales eran criminales que llevaban a Roma para entretener a la muchedumbre ociosa arrojándolos a la muerte en la arena.

Para los cristianos de Cesarea debe haber sido un día muy triste cuando su amado jefe y amigo salió de la fortaleza dirigiéndose al puerto, donde había "una nave adramitena." Lucas y Aristarco estaban con él, quizás sirviéndole de criados. Todos fueron entregados a cierto capitán romano, o centurión, llamado Julio, y empezó en seguida el largo viaje de unos dos mil cuatro cientos kilómetros hacia Roma, lleno de acontecimientos. No había en aquellos días buques de pasajeros por el Mediterráneo. Aun los romanos de alto rango tenían que depender de estos buques mercantes cuando podían conseguirlos. El oficial romano se consideraba afortunado si encontraba un buque que lo llevase a él y a su compañía hasta la provincia de Asia. Navegando al norte de la costa de Palestina y Fenicia, el buque llegó a Sidón para descargar o para el desembarque de pasajeros, o si había mal tiempo, esperar a que pasara.

Mientras el buque permaneció en la bahía de Sidón, se le permitió a Pablo desembarcar y visitar algunos amigos en esa ciudad. Quizás Pablo estaba enfermo a causa de su larga prisión en Cesarea, porque el relato dice que el centurión le permitió visitar a sus amigos "para ser por ellos atendido." Parece que ya a Julio le agradaba el prisionero, y empezaba a tener confianza en él.

La ruta de costumbre desde Sidón a Asia era directamente al noroeste, pasando la costa sur de Chipre. Pero ya "los vientos eran contrarios"; así que, navegando por la costa norte de la isla, el buque pasó frente a Cilicia y Panfilia, llegando a una ciudad llamada Mira, en Licia, no muy lejos de la provincia de Asia.

Julio encontró en Mira una nave alejandrina que zarpaba directamente para Italia y embarcó su compañía abordo de este buque. Este buque debe haber sido grande para aquellos tiempos; estaba cargado de trigo para Roma y además de la carga llevaba doscientos setentiseis personas, contando pasajeros y tripulación.

Desde el momento que zarparon de Mira los vientos fueron desfavorables, y llevaron muchos días en llegar a la pequeña isla de Gnido, y encontrando aquí que era imposible seguir navegando al oeste contra el viento, se dirigieron al sur hacia la isla de Creta, navegando por las costas del sur hasta llegar a la bahía de Bellos Puertos, que conserva aún este nombre. Por la demora allí llegó la época peligrosa para la navegación, y Pablo, que se había criado en puerto de mar y que había viajado mucho, sabía que en alta mar el buque peligraría. Era el mes de octubre, y toda navegación cesaba desde noviembre a febrero; los oficiales, pasajeros y marineros discutieron la situación, algunos estaban a favor de pasar el invierno en Bellos Puertos, otros deseaban tratar de llegar a Fenice, donde había una bahía mejor. Pablo aconsejó al centurión que se quedase en Bellos Puertos, pero el dueño del barco creyó mejor dirigirse a Fenice, y mientras vacilaban empezó a soplar suavemente el austro; así, pareciéndoles que tendrían un buen viaje, leventaron anclas, costeando hacia el oeste. (Léase Hechos 27.1–13.)

II. *En Medio de la Tempestad.* Hechos 27.14–20.

No habían andado mucho cuando se desencadenó un viento huracanado del noroeste. Lucas llama este viento "Euraquilo," que en griego significa el viento noroeste, o la tempestad del noroeste. Estos vientos son comunes hoy en el Mediterráneo y traen las tempestades más

301

fuertes que se conocen en esa región. Una de estas tempestades arrebató la nave en que iba Pablo como si fuera una hoja, la desvió de su curso, y fué llevada a alta mar. Al pasar cerca de una pequeña islita llamada Clauda, que se encuentra en la costa suroeste de Creta, los marineros pudieron recoger el esquife que llevaban a remolque con un cable o soga muy fuerte e hicieron todo lo posible para proteger el barco contra las olas amarrando el casco del buque con fuertes sogas y apretándolo con una especie de árgano, pues ellos sabían que sin este refuerzo el buque sería hecho pedazos por el huracán; arriaron también las velas, para que el viento no se los llevara, y dejaron solamente lo indispensable para poder dirigir, en algo, la nave, esperando de esta manera poder evitar que fuera a dar en la Sirte si lograban permanecer en alta mar, y hasta quizás podrían salvarla.

III. *Una Lucha de Catorce Días entre la Vida y la Muerte.*
Hechos 27.18-36.

Siguieron muchas horas de gran desesperación en la obscuridad, pues el cielo estaba cubierto de nubes y no se veía ni el sol ni las estrellas; sólo se oía el rugir del viento, y sabían que el buque estaba a merced de las olas; pero todos abordo determinaron poner de su parte y ayudar en lo que pudieran. Lucas escribe: "hallándonos, pues, furiosamente combatidos por la tempestad." El buque empezaba a dar señales de irse a pique, y había que hacer todo lo posible para aligerarlo; los marineros tiraron al mar los sacos de trigo; pero siguió la tempestad, y al tercer día empezaron a tirar las mesas, las sillas, las sogas—hasta los aparejos del buque—todo para poder aligerar su carga.

Día tras día, noche tras noche, lucharon contra las olas, bombeando el agua que entraba por las grietas que empezaban a abrirse en el casco y tapando como mejor podían donde empezaba a hacer agua con tapones de madera o pedazos de las velas. No conociendo en aquellos días el compás, se guiaban solamente por el sol y las estrellas; así es que en los días y las noches obscuras no podían tomar observaciones, y nadie sabía donde estaban. Se encontraban en un estado nervioso, pues la muerte los amenazaba a cada momento; todos en el buque se aglomeraron juntos en la obscuridad, todos empapados y temblando de frío, esperando el fin; se olvidaban de comer, y a medida que pasaba el tiempo se apoderaba de ellos la desesperación. "Ibamos perdiendo ya toda esperanza de salvarnos." Mas había uno que no había perdido ni la cabeza ni la esperanza. Dejad ahora que lean su trabajo los dos estudiantes designados para la descripción de la manera en que Pablo procedió con estos tripulantes que habían perdido toda esperanza de salvar el buque.

De todas las personas que se encontraban abordo, Pablo era el único que tuvo una comunicación de Dios. ¡Qué privilegio es para cualquiera que pueda decir que tiene un mensaje de Dios para otros! Dios nos habla aún hoy por medio de sus siervos. Léase otra vez el versículo 24. Dios necesitaba que Pablo fuese a Roma. Quizás haya en esta clase un joven que Dios no puede usar para el extendimiento de su reino porque ese joven no tiene ningún interés en esta obra del Señor, sigue el curso de su vida y Dios no lo puede usar de ninguna manera; pero tal vez haya otro que tiene una visión del amor de Dios y se entrega a él tan completamente que Dios puede usarlo en sus planes para la eternidad. ¡Qué vida más grande será la de ese joven! ¿Habrá Dios encontrado en vos algo que pueda hacerle falta en algún lugar—que le haga tanta falta que ni las tempestades ni los errores de los hombres puedan impedir vuestra llegada?

IV. ¡Tierra! ¡Tierra!

Al décimo cuarto día de esta lucha contra la tempestad los marineros se dieron cuenta de que se acercaban a tierra; echaron la sonda para ver la profundidad del agua, y a poco volvieron a echarla otra vez, encontrando que había menos profundidad; sabían que encallar en una noche tempestuosa como ésta era la muerte segura, y sin pérdida de tiempo echaron por la popa cuatro anclas y pudieron evitar ser arrojados contra la costa. Mientras esperaban los claros del día, los marineros trataron de echar al mar un esquife para escaparse, dejando los pasajeros a la merced de la tempestad; Pablo se acercó al capitán y le hace saber lo que pasa; en un momento el sable romano ha cortado la soga, y el esquife se pierde entre las olas. (Léase Hechos 27.27–32.)

V. *La Esperanza Viene con el Nuevo Día.*

Al llegar el alba, los marineros y soldados se miran con la duda reflejada en sus rostros. Pablo, dándose cuenta de que todos estaban débiles por el ayuno de tantos días y sabiendo que necesitaban fuerzas y valor para lo que les esperaba, dando gracias con esa tranquila reverencia que era tan inspiradora, les dió de comer. Alentados por la calma y la fe de Pablo en su Dios y su manera tranquila de hacer lo mejor que podía en todas las circunstancias que le sobrevenía, siguieron su ejemplo. Pablo los animó diciéndoles que ni uno de ellos perecería, ni aun serían lastimados. Todos se animaron mientras comían y discutían la manera de desembarcar.

VI. *El Desembarque.* Hechos 27.39–44.

Al salir el sol, todos vieron una pequeña bahía y un poco más allá una playa arenosa; nadie sabía qué tierra era. Determinaron ver si podían entrar en la bahía, donde había más calma, y tratar de llegar a la playa. Botaron al agua el grano que habían retenido para comer, cortaron las cadenas que sujetaban las anclas, dejándolas en el fondo del mar; aflojaron las ataduras de los gobernalles, izaron la vela al viento y se dirigieron a la bahía, donde inesperadamente en un lugar de "dos aguas" encallaron el buque; la proa quedó inmóvil, pero la popa se abría con la violencia de las olas.

En los momentos que siguieron, llenos de excitación, los soldados creían que debían matar a los prisioneros no fuese que nadando se escapara alguno de ellos a tierra. En aquella época la ley romana era tal que si un oficial permitía que un prisionero a su cargo se huyese pagaba con su propia vida la penalidad. Pero el centurión, pensando en Pablo, detuvo a los soldados de su cruel propósito y dió la orden que todo aquel que supiera nadar se tirase al agua y nadase a tierra; los otros que lo hicieran en tablas o en cualquier objeto sobre el cual pudieran asegurarse. De esta manera todos se salvaron.

Leed ahora el versículo 22 otra vez. A pesar de la promesa de Pablo de que todos se salvarían, ellos pusieron de su parte para salvar el buque. No se sentaron, diciendo: "Pablo dice que no perderemos la vida, y por lo tanto no nos preocupemos." Pablo mismo puso todo de su parte para ayudar al salvamento. (Véase el versículo 31.) Vemos que la combinación perfecta es: el hombre confiando en Dios y haciendo a la par todo lo que puede, o como dice un refrán español: "A Dios rogando y con la maza dando."

LECCIÓN XLV.

I. *Ayudando.*

CUANDO Pablo y todos llegaron a tierra se puede imaginar la excitación que habría mientras corrían de un
lugar a otro para ver si faltaba alguno. El cuadro debe
haber sido triste; todos estaban empapados y con frío,
pues era el mes de noviembre. Los habitantes de la isla
habían acudido a prestar su apoyo, y todos estaban haciendo algo; unos tratando de avivar a los que estaban aho-
gados; otros buscando madera para hacer hoguera para
que todos los náufragos pudieran calentarse algo y secar
su ropa antes de tratar de llegar al pueblo, que debe haber
quedado a alguna distancia de la playa. ¿Qué hacía
Pablo durante este tiempo?

A los habitantes de estas islas Lucas llama "bárbaros,"
lo cual quería decir que ni eran griegos ni romanos los
que vivían en ella. Les dijeron a los náufragos que la isla
se llamaba Melita (hoy Malta), y entonces los marineros
y pasajeros supieron que habían sido arrastrados más
de ochocientos kilómetros por el huracán. Esta isla, que
quedaba a unos noventicinco kilómetros al sur de Sicilia,
tenía unos veintisiete kilómetros de largo, y la parte más
ancha era de catorce kilómetros; pertenece desde hace más
de dos siglos al Imperio Británico; en aquella época formaba parte de la provincia romana de Sicilia, y la mayor
parte de los habitantes eran descendientes de los cartagi-
nenses. (Léase Hechos 28.1-3.)

II. *Algunas Sorpresas.*

¡Qué buena acogida le dieron a estos náufragos los
habitantes de la pequeña isla! Muchos de nosotros
estamos dispuestos a ayudar a nuestros amigos cuando
necesitan de nuestros favores, pero al extraño es fácil

306

dejarlo pasar; tratamos de callar nuestra conciencia diciendo que no tenemos ninguna obligación con el extraño; sin embargo, puede ser que él esté triste y necesite de un amigo.

Nada demuestra la grandeza de una persona como la voluntad con que acepta el trabajo más humilde por servir a sus semejantes, y en esa tarea vemos a Pablo esa mañana. Sólo el hombre que quiere hacerse creer grande es el que rehusa su parte en los trabajos humildes. Pablo no era de esta clase, y mientras ayudaba a recoger madera para la hoguera que calentara a los náufragos se le clavó una víbora venenosa en una mano. Al ver la víbora pegada a la mano de Pablo, los espectadores, llenos de superstición, creyeron que Pablo había cometido algún crimen y que era castigado ahora por los dioses, pues el castigo, para los griegos, era una forma de justicia, y en tan alto concepto tenían a la justicia que llegaron a personificarla y la adoraban como una diosa. Seguramente los habitantes de Melita tenían la misma idea. Así pues, creyendo que la picada de la víbora era un justo castigo, esperaban ver que la mano de Pablo se hinchara y que él cayera muerto, pero nada de esto sucedió, y Pablo siguió tranquilamente recogiendo leña. Esto sorprendió mucho a los que lo habían visto, y empezaron a creer que él era un dios. Es indiscutible que este incidente preparó considerablemente el camino para el evangelio. (Léase Hechos 28.3–6.)

III. *Pablo en el Hogar de Publio.*

Publio se llamaba el hombre que como legado del gobernador de la provincia de Sicilia, o tal vez bajo la dirección del senado romano, gobernaba a Melita cuando Pablo llegó allí. Oyendo que había un oficial romano entre el grupo de náufragos, él invitó a Julio a su casa. ¿Creéis que Publio oyó lo de la víbora y por eso invitó a Pablo y sus compañeros? ¿O creéis que fué sólo una cortesía de su parte? Publio los hospedó por tres días, hasta que pudieron encontrar un lugar donde alojarse. Mientras estaba en esta casa Pablo encontró oportunidades para ser útil. El padre de Publio se encontraba enfermo con fiebre; Pablo entró en el cuarto del enfermo, colocó sus manos sobre él y le sanó de su enfermedad. Muchos que tenían parientes o amigos enfermos supieron esto y los traían a Pablo, y él los sanó. Podemos estar seguros de que mientras sanaba el cuerpo Pablo les hablaba de Jesús en cuyo nombre hacía estos milagros. Es probable que Lucas, el médico, tomó parte en el tratamiento dado a estos enfermos y compartió con Pablo los honores.

Antes de terminar su permanencia en la isla, Pablo había conquistado el cariño de muchas personas. Trataban de honrarlo con muchas atenciones, y cuando llegó la hora de la partida para Roma le trajeron muchos regalos y cosas necesarias para el viaje. Pablo y sus amigos habían perdido todo en el naufragio. ¡Cómo debe haber agradecido estas atenciones! Quizás por la influencia de Pablo se estableciera una iglesia cristiana en esta isla. Han sido descubiertas ciertas inscripciones antiguas en Melita que parecen indicar que existía el cristianismo allí en el siglo segundo. (Léase Hechos 28.7–10.)

IV. *Navegando Otra Vez.* Hechos 28.11–16.

Los náufragos permanecieron tres meses en Melita. Para mediados de febrero, con las primeras indicaciones de la primavera, un buque de Alejandría, que había permanecido durante el invierno en Melita, se preparó para dirigirse a Italia. ¿Cómo se llamaría esta nave? Tenía en la proa imágenes de Castor y Polux, dos dioses que se suponía tenían especial cuidado de los marineros. Probablemente este buque estaba cargado de grano como el que naufragó. Al contar los marineros y soldados sus aventuras y el naufragio, ¿cuál nombre creéis que se mencionaría más a menudo? ¿Cómo os explicáis esto? ¿Cómo se adiestran los héroes y los adalides?

El primer puerto donde se detuvieron se llamaba Siracusa, a unos ciento sesenta kilómetros de Melita. Los tres días que estuvieron allí puede ser que fuera para esperar vientos favorables o de cargar y tomar carga para Italia. El próximo puerto era Regio, un pueblo al extremo

suroeste de Italia en los Estrechos de Mesina, que aquí
tenían unos diez kilómetros de ancho. Aquí, por vez
primera, Pablo llega a territorio italiano. Los Estrechos
de Mesina eran famosos en la literatura clásica greco-
romana. Tenían el "Scylla" y el "Carybdis"; el primero,
un arrecife medio hundido y el segundo un poderoso y
traidor remolino. Entre estos dos peligros los marineros
tenían que dirigir sus buques.

Después de una demora de un día en Regio, empezó a
soplar el austro, y los marineros la aprovecharon para
navegar entre los peligrosos estrechos. Con el viento favorable, navegaron unos trescientos veinte kilómetros en un
día, llegando a Puteoli en la linda bahía de Nápoles. Este
era el puerto principal de Roma—quedaba a doscientos
veinticinco kilómetros de distancia—y por consiguiente de
gran importancia comercial. En la magnífica bahía de
Puteoli, los marineros en los amontonados muelles vito-
reaban la entrada del buque alejandrino, el primero en la
estación que traía grano y que desplegaba orgullosamente
al entrar todas sus gavias—un privilegio que sólo tenían
los buques de grano alejandrinos.

En la historia romana tenemos la entrada de otro buque
alejandrino de grano en este mismo puerto de Puteoli pocos
años antes de la llegada de Pablo. En la bahía estaba la
barcaza que llevaba el cuerpo moribundo del emperador
Augusto. Los marineros del buque de grano se aglomeraban a la baranda para vitorearlo; con coronas e
incienso lo adoraban como a un dios. Esta era la expresión
más elevada de la religión de la antigua Roma—la adoración de un conquistador moribundo.

Al extremo opuesto de Puteoli estaba Baioe, un bal-
neario de Roma. Las villas preciosas alrededor de la
bahía eran centros de disolución y lujuria y vicios que no
se pueden mencionar. En una de estas villas el hombre
que era ahora emperador había matado a su propia madre.
Un año más tarde, mientras Pablo estaba en Roma,
este mismo emperador mató a su joven esposa y mandó
su cabeza a su querida Popea. Honores divinos se dicen
fueron ofrecidos a esta adúltera y a su niño. A un mundo

como éste, y con un emperador de esta naturaleza, vino Pablo. Sin embargo, la escena ante la vista de Pablo esa mañana desde su buque—el Castor y Polux—era en extremo bella. ¡Pero cuánto necesitaba del mensaje de Pablo y del Cristo de Pablo!

Pablo y sus compañeros, con el centurión y los soldados, dejaron el buque aquí, y el resto del viaje hasta Roma lo hicieron por tierra. En este importante puerto, extranjeros de Siria, Asia, etc., eran numerosos; aquí la nueva religión se había establecido. La cortesía del centurión permitió a Pablo un descanso de siete días en Puteoli. Viajar en aquella época no tenía las comodidades de que gozamos hoy, y Pablo debe haber gozado de la hospitalidad y compañerismo de los hermanos en Puteoli.

En su carta a los romanos, escrita desde Corinto tres años antes, Pablo habló de su intención de visitar la capital del mundo y a los numerosos amigos que había hecho durante sus largos viajes y que se encontraban en Roma, por negocio o deberes. Un mensajero de Puteoli trajo privadamente la noticia a los hermanos en Roma que Pablo había llegado a Italia, y muchos salieron a recibirlo por el camino para darle la bienvenida.

A unos sesenticuatro kilómetros al sur de Roma, por la gran vía Apia se encontraba el "Foro de Apio." Aquí recibieron algunos cristianos romanos a Pablo; más abajo en un lugar llamado "Las Tres Tabernas" lo esperaban otros. Al acercarse Pablo a la gran ciudad, pudiera haber sido que sentía algún temor o duda; iba a presentarse ante el emperador, y ese emperador era Nerón. Cuando Pablo vió a los cristianos de Roma, y recibió sus mensajes de amor y bienvenida y las buenas nuevas del progreso de la religión cristiana en la capital del mundo, su corazón se elevó a Dios lleno de gratitud, y siguió su viaje con ánimo para lo que le esperase—fuera lo que fuere. Debe haberle causado gran gozo ver a Priscila y Aquila, sus viejos compañeros, entre el grupo de amigos; ellos podían comprender porqué estaba en cadenas.

La larga distancia a Roma juntos debe haber sido una de gozo y de ánimo para el prisionero encadenado. Así llega a Roma, listo para hablar del evangelio por el cual había sufrido tanto. ¡Qué ajena estaba la orgullosa Roma de lo que pasaba en ella ese día, cuando este insignificante judío entró por sus calles! Pablo no parecía el conquistador que él era; tan inofensivo que Julio, que había aprendido a confiar completamente en él, obtuvo el permiso para que se le guardase fuera de la prisión, en su propia casa alquilada y con libertad de ver a todos los que quisieren verle, aunque encadenado siempre a un soldado romano. ¡Cómo se hubiera reído Nerón si alguno le hubiese dicho que uno entre los muchos prisioneros poseía una verdad que minaría el trono de los Césares!

Preguntas.

1. Trazad la ruta en un mapa desde Melita a Roma.
2. ¿Cómo viajaron Pablo y sus compañeros desde Puteoli?
3. ¿Qué experiencias le dieron ánimo a Pablo por el camino?
4. ¿Cuánto tiempo se quedaron los náufragos en Melita?
5. ¿Por qué creyeron los nativos de Melita que Pablo era un dios?
6. ¿Cómo trataron a Pablo cuando llegó a Roma?
7. ¿Quién era emperador en Roma cuando llegó Pablo? ¿En qué era notable?
8. ¿Qué comunicaciones tuvo Pablo anteriormente de los cristianos romanos?

Una Oración.

Señor Jesús, perdónanos por nuestra ansiedad por nosotros mismos, también por temer darte demasiado de nuestro tiempo y fuerzas; y perdónanos por nuestras caras tristes y pasos vacilantes por el camino en que tú nos llevas. Ayúdanos a entregar nuestros cuerpos y vidas en tus manos y confiar en ti cuando entendemos y cuando no entendemos. Danos de tu espíritu, que poseía vuestro gran apóstol, y danos el poder para hacer, llenos de gozo y valientemente, tu voluntad—que seamos soldados cristianos sin temor. Amén.

LECCIÓN XLVI.

PABLO PRISIONERO: EN ROMA.

¿CÓMO creéis que os sentiríais si estuvieseis preso y este encarcelamiento fuese injusto? ¿Habéis alguna vez pensado lo que sentiríais si tuvieseis que usar ropa que os distinguiera como prisionero, o cualquier insignia que os señalara como tal? Pablo fué obligado a entrar en Roma con la señal marcadísima de un prisionero—encadenado a un soldado. Aunque no lo pusieron en la cárcel como cualquier otro prisionero, porque se le permitió vivir en su casa alquilada, sin embargo, no podía estar libre de sus cadenas y del soldado, y esto por más de dos años. Pensad en lo horrible que debe ser estar encadenado a otra persona día y noche, y esta persona un soldado pagano, que muchas veces era un hombre bruto.

I. *Pablo Manda a Llamar a los Judíos Romanos.*

A pesar de todos los inconvenientes, Pablo no esperó empezar su trabajo en Roma cuando hubiese una oportunidad mejor o cuando él se viese libre de cadenas. Tomando solamente tres días para orientarse y descansar después de la fatiga del viaje, él invitó a los judíos principales a que viniesen a su casa para una conferencia. Debe haber habido una colonia grande de judíos en Roma, porque había siete sinagogas allí; ocupaban un barrio en la orilla oeste del río Tiber.

Sin ninguna persona que presentase acusaciones contra él, era la oportunidad de Pablo para hablar fuertemente contra los que le habían causado tantos sufrimientos. ¿Mencionó él todas las injusticias, maldades y prisiones que le habían hecho sufrir? Fijaos que no muestra el más ligero resentimiento. ¡Con qué suavidad pasa por alto el mal trato que recibió de ellos! (Léase Hechos 28.17-20.)

312

Pablo les explicó a estos judíos su situación de la manera más cortés que cabía, diciendo la verdad; dijo que fué entregado a los romanos (evita decir que los judíos lo hicieron), y verdaderamente es una apelación la que él hace, pidiendo que, sin prejuicio, oigan lo que él les quiere decir, agregando además que él estaba allí, no por deslealtad a su raza o religión, sino por su fidelidad a ambos. Entre los orientales aun hoy las dos ofensas más difíciles de perdonar, y a veces nunca perdonadas, son el separarse de las aspiraciones políticas de su pueblo o perturbar sus tradiciones sociales y religiosas. Pablo, al principio de su defensa, quería probar que él no había cometido ninguna ofensa contra su raza ni su religión. Notad su insistencia en afirmar que era prisionero por su devoción a la esperanza de Israel. ¿Qué contestaron los judíos? (Léase Hechos 28.21, 22.) Es imposible creer que dijeran la verdad. Evidentemente estaban algo perplejos ante esta inesperada situación y asombrados por la devoción de Pablo a su causa y a su nación. Ellos habían oído hablar de la religión cristiana y que se decía mucho en contra de ella en todas partes. Así expresaron el deseo de oir más y le pidieron a Pablo fijara un día para que les explicara acerca de todo esto: fijaron el día, y Pablo prometió que les explicaría más detenidamente la nueva religión.

II. *Una Reunión en Roma que Dura Todo el Día.*

Cuando llegó el día fijado los judíos de Roma en gran número se reunieron en la casa de Pablo, y él se pasó el día entero hablándoles. El tema de Pablo era "El Reino de Dios," al que su Biblia—el Antiguo Testamento—tantas veces refería. Este "reino" Pablo asociaba con Jesús, como el Mesías de los judíos, el Rey del linaje de David. (Isaías 9.7.) El explicaba, de estas mismas Escrituras que ellos enaltecían tanto, que Jesús era el Cristo. ¡Qué bueno hubiese sido haber podidio estar en esa reunión en la gran ciudad de Roma, viendo a todos los judíos—algunos en actitud crítica o dudosa, otros deseosos de saber más—rodeando a Pablo mientras él hablaba, ver el brillo de sus ojos, oir su voz al hablarles la verdad!

313

Al fin terminó el día como habían terminado tantos otros días como éste en la vida de Pablo. Unos creyeron, y otros dudaron; el grupo se dividió, y empezaron las discusiones.

Al salir los incrédulos de la reunión, Pablo creyó que debía darles una referencia verídica a los que quedaron, y les citó a Isaías 6.9, 10. Les enseñó cómo la inspiración divina había predicho este mismo resultado, y la entrevista terminó con las palabras de condenación dicha por el gran profeta de Israel. La salida de los incrédulos no desesperó a Pablo, porque exclama en su convicción: "A los gentiles es enviada esta salvación de Dios, y ellos oirán." La última palabra que Lucas cita de boca de Pablo es la declaración de que el evangelio había pasado de los judíos a los gentiles. Estas eran palabras arrojadas y valientes, pero Pablo no hablaba nunca de otra manera. Nadie podía nunca decir que a él le faltara el valor para declarar la verdad.

Con este ofrecimiento de Pablo del evangelio fué la última vez que a los judíos, como nación, se les ofreciera el evangelio, según el Nuevo Testamento, y por su propia voluntad fueron dejados fuera del redil. (Léase Hechos 28.20–28.)

III. *Dos Años en su Propia Casa.* Hechos 28.30, 31.

Según las leyes antiguos romanos un hombre podía ser recluído en prisión indeterminado tiempo, hasta que sus acusadores estuvieran listos para traer la acusación contra él; por lo tanto a veces sucedía por despecho que, a un hombre no condenado, lo dejaban en prisión por años antes que hubiera un enjuiciamiento de su causa. Mucho dependía del capricho del emperador, pero los oficiales también a veces lo demoraban para ver si podían conseguir dinero antes de presentar la apelación. Así sucedió que Pablo, que había estado en prisión por dos años por el abandono de Félix, tuvo que volver a pasar otros dos años antes de ser llevado ante la justicia.

Las condiciones de Pablo como prisionero no eran duras. Tenía ciertas libertades, y verdaderamente pudiera llamarse esta una detención. A pesar de las cadenas—"un prisionero en cadenas"—estaba en su propia casa y podía escoger sus ayudantes y seguir su trabajo. Para Lucas esto era una gran victoria para la causa de Cristo. Ni el judío de Roma ni el gobierno romano trataron durante esta época de contrarrestar los esfuerzos de Pablo. Léase otra vez el versículo 31 y fijaos en las palabras "sin impedimiento."

IV. *Pablo Trabajando en Roma.*

Pablo deseaba venir a Roma, pero seguramente no era su plan venir de la manera que vino. Deseaba trabajar con libertad, pero vino un "prisionero en cadenas." Sin embargo, estos años, que para muchos hubieran sido años de lamentaciones e inactividad—la inactividad que viene de esperanzas frustradas o demoradas—fueron para Pablo llenas de gran servicio. Fijaos en los cuatro o cinco círculos de influencia que él ejercía desde su casa-prisión. Primeramente con sus propios conciudadanos, los judíos; hemos visto su trabajo entre ellos. El segundo círculo eran los soldados romanos; las guardias eran cambiadas con regularidad, y los soldados de la Guardia Pretoriana— los soldados selectos de la compañía de César—habían sido encadenados, uno tras otro, por horas a Pablo. Muchas veces se veían obligados a oir, quisieran o no, a las conversaciones de Pablo con sus amigos y a sus discursos a numerosos grupos de cristianos. No podían dejar de admirar su gran y bondadoso carácter; probablemente algunos de ellos llegaron a quererlo, y cuando no estaban de guardia se llegaban y hablaban con él. Muchos al regresar a sus cuarteles contaban lo que habían oído. Léase lo que Pablo dice sobre su trabajo (Filipenses 1.12, 13). El tercer círculo era su influencia sobre las personas en lugares distantes. Venían desde lejos para oirlo, y también venían de los barrios bajos de la ciudad. Unos de los satíricos de aquella época decía que "la escoria del Orontes había flotado al Tíber." Es verdad que las clases descontentas y los criminales se dirigían hacia Roma. Un ejemplo podemos encontrar en Onésimo, el esclavo huído, de quien estudiaremos más tarde. Pablo tenía influencia sobre muchos otros hombres, como Filemón, Epafras y otros.

Otro círculo era el gran mundo gentil de Roma. De gran valor le eran a Pablo ahora sus experiencias en las grandes ciudades paganas. Muchos pecadores venían a él con sus luchas y problemas. Este trabajo, sin duda, hizo crecer la iglesia en Roma. Los cristianos romanos eran quizás sus más frecuentes visitantes. Podéis estar seguros de que la presencia de Pablo en ese cuarto-prisión fortaleció y vivificó la vida cristiana de la comunidad. Los oficiales de la iglesia, o predicadores, venían a consultarle sobre sus problemas y necesidades, volviendo a sus congregaciones inspirados a trabajar y predicar mejor que nunca.

Otro círculo, y quizás el más importante de todos, eran las epístolas que escribió y que han bendecido a la Iglesia desde aquella época. El velaba por sus conversos distantes, aunque el trabajo de la ciudad pesaba grandemente sobre él; nunca estaba demasiado ocupado para oir el llamamiento de necesidad que le venía a él de sus iglesias en peligro a través de los mares. Durante estos dos años escribió por lo menos cuatro cartas notables: Efesios, Filipenses, Colosenses y Filemón, que estudiaremos en otras lecciones. Para este trabajo él estaba adiestrando a un espléndido grupo de obreros. El nos dice que Lucas estaba con él, también Tíquico y el joven Timoteo —el más querido de todos y que ayudó a Pablo a escribir algunas de estas cartas. Con especial interés notamos la presencia del joven Juan Marcos. Recordaréis que el joven Marcos fué el que abandonó a Pablo y a Bernabé en su primer viaje misionero, causando después la separación de Pablo y Bernabé. Aristarco, "compañero de prisión," estaba allí—quizás mandado en cadenas con Pablo desde Cesarea—y muchos más cuyos nombres serían muy preciosos para nosotros si pudiéramos estudiar el breve relato de su ministerio.

¿Dónde obtuvo Pablo el dinero para poder alquilar su casa y para llevar su apelación ante el emperador? No

316

tenemos ninguna referencia de que él trabajara para su manutención en Roma. Quizás tuvo alguna herencia o amistades ricas y de influencia que lo ayudarían. Pablo siempre se comportaba como un hombre acostumbrado a moverse en altos círculos sociales. También puede ser que las iglesias le ayudaran ahora.

¡Cuántas veces obstáculos como las cadenas de Pablo resultan de gran provecho en nuestra obra! Recordad el caso de José; Bunyan en su prisión escribió "El Peregrino"; Lutero encarcelado en el Castillo de Wartburg tradujo la Biblia al alemán. No hay límites ni medio ambiente que obstruya las oportunidades para una vida entregada a Dios. El libro de los Hechos termina dejando a Pablo en prisión y Nerón en el trono. Parece que Lucas tenía la intención de escribir otro libro para terminar su biografía, pero si lo empezó probablemente nunca lo terminó. Quizás Lucas perdiera la vida en la terrible persecución de la cual fué víctima su maestro y que lo que tenía escrito también se perdiera. ¿Creéis, como Bengel, que Pablo en Roma es la terminación apropiada de los Hechos?

¿Qué le sucedió a Pablo? Dejaremos esto para otra lección.

Preguntas.

1. Hemos tenido siete lecciones con el título general "Pablo Prisionero"; ¿podéis dar los títulos en orden?

2. ¿Cuánto tiempo permaneció Pablo prisionero en Roma? ¿Por qué tanto tiempo?

3. ¿Cómo pasó este tiempo?

4. Buscad datos sobre Roma en la época de Nerón.

5. ¿Tenían prejuicios los judíos en Roma contra Pablo?

6. ¿Cuáles epístolas escribió Pablo mientras estaba en Roma? Efesios, Filipenses, Colosenses y Filemón

7. ¿Qué hizo Pablo poco después de llegar a Roma? ¿Por qué?

8. ¿Qué significación tenía la profecía que Pablo citó del libro de Isaías?

9. ¿Qué significa la expresión "esta secta" en el versículo 22?

10. ¿Qué nos enseñan las experiences de Pablo en Roma acerca de nuestro medio ambiente y las limitaciones de nuestras oportunidades?

Pensamiento Personal.

"En cuanto a esta secta, sabemos que en todas partes se habla mal de ella." Casi todas las cosas buenas al principio son muy criticadas. Por ejemplo, el origen de los nombres siguientes: "cristianos," "protestantes," "metodistas," "cuáqueros," etc.; la oposición hecha a las sociedades de jóvenes y a las sociedades de mujeres en las iglesias, y aun hubo oposición a la escuela dominical. Es maravilloso que el diablo no se cansa de tratar de parar toda buena obra por estos medios. Cuando estáis haciendo la obra del Señor, no temáis ni os avergoncéis. Aprended de memoria lo que Pablo dijo de su actitud hacia Cristo y su evangelio en Romanos 1.16.

LECCIÓN XLVII.

PABLO PRISIONERO: SU CORRESPONDENCIA—COLOSENSES Y FILEMÓN.

PABLO muchas veces tenía visitantes de congregaciones distantes; como todos los caminos van a Roma, los miembros de estas iglesias muchas veces tenían que venir a la capital por asuntos de negocios, y como es natural, lo iban a ver y le traían saludos y mensajes, y quizás algunos regalos que pudieran hacer más llevadera su vida en la prisión. Otros venían para consultar con él sobre las dificultades que surgían en sus congregaciones locales, y Pablo mandaba con ellos sus saludos y algunas veces una carta.

I. *Onésimo.*

Entre los muchos visitantes que tuvo Pablo en su "casa alquilada" llegó un día un esclavo fugitivo llamado Onésimo. Hacía algún tiempo se había escapado de su amo Filemón, un cristiano rico de Colosas. Por una referencia en la carta de Pablo a Filemón sabemos que Onésimo se había huído por ser culpable de cierta negligencia que le había causado pérdidas serias a su amo (versículo 18), o quizás le había robado dinero, y su temor a un castigo merecido le hizo huir. Había podido llegar a Roma, para esconderse allí y tratar de olvidar su degradación y ahogar sus temores en la iniquidad de esta gran ciudad. La literatura griega y romana ridiculiza al esclavo y lo vitupera. Aristóteles en su obra "Políticas" declara que "el esclavo es simplemente un mueble viviente." Estaba fuera de las reglas comunes de la humanidad. "Cualquier hecho es justificable contra un esclavo," escribió Séneca, y la historia nos da evidencia de que estas máximas eran aceptadas por los paganos más inteligentes. La crueldad en su expresión más repulsiva se consideraba como tratamiento justificable para un esclavo. No es extraño que los capítulos de la historia antigua más horrorosos son los que describen los levantamientos de los esclavos que, indignados contra la situación en la cual se hallaban, trataban de vengarse. El mismo año que llegó Pablo a Roma el prefecto de la ciudad fué asesinado por el amante de una de sus esclavas; en venganza de este hecho mataron a sus cuatrocientos esclavos—hombres, mujeres y niños. El hombre, su mujer e hijos pertenecían al dueño para hacer de ellos lo que quisiera.

Onésimo no era solamente un esclavo, sino un esclavo de Frigia, que equivalía a todo lo villano; además de esto era un esclavo fugitivo, y probablemente un ladrón. Con esta triple degradación, odiado por la clase social que le robaba todo derecho a ser un hombre y lo arrastraba al nivel de la bestia, este desgraciado huye a Roma y se pierde en la muchedumbre. Si lo cogían, la penalidad común era la crucifixión; de todos modos le harían sufrir torturas, pues con un hierro candente le pondrían la señal del esclavo fugitivo. Este era Onésimo cuando llegó a Roma.

II. *Onésimo y Pablo.*

Un día Onésimo conoció a Pablo. Nos hubiera agradado mucho si Lucas o Pablo hubiese dicho algo acerca de cómo Onésimo se hizo cristiano. Pudiera haber sido que fué enviado a la casa de Pablo con un mensaje, o que su compatriota Epafras lo persuadió a que viniera a oir a Pablo; o quizás en su extrema necesidad recordara las buenas cosas que su amo había dicho de Pablo. ¿Creéis que su conciencia, tan adormecida, empezó a despertar viéndose en un medio ambiente de maldad peor que ninguno que él jamás había conocido? No lo podemos saber, pero esto sí sabemos, que después que el esclavo conoció al apóstol todo cambió. Pablo hizo de Onésimo un siervo de Cristo Jesús. Nunca demostró Pablo más el espíritu de las enseñanzas de Cristo que en su trato bondadoso con Onésimo. No se veía en él el orgullo de ser un ciudadano romano ni la repulsión hacia un criminal. Vió Pablo que en este hombre bajo y criminal había algo bueno, y pensando en las luchas que tendría este joven para poder vivir la vida cristiana, Pablo sintió hacia él gran compasión, y una verdadera amistad los unió.

Por supuesto él le contó a Pablo su vida anterior y sus dudas de poder vivir una vida noble y buena con su terrible pasado. La religión de Pablo era una religión práctica. Onésimo no sólo tenía que decírselo todo a Dios, sino que tenía que volver a su amo y aceptar su castigo y hacer restitución. Algunos de nosotros creemos que hemos hecho todo cuando confesamos nuestras maldades a Dios y le decimos que nos duele haberlas cometido. Esto es fácil de hacer, pues sabemos que Dios lo sabe todo; pero el arrepentimiento es mucho más que una confesión a Dios; significa una resolución firme en cuanto a lo futuro y hacer restitución en todo lo posible; tenemos que estar dispuestos a sufrir las consecuencias de nuestros pecados. Esto era un asunto muy serio para Onésimo—un esclavo fugitivo. El veía una cruz—la cruz que le esperaba si él volvía a su amo. Sin embargo él no podía ser cristiano leal en Roma sin tratar de hacer un esfuerzo honrado para saldar el mal que había hecho a su amo en Colosas. Onésimo resuelve volver, y al hacer esto dejaba el único amigo que tenía en la vida, el amigo que lo había llevado a Cristo Jesús y le había hecho posible una vida nueva. Onésimo era una epístola viviente, un esclavo transformado en un santo, un hombre bestial convertido en un hermano. ¡Qué prueba más evidente era él del poder de la religión de Cristo Jesús! Ni los temores de Onésimo ni los deseos de Pablo se podían considerar ahora. Filemón, el amo, tenía sus derechos, y éstos tenían que ser respetados.

III. *Pablo Escribe a su Amigo Filemón.*

Filemón era uno de los conversos de Pablo cuando él estuvo por tres años en Efeso y sus obreros predicaron el evangelio por toda la provincia del Asia. Uno de los lugares donde llegaron fué a Colosas, un pueblo greco-frigio que se encontraba cerca de Laodicea e Hierápolis, a unos ciento sesenta kilómetros de Efeso y a la orilla del río Lycus, que era un río tributario del Meandro. Filemón era un tejedor de lana y se había hecho rico. Fué converti-do por la palabra de Pablo, probablemente en Efeso. El y su esposa Apia eran cristianos sinceros y tenían una iglesia en su propio hogar. Pablo habla con mucho aprecio de su hospitalidad a los cristianos. Arquipo, su hijo, también es mencionado como un cristiano verdadero. Habiendo determinado hacer todo lo posible para ayudar a Onésimo, dijo, "Yo le escribiré a mi amigo Filemón una carta diciéndole que tú eres un hombre cambiado, y le pediré que sea benévolo contigo por mí." Felizmente tenemos esta carta, que llamamos "La Epístola de Pablo a Filemón." Es una joya del Nuevo Testamento. Todas las demás cartas de Pablo tratan de sus deberes oficiales como director de las iglesias bajo su custodia; pero ésta es solamente una carta a un amigo, tratando de los problemas íntimos del hogar. En sus otras cartas hay la excitación, hija del conflicto, la inspiración de un tema noble y grande y la ordenación de los hechos y experiencias; pero en esta pequeña carta no encontramos esto; sólo nos pone aquí de manifiesto su corazón; y nunca manifestó Pablo su grande-za, su caballerosidad, su cristianismo como en estas pocas líneas escritas a este amigo.

El único propósito de Pablo en esta carta es pedir de su amigo que recibiera otra vez a su esclavo fugitivo que era ahora un cristiano; que borrara el pasado y que considerara como pagadas todas sus deudas y ofensas; que lo recibiera no como esclavo, sino como hermano en la causa de Cristo. Podemos darnos cuenta de lo delicado de esta petición de Pablo, porque Filemón había sido perjudicado por este hombre. La relación legal entre amo y esclavo había sido violada por Onésimo.

IV. *La Carta.*

Pablo empieza su carta, como lo hacía siempre, dando gracias por las bendiciones recibidas. (Léase los versículos 1-7.) Fijaos con qué tacto Pablo pide este favor de Filemón; al principio no menciona el nombre de Onésimo, sino dice así: "Te ruego, pues, por este hijo mío, a quien engendré en mis prisiones." El nombre Onésimo significa

322

útil, y Pablo hace uso del significado de esta palabra con mucha astucia: "El cual te fué inútil en otro tiempo, mas ahora nos es útil a ti y a mí." Con palabras tiernas Pablo habla de lo útil que le era Onésimo, y que con gozo lo hubiese retenido a su lado, pero que no quería abusar de la bondad de Filemón, que era el dueño legítimo. Los versículos 11–19 y Colosenses 4.7–9 están llenos de palabras tiernas y bondadosas para asegurar una cordial recepción para este esclavo fugitivo de parte de su amo y la iglesia. "Es mi propio corazón, y en el cual tengo confianza," escribe Pablo (versículos 11–13); que lo recibieran como si fuera Pablo mismo (versículo 17); la mano de Dios es la que se puede ver a través de los hechos (versículos 15, 16); Pablo promete pagar toda deuda o pérdida que Onésimo le haya ocasionado a Filemón (versículos 18, 19).

Un grupo interesante está con Pablo mientras él escribe: Epafras, que había trabajado en Colosas y estaba en prisión con él; Marcos, Aristarco, Demas y Lucas, todos estaban allí. Quizás ellos estaban trabajando en Roma bajo la dirección de Pablo.

¡Cuánto desearíamos saber lo que sucedió cuando Onésimo y Tíquico llegaron a Colosas! pero la Biblia no nos dice una sola palabra! Hay la tradición que Filemón, Apio, Arquipo y Onésimo fueron mártires en la época de Nerón, habiendo sido muertos apedreados por su fe en Cristo. Leed la carta y tratad de ver todo lo que Pablo sentía.

Quizás al leerla alguien se haga la pregunta, ¿qué derecho tenía Filemón como cristiano de tener esclavos? ¿Por qué Pablo no le dice que no se debe tener en esclavitud a una persona por quien Cristo ha muerto? Cristo y sus apóstoles vivieron en una época cuando las instituciones sociales estaban muy ligadas con grandes iniquidades; nunca atacaron el orden social, ni incitaron a una revolución; había el concubinato y la esclavitud, pero no la denunciaron; enunciaron grandes y nuevos principios que destruirían estas maldades, y estos principios, influenciando la sociedad con un nuevo espíritu, haría ver la verdadera

323

hermandad e igualdad de cada hombre ante Dios, y habría un nuevo orden social. Hemos visto cómo este espíritu ha hecho desaparecer ya la esclavitud; el plan de Dios es obrar lentamente, pero con seguridad. Sería provechoso leer aquí lo que Pablo escribe en Efesios 6.5–9 sobre los dueños de esclavos y los esclavos.

V. *La Carta a la Iglesia en Colosas.*

Con la pequeña carta a Filemón en Colosas Pablo manda otra más larga a todos los cristianos en Colosas. Había llegado a Roma un colosense que era o el fundador o el pastor de la iglesia allí; su nombre era Epafras. Parece que habían surgido algunas dificultades, y Epafras consultó con Pablo acerca de ellos. Resultaba que las personas que ingresaban como miembros de la iglesia venían con distintas ideas y hábitos, queriendo conservarlas después de ser cristianos. Algunos tenían la antigua idea griega que Dios era demasiado espiritual y demasiado santo para tener nada que ver con lo material; por lo tanto el alma humana tenía que acercarse a Dios por medio de una serie de mediadores, y teniendo comunicación con estos mediadores gradualmente se podía llegar a Dios; otros, bajo la influencia del judaísmo, pretendían que los ayudaban a acercarse a Dios el observar ciertos días, etc., y no comer ciertas carnes.

Estas ideas y prácticas estaban causando dificultades en Colosas. Pablo vió este peligro y decidió escribir una carta a estos colosenses, y la mandó con Tíquico, uno de sus colaboradores y que iba a llevar a Onésimo a su casa. Al leer esta carta a los colosenses notad la sabiduría con que Pablo corrige estas ideas en los capítulos 1 y 2 y los consejos prácticos que les da en el capítulo 3.1–4.6. El capítulo 4.7–17 trata sobre asuntos personales. Fijaos especialmente en el capítulo 2.8–10.

Preguntas.

1. ¿Cuáles son las epístolas que Pablo escribió en prisión?
2. ¿Quién era Filemón?

3. ¿Acerca de quién le escribió Pablo a Filemón, y cuál era el propósito de la carta?

4. ¿Qué otra carta mandó Pablo al mismo tiempo?

5. ¿Qué significaba ser esclavo fugitivo en aquellos días y volver a su amo? ¿Qué vemos en Onésimo al estar dispuesto a volver a su amo?

6. ¿Cuáles dos nombres íntimos da Pablo a este esclavo?

7. ¿Qué oferta le hizo Pablo a Filemón para saldar la deuda de Onésimo?

8. ¿Cuáles fueron las dificultades que la carta a los colosenses trataba de remediar?

9. ¿Qué concepto cristiano consideráis que Pablo hace más enfático en Colosenses?

10. ¿Qué evidencia da Pablo en Colosenses de su fe en la divinidad de Cristo Jesús?

Pensamiento.

Para Pablo el más humilde creyente tiene acceso a Cristo sin la ayuda de santos ni *mediums* espirituales; y encuentra que en la comunión con Jesús el individuo tiene la expresión más elevada que es posible para un ser en esta vida. Estos privilegios pueden ser de nosotros hoy.

"¡Cuán dulce el nombre de Jesús
Es para el hombre fiel:
Consuelo, paz, vigor, salud,
Encuentra siempre en él.

Al pecho herido fuerzas da,
Y calma al corazón;
Del alma hambrienta es cual maná
Y alivia su aflicción."

LECCIÓN XLVIII.

CUANDO Tíquico y Onésimo estaban listos para partir a Colosas, con la carta para la iglesia allí y la carta privada a Filemón, le fué dada a Tíquico otra carta. En Colosenses 4.16 Pablo habla de una epístola a los laodiceos que mandaba al mismo tiempo. Compárese Colosenses 4.7–9 y Efesios 6.21. Como no tenemos en nuestra Biblia ninguna epístola con ese titulo, muchos creen que se ha perdido. Pero tenemos una muy importante y que llamamos la epístola a los Efesios. Cuando leemos esta epístola cuidadosamente, nos parece imposible que Pablo escribiera a los de Éfeso entre los cuales había pasado tres años y conocía tanto sin mandar un solo mensaje personal; no se encuentra ni siquiera uno en toda esta epístola; pudiera haber sido escrita a cualquier iglesia. Algunos pasajes parecen dirigidos a personas que sólo conoce de referencia y que necesitara cartas credenciales para ellos. Esta carta tiene que haber sido escrita no sólo para los efesios, sino para todas las iglesias en Asia, y puede ser que ésta sea la carta a los de Laodicea. Si fué dirigida a Éfeso, Laodicea y las otras iglesias, es la carta pastoral más grande que jamás se haya escrito.

I. *La Epístola a los Efesios.*

Muchos creen que la Epístola a los Efesios es lo más grande que Pablo escribió: no hay discusión sobre el judío ni gentil, ni sobre ritos de ceremonia, ni sistemas teológicos. El tema es la Iglesia de Cristo como la agencia salvadora del mundo. Nos dice qué clase de personas debemos ser como miembros de la Iglesia de Cristo. Al leer estas declaraciones tan profundas y tan bellas, y tratar de comprender su verdad, nos convencemos que Dios estaba revelando, por medio de Pablo, sus ideas al mundo. Si alguna vez sois tentados a pensar ligeramente de la Iglesia de Dios o criticar sus errores, leed otra vez la primera parte de esta epístola.

Esperamos que leáis toda esta carta, llamándoos la atención especialmente a dos oraciones de Pablo, Efesios 1.15–23 y 3.14–21. Imaginaos por un momento la escena. Pablo está en la prisión con sus "cadenas"; al pensar en estos cristianos de Asia, su corazón se eleva a Dios en gratitud. Pero no sólo da gracias por ellos, ora por ellos; y su oración es grande, noble, insistente para que comprendan, con la ayuda de Dios, las riquezas de la gloria de la vida cristiana. Léase Efesios 1.15–23 con cuidado y tratad de ver lo que significaba para Pablo cuando escribía estas palabras. Orad que el Espíritu Santo mismo os ayude a ver y comprender el significado de esta oración en vuestra propia vida.

En la segunda oración (3.14–21) encontramos al apóstol de rodillas. El soldado a su lado puede ser que lo esté, o puede ser que no; quizás sea un pagano que se ría de estas cosas. Colaboradores como Epafras, Timoteo y Lucas puede ser que estén de rodillas, pero si están con él, o solamente su guardia, Pablo está intercediendo desde lo más profundo del corazón por estos cristianos en el Asia. Y lo que pide para ellos puede pedirlo para cualquier cristiano, aun para nosotros mismos. El ora por cada uno de ellos durante cada día de su existencia que, en medio de las tentaciones más fuertes de vivir aparte de Dios, puedan vivir tan cerca de él que al ver sus vidas se pueda decir de ellos que "Cristo por la fe habita en vuestros corazones." El no está pensando en personas excepcionales, sino más bien de aquellas a quienes se dirige en el último párrafo de su carta; a los maridos y sus mujeres, a los padres e hijos, a los amos y sus siervos, todos estos de Asia. En esta oración cada frase, cada cláusula, casi se puede decir que cada palabra, es de intensa significación. ¡Qué oración más sublime! Leedla muchas veces (Efesios 3.14–21) hasta que con la ayuda de Dios podéis comprender su significado para vuestra propia vida. Que Dios os conceda este poder divino para que penetre hasta las profundidades de vuestros corazones y vidas y que seáis fuertes en su fuerza.

II. *La Última Carta de Pablo a sus Iglesias.*

La correspondencia de Pablo en la prisión terminó con su carta de despedida a Europa, y esa carta fué dirigida a la primera iglesia que él estableció en ese continente, Filipos, donde fué azotado tan cruelmente y donde se convirtió el carcelero. Esta iglesia fué siempre muy querida por Pablo. Si no recordáis estos incidentes, leed rapidamente Hechos 16. Notamos en las cartas a los corintios y a los tesalonicenses que la iglesia en Filipos, desde su principio, fué muy generosa en sus dádivas para ayudar a Pablo en la obra.

Un día mientras Pablo estaba en prisión en Roma un amigo de Filipos llegó. Su nombre era Epafrodito, y podemos ver por ciertas frases acerca de él que era muy querido en su iglesia. Parece que los miembros de la iglesia en Filipos supieron que Pablo estaba en prisión en Roma, y todos sus antiguos amigos, Lidia, el carcelero y todos los demás mandaron un mensaje de amor y una dádiva de dinero para las necesidades y comodidades de su amado jefe. "Pablo el anciano" fué grandemente conmovido con esta expresión de amor. Parece que por algún incidente durante el viaje Epafrodito se enfermó gravemente en Roma—"enfermó a la muerte." Pablo sufrió con esta enfermedad de Epafrodito como por un amigo amado, uno que había arriesgado su vida por él; léase Filipenses 2.25–30. Pablo oró sinceramente a Dios por él. La oración era algo muy real y verdadero para los cristianos en esos días. Epafrodito mejoró y se afligió mucho al saber que habían sabido en Filipos que él había estado enfermo. Así que tan pronto como él se sintió mejor decidió salir para Filipos para tranquilizar el ánimo de sus amigos. Pablo mandó con él una carta de gratitud a la iglesia en Filipos. Notad como Pablo les dice que Epafrodito había cumplido todo lo que se le había encomendado. Esta carta que Pablo entregó a Epafrodito para llevar a Filipos es nuestra Epístola a los Filipenses.

Es la más bella y tierna de todas sus epístolas, y la más gozosa. A veces se le ha llamado la "carta de amor" de Pablo, está tan llena de gratitud y devoción a estos amigos que siempre le habían sido tan leales. Léase Filipenses 1.3–11 y 4.10–16.

Al leer recordad que Pablo, escribiendo o dictando a Timoteo, está en su cuarto-prisión, encadenado a un soldado y con su amigo convaleciente esperando allí para llevar la carta a Filipos. ¿No os parece maravilloso que en un lúgubre cuarto-prisión hubiere tanto gozo en el corazón de Pablo que pudiera influenciar corazones tristes en Filipos y animar y fortalecer cristianos desalentados en todas partes? El dice así: "Gozaos en el Señor en todo tiempo; otra vez lo diré: Gozaos." Hay personas que, si hubiesen recibido en cualquier ciudad el trato que Pablo recibió en Filipos, hubiesen odiado esa ciudad siempre después. No era así con Pablo. El recordaba el pequeño grupo de conversos que le habían dicho "adiós" mientras él, todo ensangrentado, salía de Filipos para Tesalónica. Recordaba las dádivas que ellos le dieron en señal de amor. No veía en ellos que unos eran gentiles, otros pobres y otros esclavos. Apreciaba su amor y lealtad a Cristo mismo. Así que los llama "amados y deseados, gozo y corona mía."

III. *Un Bosquejo.*

El siguiente bosquejo es copiado del Doctor **Gray** en *The Sunday School Times* de 1916.

1. Salutación..1.1, 2
2. Dando gracias..1.3–8
3. Oración...1.9–11
4. Asuntos personales..1.12–26
5. Exhortación a unidad.......................................1.27–2.18
6. Asuntos personales..2.19–30
7. Exhortación a unidad.......................................3.1–4.9
8. Asuntos personales..4.10–19
9. Atribución y bendición......................................4.20–23

En esta "carta de amor" encontramos que un asunto local necesitaba atención. Parece que Epafrodito le dijo a Pablo de cierta fricción en la iglesia. Dos mujeres llamadas Euodia y Sintique no se hablaban por algún asunto que había pasado (Filipenses 4.2), y probablemente sus amistades estaban tomando parte unos a favor de una y otros a favor de otra. Pablo no se satisface con sólo decirles que dejen de pelear, sino que les suplica que sean de un mismo sentir, demostrando la fe del evangelio (Filipenses 1.27). Lo repite en el capítulo 2.2–4. Además cita cuatro ejemplos de personas que poseían el espíritu que él quisiera que ellas tuviesen, y estos ejemplos constituyen en gran parte la epístola. Los cuatro ejemplos son: el Señor Jesucristo, Timoteo, Epafrodito y Pablo mismo. Estudiad estos cuatro ejemplos. ¿De dónde vienen las discordias, las divisiones, el orgullo? Cuando habéis encontrado lo que Pablo escribió acerca del ejemplo de Cristo, contestad por escrito la siguiente pregunta: cuando un muchacho o un joven está trabajando, ¿qué lo animaría a cumplir mejor, cuando está velando su propio interes o cuando está velando por los intereses del amo?

¡Qué declaración más maravillosa la del poder de Cristo para solucionar los problemas del corazón humano nos da Pablo en el capítulo 4.11–13! El hace aquí estas declaraciones: "he aprendido," "sé," "tengo fuerzas." ¿Estaba él satisfecho de sí, o era indiferencia a las circunstancias que lo rodeaban? Siempre es fácil decir que podríamos ser felices bajo otras condiciones o en alguna otra parte. Nuestro problema es ser feliz en medio de las condiciones que nos rodean y que no deben ser cambiadas. Pablo dice que él había aprendido eso. ¡Qué Maestro tan grande tenía él! ¿Qué dijo Pablo que él sabía? ¿Qué pudo él hacer? El no quiso decir que él podía hacer siempre lo que él quería. El poder en la vida de Pablo no era para hacer su voluntad, sino para cumplir la voluntad de Cristo. El pudo vivir una vida victoriosa porque dejó que Cristo gobernara y reinara en su corazón.

Si queréis saber cómo disciplinó Cristo a Pablo para que él pudiese decir: "Yo sé," "Yo he aprendido," etc., oid lo que Pablo mismo dice en 1 Corintios 4.9–13. Este fué el plan y este el resultado—la biografía de Pablo.

Preguntas.

1. ¿Dónde quedaba Efeso?
2. ¿En qué viaje misionero trabajó Pablo en Efeso?
3. ¿Dónde y por qué fué escrita esta carta a los efesios?
4. ¿Por qué dos cosas específicas oró Pablo que los efesios pudieran tener?
5. ¿Dónde fué establecida la primera iglesia en Europa? ¿Cuándo?
6. ¿Dónde estaba Pablo cuando escribió la carta a los filipenses? ¿Por qué la escribió?
7. ¿Por qué tuvo Pablo que decirles a los filipenses que fueran de un mismo ánimo?
8. ¿Qué remedio da Pablo para las peleas? (Filipenses 2.4.)
9. ¿Qué es la humildad?
10. ¿Qué dijo Pablo que él podía hacer? ¿Cómo?

Dos Pensamientos Personales.

1. "Para mí el vivir es Cristo" (Filipenses 1.21). Los filipenses podían mirar a su alrededor, como podemos hacer nosotros hoy, y ver a hombres y a mujeres con distintas aspiraciones en la vida. Unos podían decir, "Para mí el vivir es riquezas." Viendo un esclavo pasar se pudiera pensar que él dijera, "Para mí el vivir es trabajo y sufrimientos, golpes y privaciones." Quizás un filósofo se enorgulleciera de que su vida era superior al del obrero y el esclavo y dijera, "Para mí el vivir es sabiduría." Un soldado romano que miraba con desdén al hombre de letras diría, "Para mí el vivir es fama y gloria." En medio de todo esto Pablo afirma: "Para mí el vivir no es la riqueza, ni el trabajo, ni las letras, ni la fama ni la gloria, sino Cristo. Primero y último y siempre Cristo." ¿Qué podéis decir vosotros? ¿Si tuvieseis que escribir esto, que podríais decir? ¿Cuál es el móvil de vuestra vida? Para muchos la vida significa placeres, o lujuria, o dinero, o poder, o el hacer su propia voluntad. Para Pablo Cristo poseía su vida; no tenía secretos para él; no había ninguna puerta en su vida cerrada para el Señor: Cristo poseía a Pablo. ¿Podéis vosotros repetir las palabras de Pablo con toda sinceridad hoy?

2. "Y la paz de Dios que sobrepuja todo entendimiento

será la guardia de vuestros corazones y pensamientos en Cristo Jesús" (Filipenses 4.7).

Hay una paz que se puede comprender. La paz que Pablo menciona aquí es la que guarda el corazón y los pensamientos. Esta es una promesa y no una plegaria. Esta paz de Dios tranquiliza nuestros corazones y nuestros pensamientos. El temor y la inquietud se van, porque la paz de Dios guarda y vela por nuestras vidas. ¿Tenéis vosotros esta paz?

LECCIÓN XLIX.

La historia del libro de los Hechos terminó, como hemos visto, con Pablo en Roma y con sus dos años de prisión en su domicilio que allí había alquilado. Durante ese tiempo escribió las cuatro epístolas recientemente estudiadas, Colosenses, Filemón, Efesios y Filipenses.

I. *El Juicio.*

La causa de la demora del juicio no se conoce; el caso se demoraría hasta que los acusadores aparecieran, y bien pudiera ser que transcurriera el tiempo antes de que ellos pudieran hallar los testigos. Su fracaso en Cesarea los haría tener mucho más cuidado ahora. Quizás sus enemigos en Jerusalén sospechaban que sería absuelto en el juicio porque había sido declarado inocente en todas las cortes donde se había celebrado, así que ofrecían razones para aplazarlo. Pudiera ser que el mismo Pablo no apurara el juicio, dado que se encontraba muy bien en Roma y gozaba de una magnífica oportunidad para predicar allí.

Conocemos muy poco del primer juicio de Pablo ante Nerón; no sabemos si el caso se llevó directamente a Nerón o si se sometió a la consideración de representantes del emperador, como sucedía con multitud de casos. Cuáles fueron los acusadores que se presentaron, cuáles fueron las acusaciones que ellos prefirieron y cuál la defensa que hizo Pablo lo ignoramos. Lo que sí es bastante seguro es que fué absuelto. Cuando le escribió a Filemón y a los Filipenses, su juicio estaba muy cerca, y él esperaba que se le pondría en libertad. Véanse Filemón 22 y Filipenses 2.24. Los informes de Festo y Agripa y el capitán Lisias estaban a su favor. El bondadoso centurión Julio lo ayudaría en todo lo que le fuera posible; los oficiales de

333

la guardia dirían algo en su favor. De lo que hemos visto de ellos en estos estudios se puede suponer que los jueces romanos no se preocuparían mucho acerca de una acusación que se refería particularmente a lo que era, para ellos en su mayor parte, meras supersticiones judaicas. Así que podemos aceptar la creencia no enmendada de la iglesia de que Pablo fué libertado de sus cadenas y que partió otra vez por algún tiempo para continuar sus viajes de misionero.

Nuestras principales razones bíblicas para creer esto son: la primera carta a Timoteo y la carta a Tito, que creemos fueron escritas por esta época. En la carta a Tito dice que ha dejado a Tito en Creta; y no tenemos ninguna referencia anterior de la predicación de Pablo en esa isla. El también dice que espera pasar el invierno en Nicópolis, una ciudad en Epiro, al norte de Grecia. Véase Tito 1.5 y 3.12-14. En su primera carta a Timoteo él habla de dejar a éste en Efeso y seguir él a Macedonia, esperando regresar pronto a Efeso. Véase 1 Timoteo 1.3; 3.14; 4.13. Vuelve a escribirle a Timoteo que había dejado a Trofimo en Mileto enfermo. Trofimo era de Efeso, y cuando Pablo visitó a Mileto en su camino a Jerusalén Trofimo no se quedaba atrás enfermo, porque él siguió hasta Jerusalén con Pablo, y con él lo vieron en esa ciudad. Esta visita debió tener lugar con posterioridad a la prisión en Roma. Compárense Hechos 20.17; 2 Timoteo 4.20 y Hechos 21.29.

II. *Incendio de Roma.*

Roma era una ciudad maravillosa en los días de Pablo, la más maravillosa que haya visto el mundo por muchos motivos. Se levantaba sobre siete colinas, y sus palacios, siempre blancos, y sus espléndidos edificios públicos se destacaban desde muy lejos. Magníficos acueductos de piedra traían abundancia de pura y cristalina agua desde los montes Apeninos hasta el centro de la ciudad. Arboles y altares embellecían los famosos caminos de piedra que partían en todas direcciones desde la ciudad. Sus templos, teatros, y gimnasios eran soberbios. Aunque el exterior

334

de la ciudad encantaba, su interior rebozaba maldad, miseria e injusticia. Al contemplar ese interior se veía la vagancia y la inmoralidad de muchos, asi como los miles de esclavos; los combates de los gladiadores; el despotismo absoluto del gobierno y un emperador que pocos años más tarde había degenerado en uno de los caracteres más monstruosamente malvados de toda la historia.

Ramsay coloca la libertad de Pablo más o menos a fines del año 61. Pocos años después, en julio del 64, tuvo lugar el incendio histórico que ardió durante seis días y seis noches y destruyó casi por completo a la ciudad. La multitud quiso hacer culpable a los cristianos inofensivos. Tácito, un historiador romano de época posterior, dijo que el mismo emperador cruel había incendiado la ciudad por un deseo loco de tocar la música del "Incendio de Troya" mientras en realidad ardía ante sus ojos una ciudad y que Nerón había hecho recaer sobre los cristianos la culpa del incendio para desviar la atención de su loca ocurrencia. Como quiera que eso fuera, se levantó una persecución atroz, capitaneado por Nerón y su pecadora mujer. Envolvían a los cristianos en pieles de animales y les echaban a los perros, persiguiéndolos hasta la muerte. Fueron arrojados en la arena a los leones hambrientos, torturados y crucificados. Los cubrían con material inflamable, amarrándolos a enormes postes y los quemaron como antorchas humanas para alumbrar los jardines de Nerón. Gran número de cristianos perecieron. Pablo no pudo haber estado en Roma en esa época, porque un jefe tan temerario y tan bien conocido como él hubiera sido una de las primeras víctimas.

III. *El Viaje de Pablo hacia el Este.*

Aquí, más que nunca, echamos de menos el último libro de notas de Lucas. ¡Qué relación tan interesante de los últimos años de Pablo debió encerrar! Fuera de las Epístolas Pastorales de Pablo, como son las designadas a Timoteo y Tito, sólo tenemos tradiciones vagas para poder seguirlo en su partida de Roma. Podemos suponer, con algún fundamento, que él pudo llevar a cabo el plan como lo había expuesto en su reciente carta a Filemón, esto es, visitar a Colosas, deteniéndose en casa de Filemón, viendo otra vez al joven Onésimo. Visitaría también a Filipos, que estaba en su camino, recibiendo una acogida cordial de esos cristianos que tanto lo querían. Desde Colosas probablemente visitó a Laodicea e Hierápolis, consultando y confirmando a los hermanos en la fe. Como era su costumbre, probablemente hizo una gran visita final a las iglesias que él había fundado y confirmó su organización para los años en que él faltara. Lo vislumbramos a veces en Efeso (1 Timoteo 1.3), en Mileto (2 Timoteo 4.20), en Tróade (2 Timoteo 4.13), en Corinto (2 Timoteo 4.20), en Creta (Tito 1.5).

Existe también alguna evidencia de que navegó por una línea de embarque de Massilia (la Marsella moderna) y fundó iglesias cristianas tan al oeste como España. Pablo dispuso su labor cuidadosamente, haciendo planes para los años venideros, y sabemos que era su intención visitar a Roma e ir de allí a España (Romanos 15.24–28). Un hombre llamado Clemente de Roma, escribiendo por el año 95, dice que Pablo fué "a los limites del Oeste." Es razonable suponer que él estaba bien enterado; así es que podemos creer que este gran sueño de Pablo de llevar la religión de Cristo a los confines del Oeste se pudo realizar. ¿Iría Lucas con él? No se sabe de cierto, pero lo hallamos con Pablo en su segunda prisión. (2 Timoteo 4.11.) ¡Cuán valiosa nos sería el perdido libro de notas que escribió Lucas!

IV. *La Primera Carta a Timoteo.*

En alguna parte de los viajes de Pablo él escribió su Primera Epístola a Timoteo. Había dejado a Timoteo en Efeso, y había ido él a Macedonia. Cuando llegó a Macedonia halló que su ausencia quizás se prolongara más de lo que él había pensado y probablemente creyó que Timoteo necesitaría de credenciales más explícitos que el que ofrecía una comisión verbal para poder arreglar los asuntos en la iglesia de Efeso. También le ayudaría el poder ofrecer alguna evidencia en forma de documentos en que constaran los arreglos entre él y Pablo y en sus luchas contra las enseñanzas heréticas.

Había llegado el momento en el cuál Pablo tenía que considerar el abandono de su trabajo, así como la necesidad de ofrecer ciertas reglas generales a las cuales se había de ajustar la iglesia en su desenvolvimiento posterior. En su preparación para el futuro había de separarse de algunos de sus amigos y coloboradores, los cuales se necesitaban para desempeñar cargos importantes de la iglesia. Debió proporcionarle amargo dolor la separación de su antiguo amigo y compañero Timoteo precisamente cuando por su vejez más lo necesitaba. Además, Efeso era una ciudad grande y un campo muy difícil, y Pablo sentiría intensamente la necesidad de la guía y de la fortaleza de Timoteo. Probablemente un año más tarde le escribe a Timoteo, "Me acuerdo de tus lágrimas." Después de los peligros y de los sufrimientos a los cuales el apóstol había estado expuesto, y con sus debilidades físicas siempre en aumento, era, no ya posible, sino muy probable, que jamás se verían otra vez.

No se debe olvidar que a Efeso pertenecía el famoso Templo de Diana, en el cual se había hecho derroche de gusto y de dinero; que en sus cortes se aglomeraban los adoradores de todos los lugares del Imperio Romano. Quizás sería en presencia de todo este esplendor de culto pagano que Timoteo tuvo que pastorear el rebaño de Jesús, para seguir el culto sencillo y para oficiar en las ceremonias severas de la primitiva Iglesia. Exigía un valor severo, una clara visión de las cosas celestiales, una fe absoluta para que este joven, por cuyas venas corría sangre griega, se pudiera mantener sin temor. Es posible concebirlo no enteramente abochornado de Cristo, pero sí deseando que le fuera posible substraerse de ese desprecio formidable y frío de las personas que lo rodeaban.

En esa época, en el mismo seno de la iglesia, la especulación oriental y ciertas tendencias judaicas entraban en juego. Además, podemos tener la seguridad que había siempre presente la licencia general que distinguía a las sociedades en las cuales se confundían el elemento griego y el oriental. Parece, por su carácter, que Timoteo era un hombre a quien el antagonismo, la insolencia, y la soledad significaban sufrimiento profundo. No sorprende, pues, que al pensar Pablo en él, en la soledad, en los peligros, las dificultades y enredos de su posición, así como cuando pensaba en la inquietud de las conversaciones vanas, la malignidad de la corrupción moral, la brutalidad de la persecución, todo lo cual probablemente recaería en este joven de gran sensibilidad, le persiguiera el temor de que el esfuerzo fuera superior a su resistencia. Así es que escribe para insistir con más tenacidad en su encargo primitivo a Timoteo, para alentarlo, para guiar su enseñanza, para instruirlo en sus relaciones con varias clases en la iglesia y para regular ciertos asuntos de orden en la iglesia que necesitaban de inmediata organización; y, quizás, sobretodo para comunicarle inspiración al tímido joven. Léase, con cuidado, la Primera Epístola a Timoteo, y entonces contéstense las preguntas siguientes: si existe alguna dificultad, buscad donde se hayan las respuestas en la carta.

Preguntas.

1. Pablo recuerda a Timoteo su misión en Efeso. ¿Cuál era esa misión?

2. El da instrucciones acerca de la oración pública y el comportamiento de las mujeres en relación con este acto. ¿Cuáles son esas instrucciones?

3. Da instrucciones con relación al nombramiento de obispos y diáconos. ¿Qué clase de hombres debieran ellos de ser?

4. Advierte a Timoteo con respecto a las enseñanzas heréticas. Citad tres errores que se mencionan.

5. Exorta a Timoteo con respecto al carácter personal que él ha de sostener y la línea de conducta que ha de seguir. Citad algunas de las características personales que Pablo recomienda.

6. El lo instruye con respecto a su comportamiento con ciertas clases de personas en la iglesia: viejos y jóvenes, viudas jóvenes y envejecidas; los ancianos que gobernaban; aquellos que estaban acusados; los esclavos de las casas; y los hombres ricos. Mencionad una instrucción dada con respecto a cada una de estas clases.

Un Pensamiento y una Oración.

1. Efeso era una gran ciudad comercial, y había oportunidades de hacer fortuna si la persona estaba dispuesta a dedicar todo su tiempo a enriquecerse, descartando ciertos escrúpulos que pudieran entorpecer la adquisición de su fortuna. Pablo temía no fuera que el deseo de obtener riquezas hiciera que algunos cristianos se perdieran. Así que él le recuerda a Timoteo que las riquezas sólo constituyen una posesión que se desvanece; él le dijo que el amor al dinero había sido la perdición de muchos y que al fin de la jornada habían hallado que sus afanes terminaban dolorosa y amargamente. Pablo quería que Timoteo viera las cosas que estaban por encima del precio del dinero, cuyo valor jamás puede medir el dinero. Léase la amonestación espléndida a este joven a quien él llamaba "su verdadero hijo en la fe." (1 Timoteo 6.9–11.)

Una Oración.

2. Te damos gracias, nuestro Padre, por aquellos hombres y mujeres valientes de la Iglesia que han estado dispuestos a arriesgar la pérdida de todo por la verdad. Sabemos que muchas de nuestras bendiciones han sido aseguradas por la devoción y fidelidad de ellos. Ayúdanos a desarrollar ese espíritu de devoción heroica y fidelidad al deber y a ti que demostraron tantos de los hombres y mujeres más notables de la Biblia. Ayúdanos a disponer para el futuro y no tan sólo para los placeres del presente. Ayúdanos a ponernos en condiciones para realizar, ahora y después, aquello que en verdad vale la pena. Esto lo pedimos en nombre de Jesús. Amén.

LECCIÓN L.

EN UNA PRISIÓN ROMANA POR ÚLTIMA VEZ. LAS ÚLTIMAS
PALABRAS DE PABLO Y SU MUERTE.

I. *La Epístola a Tito.*

Poco después de que fué escrita la primera carta a Timoteo desde Macedonia, probablemente Pablo visitó las
iglesias de Creta con Tito. El mismo no podía permanecer
allí el tiempo suficiente para hacer todo lo necesario para
silenciar y acabar con los maestros falsos, o para escoger
las personas adecuadas para dejar encargadas del trabajo.
Probablemente él trabajó en algunos de los centros más
importantes y comisionó a Tito para que se quedara y
visitara las iglesias restantes. Evidentemente él dejó
allí a Tito en la misma posición y con igual autoridad que
la que tenía Timoteo en Efeso. Tito era joven sin duda
para ser obispo o superintendente, y parecería que su
autoridad fué puesta en tela de juicio. Así es que Pablo
vió la necesidad de escribirle a él también, probablemente
desde Corinto.

Nótese en Tito 1.5 el propósito por el cual fué dejado
Tito en Creta. Por lo que se refiere a la reputación de los
de Creta véase Tito 1.10–12, 15, 16. Alguien ha dicho
que Pablo nos da la vida cristiana desde su principio hasta
su fin en Tito 2.11–14. Una gran parte de esta carta se
refiere a las explicaciones acerca de lo que debe ser y
hacer un cristiano verdadero.

II. *El Arresto de Pablo.*

Continuando su viaje de pueblo a pueblo, y de iglesia a
iglesia, ordenando las cosas, Pablo halló que los cristianos
eran más y más censurables a las autoridades romanas.
Las persecuciones comenzadas por Nerón en Roma se
extendían más allá de los límites de Roma. Cada mes
señalaba un acercamiento del peligro. Parecería que Pablo

se vería obligado a entrar y salir de cada pueblo secretamente, confiando en la lealtad de los cristianos para que éstos no lo delataran. Se recordará que él tenía muchos enemigos judíos en todos los pueblos donde el había trabajado, y no pocos entre los gentiles paganos también. Sin duda un jefe tan prominente como Pablo no podía estar seguro por mucho tiempo. En algunos de sus viajes misioneros lo arrestaron. Algún oficioso lo acusó, y bastó eso para que fuera detenido. Quizás sería en Nicópolis, donde había pensado Pablo pasar el invierno (Tito 3.12), o bien en Tróade, en casa de Carpo, donde al ser llevado precipitadamente dejó su viejo abrigo de viaje, sus libros y pergaminos. (2 Timoteo 4.13.) Para librarse de un juicio rápido o injusto de provincias, él otra vez invocó su derecho de ciudadano romano para apelar a César y fué conducido a Roma.

III. *El Viaje a Roma.*

Fué un viaje solitario esta vez; todos sus amigos, exceptuando a Lucas, habían sido enviados a misiones distintas o lo habían abandonado. Y cuando llegó a Roma, no había allí ningún grupo de amigos para recibirlo como sucediera antes. Debido a la persecución, y al hecho de que el emperador era el principal perseguidor, era muy arriesgado el ser visto ahora con Pablo en Roma. Los muy queridos Aquila y Priscila habían huído a Efeso. (2 Timoteo 4.19.) La mayoría de los que podían escapar habían huído de Roma; Demas lo abandonó. Los hombres de las iglesias de Macedonia y de Asia Menor, cuando llegaban a Roma por sus negocios, ya no lo buscaban. "Todos me han abandonado," le escribía él a Timoteo. Un amigo valiente de Efeso se menciona haciendo resaltar contraste tan notable. (Véase 2 Timoteo 1.16–18.)

IV. *La Segunda Prisión.*

Se recordará que en la primera prisión que sufrió Pablo a éste se le permitió recibir a sus amistades libremente en su propia casa y aun enseñar la religión cristiana a todos los que se llegaban allí para escucharlo. Juzgando por la segunda carta a Timoteo, las condiciones de esta segunda prisión eran muy distintas.

Anteriormente los oficiales romanos y la ley protegía a Pablo de sus conciudadanos fanáticos. Ahora el gobierno romano se había convertido en terrible amenaza para él. Esta actitud tan cambiada de los romanos le hacía comprender a Pablo que su fin estaba ya muy próximo. Entonces podía él alquilar su casa; ahora tiene él que mandar mil seiscientos kilómetros a buscar una prenda de vestir para abrigarse en el invierno. El estaba sin duda en gran miseria, y era grande su necesidad. El habla libre y frecuentemente de los trabajos que pasa como si su encarcelamiento significara molestias y dolor. Su prisión, la cual según la tradición era la "Mamertine," era una lugar tenebroso y triste, y su celda probablemente era una fosa subterránea.

El prisionero envejecido estaba muy solitario y echaba de menos a sus amados libros, ya que fué siempre estudioso y consagrado. Así es que al escribirle a Timoteo le suplica le traiga los libros que había dejado en Tróade, "y especialmente los pergaminos." Estos últimos pudieran haber sido manuscritos no acabados en los cuales estuviera él trabajando; quizás cartas sin terminar, de aliento y de consuelo para otras iglesias. Ahora no oimos nada de predicación ni de conversaciones con amigos. Ninguna palabra de esperanza tampoco de que algún día estaría libre para poder otra vez visitar a sus antiguos amigos. Y esto no obstante el hecho de que el comienzo de su juicio era favorable. (2 Timoteo 4.16–18.)

No se conocen las acusaciones contra él. ¿Podría ser acaso que la primera causa se refiriese a las acusaciones contra los cristianos como los responsables del incendio de Roma? Probablemente las acusaciones nuevas serían las de traición a Roma. No se sabe porqué el juicio último de Pablo fué por fin desfavorable, terminando con la sentencia dictada en contra. Se sabe, no obstante, que detrás de Nerón había un grupo de hombres y mujeres aun más perversos que el mismo Nerón.

342

V. *La Seguridad de un Fin que se Acerca.*

Cuando escribía Pablo su segunda carta a Timoteo, se daba plena cuenta de que esta vez no había salida posible para él. Su valor heroico en sus últimos momentos está en abierto contraste con el terror de Nerón en circunstancias semejantes. No transcurrió muchos meses después de haber condenado a muerte a Pablo que este tirano mismo se vió obligado a pasar por trance semejante. En la historia se dice que cuando fué arrancado del trono y ya casi al morir se apoderó de él un terror desmedido. El no había sabido guardar la fe con Dios ni con los hombres. Para él era la muerte sin duda el mayor de los terrores. (Véase 2 Timoteo 1.7–12.)

VI. *Las Últimas Palabras de Pablo.*

En las grandes crisis de la vida, existe por lo general un amigo entre todos los otros que el individuo quiere tener cerca. En la soledad de Pablo, sin otro prospecto que el de la muerte, él deseaba tener a Timoteo con él. Se recordará cuanto afecto le tenía. Desde el día en que había convertido a Timoteo en su primer viaje misionero le dispensaba singular cariño. Después estaba muy relacionado con Pablo en sus epístolas, encargado de misiones importantes y permitido el hacerse cargo de muchos de los detalles oficiales en el cuidado de las iglesias. Ahora Pablo quería ver a Timoteo otra vez, porque lo amaba como si fuera un hijo. Naturalmente deseaba Pablo darle instrucciones últimas y consejos y tenerlo cerca de él en sus últimos momentos. Pero Timoteo estaba muy lejos en el Asia Menor, así es que le escribió diciendo que había mandado a Tíquico a Efeso—para sustituir a Timoteo—suplicándole que viniese a Roma con la mayor rapidez. Sin embargo, dándose cuenta de la inseguridad de que llegase Timoteo antes de su muerte, sin poder por lo tanto darle sus instrucciones directamente, él incluye estas instrucciones en una carta. Esta carta se le llama La Segunda Epístola a Timoteo. El profesor Ramsay lo llama "La Ultima Voluntad y Testamento de Pablo."

Por lo que ya se ha dicho no se debe pensar que Pablo

estaba triste y abatido, pensando en su deplorable situación. No era Pablo por cierto una persona de esa clase. En la carta rebosa la fe y el aliento, y abunda en consejos sabios.

Antes de leer esta pequeña carta, imaginaos un individuo de unos sesenta años con el deseo de escribir una carta que reflejara la verdad de su vida. ¿Qué sería lo que con más intensidad quisierais verídicamente decir de vuestra vida y de vuestra labor principal? Pues bien, en la segunda carta a Timoteo están las últimas palabras de Pablo. ¿Cuáles serían sus pensamientos en esos momentos? ¿Qué sentimientos agitarían su alma? Sin duda, su pensamiento todo así como sus sentimientos más intensos se concentraban en un solo tema que se convertía en una sola preocupación, la de que su trabajo continuara. El prevee los peligros que habían de amenazar la Iglesia cuando ya él hubiera abandonado el mundo. El prepara a Timoteo y le da consejos para combatir esos peligros. Esta carta se debe de leer antes de seguir con el estudio de esta lección.

Ahora se quisiera llamar la atención acerca del encargo de Pablo a Timoteo, o sea sus reglas para los trabajadores cristianos.

1. Primera regla: More en nosotros la palabra de Dios. 3.14–17.

2. Segunda regla: Hablar a otros de Cristo. 4.1–4.

3. Tercera regla: Súfranse las adversidades con perseverancia inquebrantable. 4.5, 6.

4. Cuarta regla: Después de la victoria, recuérdese la recompensa. 4.7, 8.

Al leer esas palabras de 2 Timoteo 4.7, 8 vislumbramos algo de los juegos olímpicos. Es la primavera, la época de las carreras. Los hombres se reunen de toda la Grecia— los comerciantes con sus mercancías, los príncipes con sus cortes, las mujeres con toda la pompa y el esplendor que puedan desplegar; los poetas, historiadores, dramáticos se reunen para leer sus trabajos, ya que no hay libros escritos. Toda Grecia se reune para los juegos. Ha sonado la hora para las carreras, ya se ha dado la señal. Parten los hombres en esa carrera tan llena de afán; cuando termina hay una corona para el vencedor. Entonces los poetas más notables cantan en su honor, y al volver el joven victorioso a su ciudad natal se abre una brecha en la pared para su entrada, que se cierra después para que nadie menos digno que él pueda seguir por sus pasos. Pudiera ser que en su honor se levantara una estatua o un arco, pero por encima de los poemas que lo ensalzan, o las estatuas o los arcos, el premio por el cual luchó, su más cara posesión era su corona de laurel o de ramos de olivo. Algo de esto cruzaba por la mente de Pablo cuando él escribía: "He peleado la buena lucha, he acabado la carrera, he guardado la fe. Por lo demás, me está reservada la corona de justicia," etc. El profesor Ramsay lo traduce así, "Yo he competido en la honrosa lucha; ya he corrido en la carrera hasta el final; yo he observado todas las reglas en este estadio ́de fe." Pero Pablo añade una diferencia notable entre el premio atlético y la guirnalda que Dios, el Juez justo, ofrece. Solo uno podía obtener el premio en las carreras. Todos pueden ganar igualmente el premio de una vida justa. (Véase 4.7 y 8.) Pablo nos dice en Filipenses lo que es esa carrera y cómo la corrió él. (Véase Filipenses 3.13, 14.)

No se sabe si Timoteo llegó a tiempo para verlo y estar con él en sus últimos momentos. Sólo se puede concebir el deseo de que así fuera por el mismo Pablo. En Hebreos 13.23 parece que Timoteo valientemente fué a Roma y compartió con su maestro las cadenas de éste, aunque no pudo sustraerse a su destino. Si hubiera llegado demasiado tarde él habría vuelto al Asia sin llamar la atención de las autoridades romanas.

VII. *El Juicio.*

¡Qué cuadro no haría ese juicio final! No había defensor alguno; ningún hombre lo acompañaba. En el banco de la justicia, revestido de un manto de púrpura, se hallaba un hombre que en un mundo envilecido había merecido la fama de ser el más pervertido y el más cruel. El prisionero que se levantó ante él en ese día era el hombre mejor que en ese mundo había, su cabeza encanecida con los

345

trabajos al servicio de Dios y en beneficio de la humanidad. ¿Quién pudiera dudar acerca de cuál de los dos sería el más feliz ese día? ¿El valiente y viejo luchador cuya vida había sido ofrecida a Dios por la humanidad, o el emperador que había vivido para sí, apurando los goces y las disipaciones? El juicio fué muy breve. El voto fué el de la muerte. El prisionero sería decapitado. Probablemente su ciudadanía romana lo salvó de algo mucho peor.

VIII. *La Vía "Ostiana" y la Corona del Mártir.*

Había una carretera de piedra que partía de Roma hasta un puerto de mar en el Mediterráneo. Se llamaba la vía "Ostiana." Según la tradición, terminado el juicio y entregado Pablo al verdugo, fué conducido por esta carretera a su ejecución. Nos podemos imaginar el cuadro: el caluroso camino blanco, la muchedumbre gritando enloquecida, el pequeño y tranquilo anciano, caminando silenciosamente en medio de los soldados con la luz del otro mundo en sus ojos. La tradición se fija en un lugar como a cinco kilómetros de Roma en esta vía "Ostiana," donde había un tajo de verdugo, una ancha espada romana brilla en el aire, y cae una anciana cabeza deshonrada así a la tierra. Ningún grupo de cristianos podía asistir para hacer "gran lamentación sobre el" como con Esteban. Pero el espíritu del apóstol entró en su casa no hecha de manos, eterna en los cielos. Seguramente su Maestro y Señor, que se levantó para recibir a Esteban, debió erguirse para ofrecer a Pablo la bienvenida. Su deseo largamente entretenida de estar con Cristo fué satisfecho, y lo hallaría mucho mejor de lo que jamás hubiese soñado. (Véase Revelación 7.13–17.)

Preguntas.

1. Menciónense algunas de las cosas en las cuales difiere la segunda prisión de Pablo de la primera.
2. Ofreced algunas pruebas de que Pablo sufrió grandes miserias en esta segunda prisión.

3. ¿Por qué abandonaron a Pablo algunos de sus amigos en esta época?

4. Menciónense algunos de los amigos que estuvieron con Pablo hasta el fin.

5. ¿Cuándo, dónde y por qué fué escrita la Segunda Epístola a Timoteo?

6. Supongaos que váis a vivir cuarenta años más. Esícrbase lo que vos desearíais poder decir al llegar al fin de vuestra vida. Seáis honrado y seáis breve. Sellad lo que escribierais en un sobre sin firmar y haced entrega del mismo en la clase próxima.

7. ¿Qué era lo que más preocupaba a .Pablo al hacerle frente al problema de la muerte inmediata?

8. ¿Cuándo, dónde y cómo murió Pablo?

Un Último Pensamiento.

"Me está reservada la corona de justicia, la cual me dará el Señor: . . . también a todos los que han amado su manifestación."

Jesús viene; ¿os agradaría verlo? Podría él llegar a cualquier hora del día o de la noche, ¿os hallará dispuestos a recibirlo? ¿Son vuestros hábitos de pensamiento y de acción tales que os agradaría verlo? ¿O tendríais que apresuradamente desenterrar vuestro talento enterrado para explicar entonces porqué no habíais hecho uso de su don?

Hay algo más. Si alguno de vosotros habéis equivocado el camino, recordad que Pablo también se extravió lastimosamente al principio. Pero esa día en que se le apareció Cristo en el camino Pablo se convirtió, como también hoy podéis vosotros. Preguntadle a Cristo, "Qué haré Señor?" Aguardad su respuesta y luego obedeced. Preguntad, escuchad y obedeced. Haced esto hoy.

LECCIÓN LI.

PABLO EL ADALID CRISTIANO.

"¿Quien sabe si no fué para una ocasión como ésta que tú has llegado al reino?"

"Porque instrumento escojido me es éste, . . . pues yo le mostraré cuántas cosas es necesario que sufra por mi nombre."

I. *El Progreso Humano y los Adalides.*

HAY épocas en la historia cuando el destino de la civilización, de toda la humanidad parece estar amenazada. En esos momentos, Dios por su sabiduría ha llamado a los adalides de alma grande para salvar a la humanidad del retroceso, de perder todo lo que se había ganado en siglos de lucha por avanzar. Estos hombres que han estado en la lucha en crisis como las indicadas han sido por lo general hombres como Moisés, o David, o Isaías y los otros profetas hebreos. Ciertamente era Pablo uno de estas personalidades que ha asistido a las crisis de los asuntos humanos y han vuelto la corriente hacia Dios y la justicia. Apareció él en un momento en que corría peligro la Iglesia de Dios, cuando la equivocada dirección y política mezquina y las interpretaciones erróneas conducían todas al fracaso seguro. Pablo había sido disciplinado siempre a pensar con claridad, a actuar enérgicamente, a trabajar sin cesar; así que su bien definida personalidad pudo salvar la situación; y la grandeza de su carácter y de su alma se aprecian mejor con el transcurso de los siglos.

Pero Dios no se ha desligado del mundo. ¡Cuántas obras gigantescas esperan al hombre que ha de ser el maestro que las desarrollara! Ciertamente existe mayor número de problemas por resolver que problemas que han sido resueltas ya. Así la abolición de la guerra; los problemas entre el capital y el trabajo; el encuentro entre las razas; el egoísmo de la humanidad, su ignorancia y sus

348

pecados. Jesús ha de ser el Rey de todo el mundo y de toda manifestación de vida; el conflicto entre la luz y las tinieblas se ha de intensificar. Nuevas crisis han de surgir. ¿Quiénes serán los que adelantándose asumirán el mando y con ardor y con sabiduría ayudarán a salvar la causa de Dios y de su gente en estos tiempos venideros llenos de peligros?· Tenemos que hallar estos hombres y estas mujeres de almas grandes entre la gente joven de hoy, o bien entre las generaciones por nacer. Algunos entre ellos tendrán que convertirse en los sucesores de Pablo, de Lutero, de Wesley y los otros.

II. *Algunas de las Características del Mando.*

Hemos estudiado muchos de los incidentes de la vida de Pablo. Lo hemos visto de niño. Lo hemos visto de niño en su pueblo natal; lo hemos seguido con interés en sus años de estudiante en Jerusalén. Hemos visto con cuánto entusiasmo, si bien es cierto que con equivocado ardor, se lanzó a la carrera de su vida; disgustándonos al ver cómo ese celo degeneró en fanática persecución. Asistimos con regocijo a su maravillosa experiencia espiritual que lo transformó en Pablo el misionero cristiano. Hemos estudiado sus hechos entre los paganos y los fariseos, al estar en la presencia de reyes y al trabajar con los humildes hacedores de tiendas de campaña. Hemos observado sus acciones en momentos de exaltación y en épocas de peligros y sufrimientos. ¿Qué era lo que hacía que los hombres lo amaran y lo siguieran siempre sin vacilar? ¿Qué hacía que otros lo odiaran tan intensamente? Si podemos responder a estas preguntas, quizás hallaremos algunas de las características de todo mando.

1. *La Convicción de Propósito.* La diferencia entre el jefe y la multitud consiste en que el jefe es la cabeza de la multitud por su visión, por sus ideas, por sus propósitos y por su actitud; uno que ha desarrollado la capacidad de pensar debidamente, de sentir intensamente y un valor que se convierte en osadía. La convicción tiende a producir un propósito único. Toda la actividad y toda la preparación del in-

dividuo son inútiles sin un propósito bien definido. Un barco sin timón, sin carta de marear, sin compás, dirigiéndose hacia ningún puerto determinado, en el mar sin rumbos marcados, a la merced del viento y de las olas, es símbolo muy adecuado de tantos jóvenes que pretenden cruzar el océano de la vida sin objeto bien definido; sin ninguna convicción de porqué están aquí y de lo que pueden ser, realizar y hacer. Ningún objeto significa ningún progreso, mucho desgaste, tardanza innecesaria y por lo general el desastre final. (Léanse Hechos 26.15–20 y Filipenses 3.12–14.)

2. *Un Plan.* "Los verdaderos jefes del progreso humano no son los que hacen ruído." Ellos no se limitan a quejarse del estado actual de la sociedad, o del gobierno presente, o del sistema moral de la actualidad o de la educación y de la religión. No; los verdaderos jefes no son meros críticos o individuos que deshacen; son constructores; tienen un plan; tienen la capacidad para organizar. Sin todo esto hay actividad, pero ninguna acción positiva y resultados verdaderos. Pablo pronto comprendió que su trabajo bien dispuesto se deshacía sin un plan de organización. (Léanse Hechos 14.21–23; Tito 1.5; 3.12.

3. *La Habilidad para Dirigir a Otros.* Esto no significa egoísmo, sino más bien la confianza en sí mismo que tiene la persona, sirviendo como base un adecuado respeto de sí que debe estar templado por la humildad. La educación primera de Pablo lo había preparado para ser un fariseo típico—orgulloso, confiado en la justicia propia y exclusivo. Al hacerse cristiano, conservó el respeto de sí mismo, pero se hizo a la vez uno de los hombres más democráticos. Se convirtió en el compañero y el auxiliar de los gentiles a los cuales odiara en época anterior. El se trataba con los esclavos, pero demostraba a la vez su capacidad para tratar con todas las clases. El último capítulo de los Romanos indica con cuánta facilidad hacía amistades y dirigía a los demás. (Léanse Romanos 16.21–23; Filipenses 4.21, 22.)

Estas condiciones con diligencia, perseverancia, debida ambición, honradez y valor constituyen las cualidades que por lo general distinguen a los jefes. Se pudiera además mencionar la simpatía y la cortesía verdadera. Señálense ejemplos de éstos en la vida de Pablo.

III. Era Pablo un adalid cristiano, y la dirección cristiana significa otras condiciones aún mas esenciales e indispensables. Primero debe existir una verdadera experiencia cristiana. Un verdadero jefe cristiano debe dedicar toda su vida a esta causa para tener éxito. No todos los grandes jefes sufrirán la muerte del mártir; pero deben estar dispuesto a hacerlo. Debe dar sin reservas todo lo que demande la causa. Una rendición completa al Maestro es el primer paso de un jefe cristiano. Cuando Moisés se puso con todos sus poderes sobre el altar; cuando Pablo dijo, "¿Qué haré, Señor?" entonces, y sólo entonces, fué posible dar a cada uno de ellos las posibilidades sin límites y el poder del Todopoderoso. Sólo entonces podían ellos descubrir y mandar en otros lo mismo que había sido descubierto y mandado en ellos. (Léanse 1 Corintios 6.19, 20; Gálatas 2.20; Hechos 26.19; 1 Timoteo 1.16.) Pablo se entregó cuerpo y alma a Jesucristo; y ningún motivo propio, ni siquiera la vida, podía interponerse entre él y su deber al Maestro. Otra condición fundamental para la dirección cristiana es la verdadera visión de la labor emprendida. Sin visión, es imposible toda expansión, todo sueño, toda pasión, todo objetivo verdadero. Sólo seréis un jefe al comprender aquello por lo cual anhelan sin poder obtenerlo los demás; a medida que podéis expresar claramente y proclamar con confianza aquello que sienten y que desean los demás sin poder darle expresión. Vuestra visión os dispondrá a pasar solitarias vigilias y consagrar horas de trabajo diligente a vuestra causa. Habiendo hallado su campo de servicio y alcanzado una visión de la labor por realizar, Moisés pasó cuarenta años preparándose. Pablo nunca hubiera podido escribir sus oraciones por los efesios hasta que obtuvo la visión de lo que Dios quería hacer de los hombres. (Efesios 1.15–23; 3.14–21. Véanse también Colosenses 1.24–29; 1 Corintios 1.26–30.)

Y finalmente una *personalidad poderosa*. En la influencia de los jefes la personalidad significa más sin duda que cualquier otra condición. Cuando Dios quiso revelarse al mundo, Cristo apareció con su atrayente personalidad. Un verdadero jefe cristiano tiene que disponer de una personalidad que haga que sus propósitos, su fin y su poder sean los que acepten y anhelen los demás. Tiene él que ser un evangelio vivo de su visión y de su propósito.

IV. El Precio de la Dirección.

1. El Sacrificio.—Nadie ha llegado a asumir el cargo de jefe en una causa digna sin sacrificio. La dirección presupone selección, y la selección significa hacer entrega de muchas cosas deseables por aquella, la mayor y la suprema que debe realizarse. Nadie ha seguido en pos de Jesucristo sin despojarse de algo al principio. Pablo y sus amigos ofrecen pruebas de ello. Bernabé sacrificó su posición en Jerusalén; Timoteo sacrificó su casa y sus amistades juveniles griegas; Lucas abandonó su brillante y bien retribuída carrera; Pablo abandonó su muy codiciado puesto de rabí entre su gente. Ninguna de estas cosas abandonadas era mala; pero tenían que ser sacrificadas para que el objeto mayor que pretendían hacer estos jefes por Cristo y por el mundo pudiera cumplirse debidamente. Léase lo que Jesús dice de esto en Marcos 8.34 y véase la afirmación de Pablo en Filipenses 3.4–14. Sí, ciertamente cuesta mucho ser un adalid. Si pensáis acaso que es poca cosa, sólo tenéis para convenceros que tratar de ser uno. El más solitario de los puestos es aquel que corresponde al jefe, pues la soledad es siempre parte del precio del poder. A través de las edades las almas emprendedoras que han dirigido a las razas en su marcha hacia adelante y hacia arriba han sido siempre los más solos y casi siempre los más maltratados de los hombres. Al oir la voz del Maestro en el jardín, "Así no habéis tenido fuerzas para velar una sola hora conmigo," sentimos que es el grito del corazón que anhela compañía. En las últimas palabras recordadas de Pablo en su prisión romana, "Procura con diligencia venir presto a mí," y después en

esta misma carta a Timoteo, "Procura con diligencia venir antes del invierno," oímos el mismo grito humano.

2. *Trabajo Persistente.*—La dirección significa trabajo difícil. Se tiene que conocer perfectamente la causa, creer en ella intensamente y amarla devotamente si se ha de lograr que otros participen en ella; pero aun más; se ha de dar el ejemplo mediante esfuerzos honrados; se ha de disponer el trabajo de los demás; se ha de ver que los otros lleven a cabo el trabajo que se les ha encargado; se ha de estar dispuesto a salvar las lagunas y asumir el trabajo de aquellos que no cumplen. Se tiene que tener paciencia con los chapuceros; ser justos con los fracasados; firme con los que pretenden sustraerse; convincente con los incrédulos; alegre cuando se descorazonan los demás; humilde en el éxito; y confiando siempre. (Léase Hebreos 11.32–34.)

3. *El Sufrimiento.*—Una causa de sufrimiento en la dirección de toda empresa noble es que el jefe ve más y mejor que los demás. Por este motivo, muchos que no lo comprenden están dispuestos a criticar y a condenar. Pablo, se recordará, fué criticado y perseguido por su afán de ofrecer el evangelio a todos los hombres. También los jefes deben defender su causa ante los enemigos. Un adepto se puede perder en la multitud, pero un jefe tiene que constituir un reto a todos los que se opongan a la causa que él sustenta. Léase aquí a Pablo en 1 Corintios 4.9–13 y en 2 Corintios 11.23–33. Así como Lutero fué juzgado por hereje, y Carey fué odiado y maldecido porque quería llevar el evangelio a la India, así podemos estar seguro de que nadie puede sostenerse firme por Jesús y someterse a su dirección sin pagar algo por su lealtad.

V. *Las Recompensas de los Adalides.*

¿Cuáles son algunas de ellas?

1. El gozo de ver la causa avanzar. (Léanse 1 Tesalonicenses 3.8 y Juan 3.28–30.)

2. El gozo de ver convertidas y transformadas a otras personas. Pablo sentía esta alegría tan intensamente como el que más. Su júbilo en las pequeñas iglesias libertadas

353

de las tinieblas paganas no podía arrebatárselo ninguna pena ni persecución. (Léase 1 Tesalonicenses 2.19, 20.)

3. La "corona de justicia" que aporta todo servicio. (Véase 2 Timoteo 4.8.) Toda elección juiciosa, todo esfuerzo honrado en una causa grande y digna se refleja en un carácter más desenvuelto, en un aspecto más noble y en una visión más amplia. Pero Pablo esperaba la época en la cual las limitaciones y los defectos humanos no existieran, y su vida victoriosa, valientemente comenzada aquí, se completara en una gloriosa vida semejante a la de Cristo y que fuera eterna. Léase lo que Juan sentía con respecto a esto en 1 Juan 3.1–3.

VI. *La Dirección Cristiana en la Actualidad.*

Nunca ha sido más necesaria la dirección cristiana que en el momento actual. Nuestra época es, en muchas cosas, parecida a la época de Pablo. Hoy nuestro mundo tiene que hacerle frente a grandes cambios. Las supersticiones paganas se van perdiendo ya. Las naciones del mundo se van reconociendo y reajustándose. La terrible guerra mundial nos ha acercado de tal manera que cada nación tiene como nunca antes que tomar en consideración los problemas generales. Europa, Asia y Africa son hoy nuestros vecinos. El sufrimiento y la necesidad se consideran y comprenden como nunca antes. Esta época de cambio y lucha significa que nos esperan en el porvenir una época mejor o una lucha larga y tenaz. El día en que los jóvenes sean los directores será una de las épocas más importantes, solo comparable con aquella en la cual Jesús anduvo entre los hombres.

Nos confrontamos con una labor grande y ardua. Pero un hombre fuerte quiere una arena y nunca un nido. ¿Os determinaréis a estar firmes en todo aquello que sea noble y verdadero? ¿Estaréis dispuesto a salir hacia los lugares solitarios y tenebrosos de vuestra tierra así como encaminar al débil y descarriado? Vuestra elección está entre una vida de egoísmo y una vida de servicio. Y nunca ha habido una época y un momento cuando fuera de más importancia que la elección sea buena y la decisión firme. Algo os costará el escoger el camino de servicio altruísta en vez de aquel de placer o de ganancia mundanal. ¿No seríais jefes cristianos por la causa de él y de aquellos que tanto os necesitan? Entonces, y sólo entonces, vuestra vida bajo la dirección suprema alcanzará su aspiración suprema, cumpliendo así la misión por la cual fuisteis enviados.

Preguntas.

1. ¿Hay que ceder algo para ser un jefe cristiano fuerte en nuestro día? Explicad vuestra respuesta.

2. ¿Por qué envuelve toda dirección mucho trabajo siempre?

3. ¿Por qué todos los jefes cristianos han tenido que pagar por su dirección en sufrimiento y en sacrificio? Póngase un ejemplo.

4. Cítese tres grandes recompensas de dirección cristiana. ¿Valen la pena?

5. ¿Por qué se necesita, de manera especial, la dirección cristiana en el momento actual?

6. ¿Qué cualidades son necesarias para toda verdadera dirección?

7. ¿Cómo hemos de medir nuestro éxito en la vida?

8. ¿Cuáles son las razones que han de dirigir a un joven cristiano en el momento de escoger la obra de su vida?

LECCIÓN LII.

Repaso.

La Vida y las Cartas de Pablo.

En la quincuagésima lección termina la vida de Pablo, pero su valor y su fe son inmortales. El poder de esa vida no pudo ser destruída por el sable de Nerón; desde aquella época hasta hoy, Pablo, aunque muerto, habla. Millares han oído su voz, y su influencia poderosísima tiene más alcance hoy que la que tuvo en sus viajes misioneros. Dondequiera que un misionero haya llevado las buenas nuevas del evangelio, Pablo es para él un guía y una inspiración. Cada alma que busca la paz y la pureza, y con abnegación procura ser fiel, él lo alienta y lo aconseja como lo hacía durante su vida.

Hemos estudiado la vida y las cartas de este gran *leader* cristiano. Ha sido necesario estudiar los incidentes en su vida y en sus cartas más bien que hacer un estudio biográfico. Trataremos de obtener hoy un concepto de toda la vida de Pablo. Leamos como lección de las Escrituras la narración que Pablo nos da de su vida en 2 Corintios 11.21–12.10.

I. *Cronología.*

Aunque hay diferencias de criterio acerca de las fechas en la vida de Pablo, no hay confusión con relación al orden de los hechos. Lucas en su Evangelio tuvo mucho cuidado acerca de las fechas del nacimiento de Cristo y de cuando empezó su trabajo, pero con Pablo no se preocupó de las fechas. Algunos eruditos en el estudio de la era cristiana, basándose en ciertas épocas, han llegado a distintas conclusiones, aunque entre ellos la diferencia de fechas es de uno a cuatro años.

En la tabla comparativa siguiente tenemos algunos de los hechos más importantes en la vida de Pablo y sus fechas según algunos doctos en la materia. En este libro le hemos dado la preferencia a Ramsay.

	Turner.	Harnack.	Ramsay.	Lightfoot.
Conversión	35–36	30	32	34
Primera visita a Jerusalén	38	33	34	37
Primer viaje misionero	47	45	46–48	48
Concilio en Jerusalén	49	46–47	50	51
Segundo viaje misionero	49	46–47	50–53	51
Tercer viaje misionero	52	50	53–57	54
Preso en Jerusalén	56	53–54	57	58
Preso en Roma	59	56–57	60	61
Muerte de Pablo	64–65	64	67	67

II. Tomando como base las lecciones de este libro, podemos dividir la vida de Pablo en seis épocas:

1. La preparación de Pablo para su obra..Capítulos 1–11
2. El primer viaje misionero...........Capítulos 12–18
3. El segundo viaje misionero..........Capítulos 19–26
4. El tercer viaje misionero............Capítulos 27–39
5. Pablo el prisionero de Jesucristo......Capítulos 40–48
6. El cuarto viaje misionero y sus últimos días.............................Capítulos 49–50

Como Repaso de la Primera Época Véanse las Preguntas en la Lección XI y las Siguientes.

1. ¿Qué significa la palabra "conversión"?
2. ¿Puede nuestra conciencia guiarnos mal?
3. ¿Puede uno ser sincero en la maleficencia?
4. ¿Creéis que le fué duro a Pablo volver a Tarso después de ser cristiano?
5. ¿Por qué quiso Cornelio adorar a Pedro, y por qué esto hubiese sido pecado?

Para el Repaso de la Segunda Época Háganse las Preguntas Siguientes.

1. ¿De qué lugar salió Pablo para su primer viaje misionero? Nómbrense los dos lugares siguientes donde él llegó.
2. ¿Quién fué con él? ¿Qué fué lo que les hizo decidir que debían predicar a los gentiles?
3. ¿Dónde encontró Pablo a Elimas el mágico? Relate el incidente.
4. ¿Qué milagro obró Pablo en Listra? ¿Cuáles fueron los resultados de este milagro?

357

5. ¿Cuál fué el punto de controversia en el concilio de Jerusalén, y cómo se resolvió?

6. Nombrad, en orden, los lugares que Pablo y Bernabé visitaron en su primer viaje misionero.

7. ¿Dónde fueron establecidos los grupos de cristianos?

Para la Tercera Época las Siguientes.

1. ¿Qué mujer de Tiatira fué bautizada?

2. ¿Por qué fueron encarcelados Pablo y Silas? ¿Cómo fueron libertados?

3. ¿En qué se diferenciaban los judíos de Berea a los de Tiatira?

4. ¿Qué sugirió a Pablo su texto para el discurso en Atenas? Dad algunas de las ideas principales de este discurso.

5. ¿A quién escribió Pablo su primera epístola? ¿De qué ciudad la mandó, y por qué la escribió?

6. ¿Qué ciudades visitó Pablo en su segundo viaje misionero? ¿En qué ciudades estableció iglesias? ¿Cuántos años duró este viaje, y quiénes fueron sus colaboradores?

La Cuarta Época Abarca el Tercer Viaje. Además de las Preguntas de la Lección XXXIX, Contéstense las Preguntas que se Dan a Continuación.

1. ¿Qué es un mágico?

2. ¿Qué motivó el molote en Efeso?

3. ¿Cómo se expresa el verdadero amor?

4. ¿Dónde terminó el tercer viaje de Pablo, y por qué fué él allá?

5. ¿Qué epístola escribió Pablo en este viaje?

La Quinta Época—Pablo el Prisionero.

Lucas da tantos detalles y hechos de esta época de la vida de Pablo que es difícil limitarnos a pocas preguntas.

1. ¿En qué ciudad fué arrestado Pablo? Descríbase brevemente el arresto, su rescate y su defensa.

2. ¿Por qué y bajo qué condiciones fué Pablo llevado a Cesarea?

3. ¿Por qué Félix, Festo y Agripa no libertaron a Pablo?

4. ¿Cuál fué el puerto final de Pablo en este gran viaje? ¿En cuántos barcos navegó antes de llegar? ¿Por qué?

5. Dibújese en cinco minutos un mapa del viaje de Pablo a Roma, indicando los lugares donde se detuvo. Mencionad un hecho acaecido en cada ciudad.

6. Escríbanse tres fechas importantes acerca de Roma.

7. ¿Cuánto tiempo permaneció Pablo prisionero en Roma? ¿Cómo empleó su tiempo allí?

8. ¿Quién era Filemón? ¿Por qué le escribió Pablo?

9. ¿Qué otra correspondencia tuvo él en la prisión? ¿Cuáles de estas cartas apreciáis más? ¿Por qué?

10. Buscad en Efesios, Filipenses, Colosenses y Filemón los compañeros de Pablo en Roma en esta época.

Ahora llegamos a la sexta época en esta división, la última de la vida de Pablo. ¿Cuántas de las siguientes preguntas podéis contestar sin repasar las tres lecciones que abarca esta época?

1. ¿Qué evidencias tenemos de que Pablo fué absuelto en su primer enjuiciamiento ante el emperador?

2. ¿Creéis que Pablo visitó a España? ¿Por qué?

3. ¿Quién era Tito? ¿Qué trabajo le asignó Pablo?

4. ¿En qué se diferenciaba el segundo encarcelamiento de Pablo en Roma al primero?

5. ¿A quién le escribió Pablo sus últimas palabras? ¿Por qué?

6. ¿Qué gran catástrofe sucedió en Roma poco después que Pablo fué absuelto? ¿En qué manera afectó esto a los cristianos?

7. ¿Cuándo, dónde y de qué manera murió Pablo?

III. Quizás algunas clases prefieran un repaso de las últimas doce lecciones solamente. Se propone entonces el siguiente plan: tened doce pliegos de papel, especificando lo siguiente: hablad por tres minutos, dando un bosquejo de la lección XL (cada papel tendrá distinta lección), su enseñanza principal y la manera en que la lección os ha ayudado, indicando además cómo pudiera serles útil a los demás. Estos pliegos deben ser entregados a los alumnos con una semana de anticipación.

Otro plan puede ser el siguiente: ¿En qué ocasión y por qué personas fueron estas declaraciones hechas? "Ten ánimo: pues como has testificado solemnemente de mí en Jerusalén, así es necesario que testifiques en Roma." (Hechos 23.11.)

"Por lo cual, yo también me esfuerzo por tener siempre una conciencia sin ofensa ante Dios y ante los hombres." (Hechos 24.16.)

"Vete por ahora, que en teniendo oportunidad, te llamaré." (Hechos 24.25.)

"No fuí desobediente a la visión celestial." (Hechos 26.19.)

"Pluguiese a Dios que, con poco o con mucho, no sólo tú, sino también todos que hoy me escuchan, vinieseis a ser tal como yo soy, excepto estas cadenas." (Hechos 26.29.)

"Ante el tribunal de César estoy." (Hechos 25.10.)

"He peleado la buena lucha." (2 Timoteo 4.7.)

¿Habéis tratado de tener un debate en vuestra clase? Tomad cuatro alumnos de la clase, dos de cada lado, para debatir el siguiente problema: Resuelto que la vida de Pablo no fué un fracaso. Dadles algunas indicaciones.

Para un repaso del trabajo del año sería provechoso lo siguiente: ¿Qué os ha impresionado más de la vida y de las enseñanzas de Pablo? ¿Cuál lección os ha servido de más provecho? Una clase pide que se les dé a su cargo un culto de oración para tratar por unos cinco minutos los temas siguientes:

"Una conversión maravillosa."

"El primer viaje misionero de Pablo (usando mapas)."

"El segundo viaje misionero de Pablo."

"El tercer viaje misionero de Pablo."

"Pablo el prisionero de Jerusalén."

"Las últimas palabras de Pablo."

Hemos llegado a la terminación de estos "Estudios de la Vida y Cartas de Pablo." ¿Cuáles de las características de Pablo os han impresionado más durante este estudio? ¿Ha tenido el estudio de este gran siervo de Cristo Jesús alguna influencia en vuestra vida? ¿Habéis resuelto tener algunas de las cualidades que hicieron de este hombre el gran cristiano que fué?

Que Dios conceda que lo que él pudo hacer de Pablo sea una inspiración para vosotros, una prueba de lo que un hombre puede ser cuando se entrega y da su vida a Cristo el Señor.

La Doxología de Pablo.

"A aquel, pues, que es poderoso para hacer muchísimo más de todo lo que pedimos o pensamos, según el poder que obra en nosotros, a él sea la gloria en la Iglesia y en Cristo Jesús, por todas las generaciones, del siglo de los siglos." Amén.

BIBLIOGRAFÍA.

El autor desea manifestar que ha obtenido valiosos datos de los siguientes libros:

1. Bosworth, Edward J.
    (1) Studies in the Acts and Epistles.
    (2) New Studies in Acts.
2. Conybeare and Howson.
    Life and Epistles of St. Paul.
3. Leacock, A. G.
    Studies in the Life of St. Paul.
4. Ramsay, Prof. William.
    St. Paul the Traveler and Roman Citizen.
5. Smyth, J. Paterson.
    The Story of St. Paul's Life and Letters.
6. Squires, Walter Albian.
    Paul the Traveler and Missionary.
7. The Sunday School Times.
    Vols. 51 (1909), 58 (1916), 63 (1921).
8. Van Voorhes, Mrs. W. D.
    Christian Leaders. Intermediate Graded Quarterly, Standard Graded Bible School Lessons, Third Year. Third and Fourth Quarters.

Los siguientes también han servido de referencia:

1. Angus, Green.
    The Cyclopedic Handbook to the Bible.
2. Burrell, David James.
    (1) Paul's Campaigns.
    (2) Paul's Companions.
    (3) Paul's Letters.
3. Burton and Merrifield.
    The Origin and Teaching of the New Testament Books.
4. Carter, Thomas.
    Life and Letters of Paul.
5. Edwards-Cutler.
    A Life at Its Best.
6. Findlay, George G.
    The Epistles of Paul the Apostle.
7. Gilbert, George Holley.
    The Student's Life of Paul.
8. Godet, F.
    Studies on the Epistles of St. Paul.

9. Goodspeed, Edgar J.
   Paul.
10. Hastings, James.
   (1) The Greater Men and Women of the Bible.
      Vol. 6.
   (2) The Children's Great Texts of the Bible.
      Vol. 6.
11. Hunting, Harold B.
   The Story of Our Bible.
12. Iverach, James.
   St. Paul, His Life and Times.
13. Jefferson, Charles E.
   The Character of Paul.
14. Kent, Charles Foster.
   Historical Bible.   The Work and Teachings of the
      Apostles.
15. M'Clymont, J. A.
   The New Testament and Its Writers.
16. Meyer, F. B.
   Paul, a Servant of Jesus Christ.
17. Miller, J. R.
   Paul's Message for To-Day.
18. Parker, Joseph.
   Apostolic Life.   3 Volumes.
19. Purves, George T.
   Christianity in the Apostolic Age.
20. Ramsay, Prof. William.
   (1) The Cities of St. Paul.
   (2) The Church in the Roman Empire.
   (3) The Bearing of Recent Discovery on the
      Trustworthiness of the New Testament.
21. Speer, Robert E.
   The Man Paul.
22. Stalker, James.
   The Life of St. Paul.
23. Stifler, J. M.
   An Introduction to the Study of the Acts of
      the Apostles.
24. Stirling, John F.
   An Atlas of the Acts and Epistles.
25. Taylor, William H.
   Paul, the Missionary.
26. The International Standard Bible Encyclopædia.
27. The Dictionary of the Bible.   Edited by James
      Hastings.   One Volume.

Los siguientes libros se pueden obtener en castellano:

1. San Pablo el Héroe.   Rufus M. Jones.
2. La Vida de San Pablo.   James Stalker.

3. Notas Explicativas de las Lecciones Dominicales Internacionales para 1925. Preparadas por C. S. Detwiler, J. P. Howard, Juan Orts Gonzalez y Vicente Mendoza.

4. Comentaria Sobre el Nuevo Testamento. Tomo III. Epístolas de San Pablo. L. Bonet y A. Schroeder.

5. Comentario Sobre la Epístola a los Gálatas. G. H. Lacy.

6. Los Cuatro Evangelios y los Hechos de los Apóstoles. Notas y Aclaraciones. De H. Copping.

7. Diccionario de la Santa Biblia. Sociedad Americana de Tratados.

PABLO: SU VIDA Y SUS EPISTOLAS

(VI-88)

ESTIMADO LECTOR:

La DIRECCION de la Editorial CLIE, agradece sinceramente el que usted haya adquirido este libro, deseando que sea de su entera satisfacción.

Si desea recibir más información remítanos este volante con su nombre y dirección, y le enviaremos gratuitamente nuestro Boletín de Novedades.

Cualquiera observación que desee hacernos puede escribirla al dorso.

Desprenda esta hoja tirando hacia afuera y de arriba a abajo y envíela a su librería o a:

EDITORIAL CLIE
Galvani, 113
08224 TERRASSA (Barcelona) España

Nombre: —————————————————————

Calle: ——————————————————————

Ciudad: —————————————————————

Estado: —————————————————————

Edad:_____ Profesión:_____ Fecha:_____

Nota:
Este libro ha sido adquirido en:

OBSERVACIONES

_____

_____

_____

_____

_____

_____

_____

_____

_____

_____

_____

_____